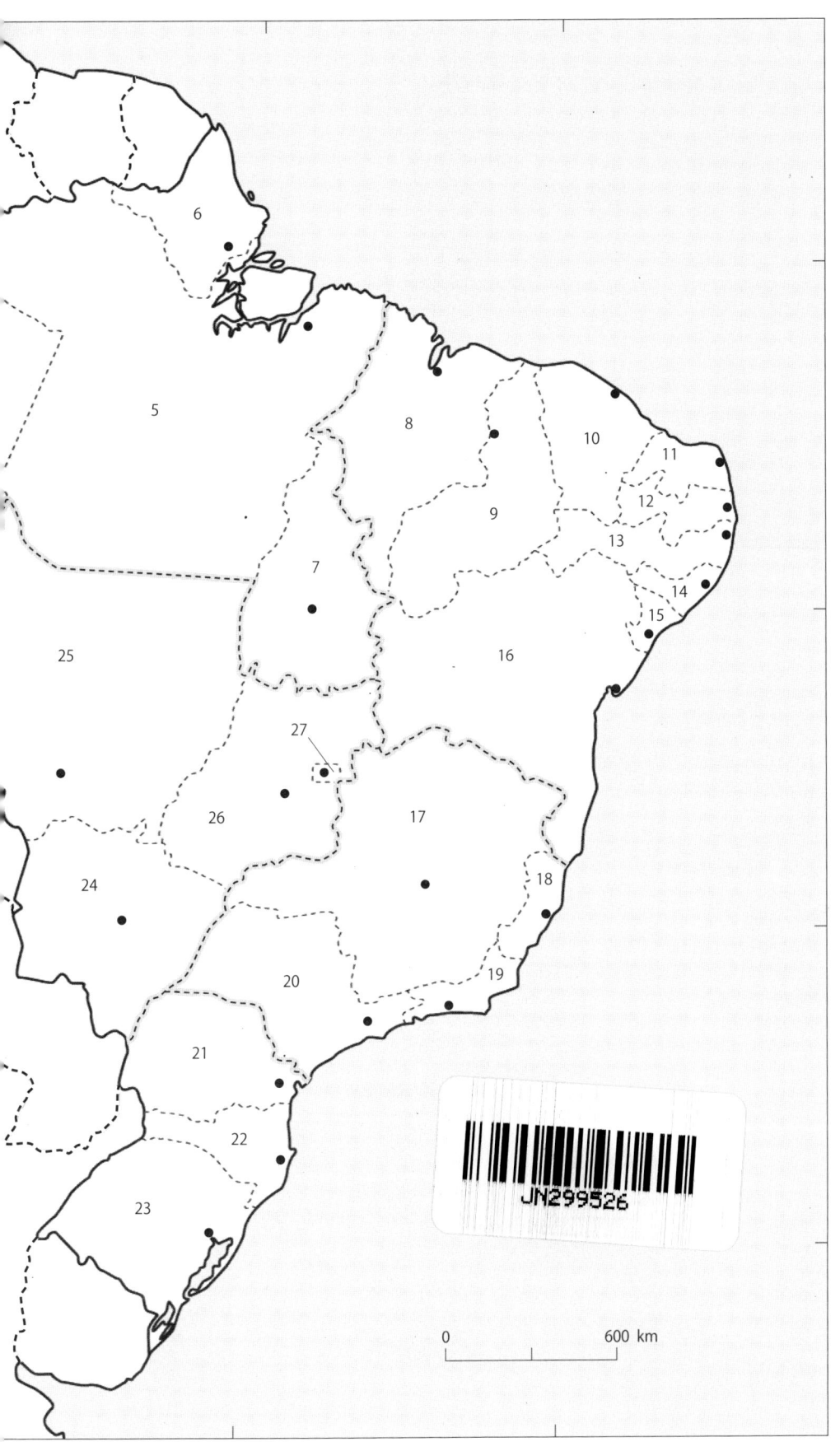

1. 現在のブラジル国旗（→1章）

2. 船が集まるマウエス港．水上給油所がみえる（AM, 2012年→9章, コラム9）

3. サテレ＝マウエ族のインディオ（AM, 2012年→1, 6章）

4. アフロブラジリアン宗教（ウンバンダ）の祭壇に居並ぶ出自の多様な神々（BA, 1991年→5, 8章）

5. カポエイラに興じるサルヴァドルの若者たち（BA, 2011年→6, 8章）

6. 乾燥したセルトンでラバに水をやる貧しい農民（PE, 1986年→コラム3）

7. バンゲ（原初的製糖工場）で働く混血の子供たち（PB, 1986年→1, 7章）

注：（ ）内は州の略号，撮影年および参照箇所．写真はすべて丸山浩明撮影．

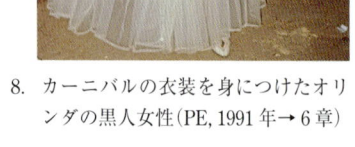
8. カーニバルの衣装を身につけたオリンダの黒人女性（PE, 1991年→6章）

9. リオデジャネイロの町並みとグアナバラ湾
（RJ, 1986 年→ 1,3,8 章）

10. 夕日に映えるパラナマツ（PR, 1991 年→ 1,2,8 章）

11. ポルトアレグレの西洋風な町並みとフォルクスワーゲンのビートルタクシー（RS, 1991 年→ 1 章）

12. ブルメナウの美しいドイツ風木組み建築物
（SC, 1991 年→ 1,8 章）

13. ガウショと呼ばれるポルトアレグレの男性のいでたち（RS, 1991 年→ 1,8 章）

14. パンタナールの草原を伝統的な牛車で横切る牧童（MS, 2001 年→コラム 1）

15. オスカー・ニーマイヤーが設計したブラジリア大聖堂（DF, 1997 年→ 1,3,8 章）

16. カンポグランデの市場で野菜を売る日系人
（MS, 2008 年→ 9 章）

世界地誌シリーズ ❻

ブラジル

丸山 浩明 編

朝倉書店

編集者

丸山 浩明（まるやま ひろあき）　立教大学文学部

執筆者
（　）は担当

片岡 博美（かたおか ひろみ）　近畿大学経済学部（10章, コラム10）

高場 将美（たかば まさみ）　前 月刊「中南米音楽（現 ラティーナ）」編集長（6章, コラム6）

名村 優子（なむら ゆうこ）　サンパウロ人文科学研究所日本特別研究員（9章）

仁平 尊明（にへい たかあき）　北海道大学文学研究科（8章, コラム7, 8）

萩原 八郎（はぎわら はちろう）　四国大学経営情報学部（3章）

丸山 浩明（まるやま ひろあき）　立教大学文学部（1, 7, 9, 11章, コラム1, 3, 9）

三田 千代子（みた ちよこ）　上智大学外国語学部（4章, コラム4）

宮岡 邦任（みやおか くにひで）　三重大学教育学部（2章）

山田 政信（やまだ まさのぶ）　天理大学国際学部（5章, コラム5）

矢持 善和（やもち よしかず）　天理大学国際学部（コラム11）

吉田 圭一郎（よしだ けいいちろう）　横浜国立大学教育人間科学部（2章, コラム2）

（50音順）

まえがき

「神秘の魔境アマゾン」「未開の先住民インディオ」「世界のコーヒー王国」「リオのカーニバル」「サンバ・ダンシング・ピープル」「サッカー王国」．世界中の多くの人々が，相も変わらず抱き続けるブラジルの画一的なイメージである．しかし，多様性に満ち溢れ，急速に変わりゆくこの国の実相を，このような単純なイメージで捕捉することは不可能である．それでは，ブラジルとはいったいどのような国なのだろうか？　ブラジルらしさとは果たして何なのだろう？　この国を知れば知るほど，心をとらえて離さないこの難題に，これまで幾多の学者，作家，芸術家たちがそれぞれの表現方法で挑んできた．

しかし，そこには正解と呼べるような何か固定的（静態的）な本質があるというよりも，むしろ相異なる人々や文化の絶え間ない接触，結合，分裂，変容，転位の繰返しによって創り出される，多様でダイナミックな過渡的（動態的）状態にこそ，この国の本質が隠されているように思われる．本書もまた，この難題に地理学的な視点から挑む一冊にほかならない．

さて，かつてブラジルを「未来の国」と呼んだのは，オーストリアの作家シュテファン・ツヴァイクである．当時，彼はナチズムに翻弄される祖国を憂いながら，ブラジルに多人種・多民族が創造する文明の新しい様式と大いなる発展の可能性を見出した．そして，将来ブラジルは世界の発展にとって重要な国の1つになると明言した．しかし，現実にはいつまでたってもブラジルの経済・社会基盤は未発達のままで，国民の大きな貧富差は一向に解消されず，長引く軍事政権（1964～1985年），巨額の対外債務，ハイパーインフレに翻弄される厳しい状況が長く続いた．ブラジル国民は，半ば自嘲気味に「この国は永遠に未来の国だ…」とつぶやいたものである．

しかしその後，軍事政権からの民主化を果たし，カルドーゾ政権（1995～2002年）以降の大胆な金融改革や経済開放政策の推進により，ブラジルはわずか四半世紀の間に，これが本当に同じ国なのかと見間違うほどの変貌を遂げた．かつての巨額債務国は債権国に替わり，現在BRICsの一翼を担うブラジルのGDPは，2011年にはイギリスやイタリアを抜いて世界第6位まで浮上した．また政治的にも，南アメリカはもとより，世界中の途上国外交に力を傾注し，世界の表舞台で国際的なプレゼンスを高めている．さらに2014年にはサッカーワールドカップ，2016年にはリオデジャネイロオリンピックと，立て続けに世界的なビックイベントの開催を控え，いまや国家の発展に対する国民の期待と自信は高揚している．

日本との関係でブラジルをみるならば，そこは世界で最も多くの日系人が生活する，距離的には遠いが心理的にはとても近い親日的な国だといえる．それは，ブラジルに移住した約25万人の日本移民とその子孫たちが，ブラジル社会で地道に勝ち得た確かな信頼と実績の賜である．そして，彼ら日系人の一部は，今ではわが国の一員としてともに暮らし日本社会の発展を担っている．われわれは，こうした長い歴史の中で培われてきた両国の太い紐帯を，今後も大切に育てていきたいと思う．そのためにも，さまざまな分野におけるより一層の相互理解が必要不可欠だと考える．

本書は，ブラジルという国を地理学的な視点と方法を駆使して総合的に読み解くためのテキストとしてまとめたものである．第1章では総論としてブラジルの発展と地域的多様性が論じられている．第2章以下では自然，都市，民族，宗教，音楽，アグリビジネス，観光，日本移民，在日ブラジル人といっ

た，ブラジルを特徴づける重要なテーマごとに，歴史的背景を踏まえつつ諸事象の詳細な動態分析が試みられている．そして最後の第11章では，世界や日本との関係からブラジルの個性や将来性について総括されている．本書がブラジルをより広くより深く理解し，日伯両国の親交をさらに深化させるための一助となれば幸甚の至りである．最後に，朝倉書店編集部には企画から刊行までたいへんお世話になった．記してお礼を申し上げる．

　　2013年8月

丸山浩明

目　　次

1. 総論——ブラジルの発展と地域的多様性························1
   1.1 多様性の国家的統一——ブラジル地誌の視角　1
   1.2 「ブームとバスト」の開発史　3
   1.3 政治・経済略史　7
   1.4 地域的多様性　9
   　　コラム　牧畜文化の多様性と肉食文化　18

2. 多様な自然環境と環境問題·························20
   2.1 変化に富んだ地形と地質　20
   2.2 多様な気候と植生　26
   2.3 水資源の偏在と人々の生活　33
   2.4 顕在化する環境問題　33
   　　コラム　熱帯雨林の減少を監視する宇宙からの目　37

3. 都市の形成と発展·························38
   3.1 都市の形成　38
   3.2 農村人口の移動　39
   3.3 都市システム　41
   3.4 計画都市ブラジリア　44
   　　コラム　ブラジルを理解する鍵はセルトンにある　47

4. 多人種多民族社会の形成と課題·························48
   4.1 先住民と植民者ポルトガル人の出会い——多民族化の始まり　48
   4.2 奴隷制と家父長支配　49
   4.3 奴隷制度の終焉と外国移民の導入　51
   4.4 人種・民族の地域差　53
   4.5 多人種多民族社会の課題と対策　54
   　　コラム　キロンボ・パルマレス　62

5. 宗教の多様性と宗教風土の変容·························63
   5.1 カトリック教会の布教とその特徴　63
   5.2 混淆する憑依宗教　66
   5.3 日系社会の宗教　69
   5.4 宗教風土の変容　72
   　　コラム　土地なし農民運動と解放の神学　76

6. ブラジル音楽の多様性とその文化的背景·························77
   6.1 ブラジル音楽の多様性——基盤は3民族　77

6.2　代表的な音楽形式（スタイル）　79
　　　コラム　ブラジルの輝くスターたち　90

7. アグリビジネスの発展と課題——大豆・バイオ燃料生産の事例 ･････････････････････92
　7.1　セラード開発と大豆生産の発展　92
　7.2　大豆生産の課題　95
　7.3　バイオ燃料生産の発展　97
　7.4　バイオ燃料生産の課題　102
　　　コラム　ブラジルの鉱山開発と鉱工業　106

8. 観光の発展とその課題 ･･107
　8.1　観光の需要　107
　8.2　観光地と観光資源　108
　8.3　エコツーリズムの発展　115
　8.4　観光業の可能性と課題　119
　　　コラム　世界三大瀑布の1つ——イグアスの大瀑布観光　121

9. ブラジルに渡った日本移民 ･･122
　9.1　出稼ぎ移民の送出と生活　122
　9.2　日本移民による「植民地」の形成　125
　9.3　国策移住の始まり　127
　9.4　排日気運の高揚と戦中・戦後の混乱　131
　9.5　戦後の日系社会の拡大と発展　133
　　　コラム　アマゾン移民と日本食　137

10. 日本の中のブラジル社会 ･･･138
　10.1　日本への出稼ぎブームの到来と日系人の大量移入　138
　10.2　日本国内のブラジル人集住地と職業　140
　10.3　日系ブラジル人の社会と生活　142
　10.4　日系ブラジル人の定住化と彼らが直面する課題　148
　　　コラム　日本のブラジル人学校　153

11. ブラジルと世界，そして日本 ･･･154
　11.1　政治・経済大国への道　154
　11.2　多文化主義は実を結ぶか　155
　11.3　21世紀の新たな日伯関係　158
　11.4　日系社会は日本を映し出す鏡　160
　　　コラム　世界を魅了するブラジルサッカー　161

さらなる学習のための参考図書　165
付録　統計資料　170
索　引　172

1 総論——ブラジルの発展と地域的多様性

初めてブラジルを訪れた人は，地平線まで続く大地がみせる大自然の中で，あるいはさまざまな人種・民族的な特徴を備えた人々が行き交う賑やかな都会の雑踏の中で，ブラジルらしさを感覚的に強く感じながら，同時にそれを論理的に説明できないことに戸惑うのではないだろうか．この多様性に満ち溢れたブラジルという国を，地誌学はいったいどのように描き出すことができるのだろう．本章では，その試みに向けたブラジル地誌の視角をまず提示したうえで，次章以下のテーマ別論説やコラムを理解するうえで必要不可欠な，ブラジルの基本的な歴史・地理的事項について解説しよう．

1.1 多様性の国家的統一——ブラジル地誌の視角

ブラジルは諸事象の多様性に彩られた国である．日本の約23倍もある広大な国土は，楯状地と堆積盆地が織りなす高原（planalto），台地（chapada），山脈（serra），平野（planície）などの多様な地形と，先カンブリア時代から新生代に至る新旧さまざまな地質に特徴づけられる．また，熱帯雨林やサバンナが広がる広大な熱帯から，有棘灌木林が広がる乾燥帯，森林が広がり冬には降雪や降霜をみる温帯に至るまで，気候や植生の地域的差異も顕著である．

さらに，多様な自然環境の大地に生きる人々の人種・民族の特徴もさまざまである．その背景には，ポルトガルの植民地時代以降，世界各地から人々がここに移住し，先住民であるインディオ（口絵3参照），奴隷として渡来したアフリカ人，植民者であるヨーロッパ人やアジア人などが複雑に混淆した長い歴史がある．多様な民族の大規模な流入と邂逅は，さまざまな民族文化の接触・変容，創造を通じて，ブラジル各地に個性豊かな経済・社会・文化的風土を醸成してきた．

ポルトガルの植民地時代（1500～1822年）には，まだブラジルは単なる多様な地域の集合体にすぎなかった．しかし，独立後は国家意識が醸成されて，経済・社会・文化的に多様な地域の国家的統一が至上命令となった．ロドリゲスは「国家としての統一性の防衛と維持は，領土の実効占有よりもさらに重要かつ本質的なことであり，統一はブラジル史における一貫した主要テーマであった」と述べている（Rodrigues 1970）．

実際，ブラジルやブラジル人の本質に迫りたいと「ブラジル学」に情熱を傾注した多くの研究者たちは，いずれもこの国の「多様性と統一性」の問題に関心を寄せ，その解明に真摯に取り組んできた．なかでもブラジルにおける学問の近代化に多大な影響を及ぼした，欧米の研究者たちが果たした学問的貢献は大きい（Lefèvre 1993，丸山 2012）．

サンパウロ大学の社会学教授としてフランスから招聘され，1938～1957年までブラジル研究，とりわけアフロブラジリアン宗教研究に力を注いだバスティードは，自身の著書でブラジルを「コントラストの国（Brasil：Terra de Contrastes）」と象徴的に表現した（Bastide 1969）．彼はブラジルが地理的，経済的，社会的にコントラストの強い国であると指摘し，この国がアマゾンのインディオ系，ノルデステ（Nordeste，北東部）のアフリカ系，南部のヨーロッパ系，といった異質で対照的な地域から構成されていることを明らかにした．

その上で，「コントラストの中にも調和（harmonia）が存在する．また，全体（O conjunto）は対立における和解（reconciliação）の中にもある」と述べて，対立要素の調和的な統一性（uniformidade）にブラジルの特徴を見出している．

そして「間違いなく，セクシュアリティ（sexualidade）が皮膚の色の偏見を取り除き，人種間の障壁を崩して，同じ愛の抱擁の中で白人と黒人を1つにする」と述べて，狡猾に生み出される差別や偏見の存在は認めつつも，異質性や対立性の調和的な統一にセクシュアリティの働きが重要であったことを指摘している（Bastide 1969）．

バスティード同様，ブラジルの大学創設にあわせて1939年にフランスから招聘された社会学者のランベルも，その著書『*Os Dois Brasis*（2つのブラジル）』の中で人種・民族構造を分析したうえで，「新しい国（país nôvo）と植民地的な古い国（velho país colonial）」，「先進国（país desenvolvido）と低開発国（país subdesenvolvido）」，といった2つのブラジルからなる社会構造のコントラストを詳細に解明した（Lambert 1970）．

また，アメリカ人類学会の重鎮で会長職も歴任したワグレーも，1939年以来ブラジル研究に携わり，主にアマゾンのインディオ集落や（Wagley 1967, 1974），ノルデステの小農民社会を対象に，精力的にフィールドワークを展開した．彼は自身の代表的著書である『*An Introduction to Brazil*』の冒頭に「ブラジル――統一性と多様性」の1章を設けて，「ブラジルは広大な国で非常にバラエティに富んでいるが，それにもかかわらず見事に等質的な国民文化を形成している．（中略）この巨大かつ多彩な国は，顕著な政治・文化的統一性を達成してきた．ブラジルは，多くの近代国家以上に国民国家の模範に近い．多様性を含む統一性（oneness enclosing many differences）というこの逆説こそ，ブラジルを真に理解するための基礎である」と述べて，ブラジル文化の多様性とそれを越える国民文化の基本的統一性の解明を主要な研究目的に設定している（Wagley 1971）．

そして「ブラジルの国民文化は，インディオとアフリカ人とポルトガル人の伝統の融合物やモザイクではない．むしろアフリカ人とインディオの特徴がポルトガル系ブラジル文化に欠くべからざるものとして一体化されたのであった．（中略）ブラジルは3つの人種で構成され，その文化は3つの大陸から伝来したが，そのおもな制度，言語，行動の基本的なパターンはヨーロッパのもので，新世界の環境で変化し，発展したのであった．ブラジルの"モザイク"に統一性を与えたのは，ポルトガルの遺産と新世界に共通な経験だったのである」と結論づけた（Wagley 1971）．

しかし，このような視座からのブラジル研究は，必ずしも欧米の研究者によるオリジナルな成果ではなく，すでに多数のブラジル人が実施・公表した研究成果を踏まえてのものであった．ブラジルの多様性と統一性の問題に，最初に真正面から取り組んだ特筆すべき研究成果は，ブラジル社会史の大家ジルベルト・フレイレの著作群であろう（Freyre 1933, 1936, 1959a・b, 1961）．彼は1933年に『*Casa-Grande & Senzala*（大邸宅と奴隷小屋）』（初版）を著し，その中で「対立関係の均衡（um processo de equilíbrio de antagonismos）」という表現を用いて，ブラジル社会が経済・文化領域で認められるさまざまな対立関係の均衡の上に成り立っていることを指摘した（Freyre 1933）．

その上で，こうした多様な対立関係に作用して，両者の衝撃を和らげたり調整したりして社会に均衡を生み出すブラジル固有の条件として，異人種間の性的関係（confraternização）と地位の垂直的移動（mobilidade vertical）を挙げた．そして，この点に関しては異論や批判があるところだが，彼はポルトガル人の高い寛容性と適応性に，多様性を統一して国民文化を築く原動力を見出した．すなわち，ポルトガル人はムーア人と何世紀も接してきたため，異なる習慣や皮膚の色を持つ人々に対しても寛容で，熱帯気候にも非ヨーロッパ人にも特別に優れた順応性を発揮できたと指摘した．彼はヨーロッパ（特にポルトガル）の文化遺産が熱帯環境に同化して創造された人種デモクラシーの「熱帯の新世界」がブラジルであると，混血の社会や文化を肯定的に捉えることで，国民にブラジル的な精神を涵養して，国家に統一性を与えることに貢献した（Freyre 1933）．

そして，これらの研究が公表されてからすでに半世紀以上の歳月が経過した現在でも，われわれは歴史的，地理的，社会的，文化的，経済的なさ

まざまなコントラストと，それを統一しようとする不断の力をこの国の中に見出すことが可能である．それは多様なブラジル（Os Brasis）を1つのブラジル（O Brasil）に統合するという，独立以来この国が背負い続けてきた最重要課題であり，これからも背負い続けるであろう大きな課題でもある．

ブラジル地誌は，広大な国土の多様な自然環境と，世界各地から集まったさまざまな人種・民族の人々が創り出してきた経済・社会・文化的風土の特質を，両者の相互関係やその時代的背景に着目しながら動態的に描き出す必要がある．演劇にたとえるなら，それは時代的にも地域的にも異質で個性豊かな舞台の上で，風貌も文化も異なるさまざまな役者たちが，いかに関わり合いながら独自の演目を創造し，時代とともに改変してきたのかを動態的に捕捉する試みである．そのためには，さまざまな地理的事象の網羅的・羅列的累積による国家像の描出ではなく，ブラジルを特徴づける重要なテーマ（地理的事象）や地域を中核に据えた，時代的背景と事象間の関係性に着目した動態地誌の視角が有効である．

また，近年の急速な経済発展やインフラ整備に伴う地域統合の進展の中で，多様性のモザイク的な多重構造の国家概念や国家イメージは希薄化し，より統一性を備えた一体的・調和的な国家概念の構築が目指されている．そもそも多重構造とは，自然，経済，社会，文化などの構成要素を対立関係において捉えることで認識される．地域内の同質性と地域間の異質性を強調する1つの視座で，地理学における等質地域区分の試みに相通じるものである．しかし，国中に道路や航空路線が張り巡らされ，人々や物資が日々めまぐるしく国内を往来する今日，諸事象に認められる地域間の異質性に着目した静態的（static）視角よりも，地域間の関係性に着目した動態的（dynamic）視角のほうが，より生々しく正確に現実の姿を理解し把握することが可能であろう．

よくブラジル人は，自国や自国民の本質を言い当てた表現として「バグンサ・オルガニザーダ（bagunça organizada, 組織化された無秩序）」を用いる．これは，一見外部の人間には雑然として無秩序にみえる景色や人々の行動，社会，文化の中にも，実は組織化された秩序や規範，まとまりが存在する妙味を言い表したものだが，ブラジルらしさを描き出すためには，一見無秩序にみえる際立った多様性やコントラストの中で醸成されてきた秩序や調和の実相に，さまざまな側面（テーマ）から向き合う努力が不可欠である．

そのために，本書では次章以下に自然環境（第2章），都市（第3章），民族（第4章），宗教（第5章），音楽（第6章），アグリビジネス（第7章），観光（第8章），ブラジル日本移民（第9章），日本の中のブラジル社会（第10章），ブラジルと世界（第11章）の10章を設けて，ブラジルの自然・経済・社会・文化的特徴を，多様性の中の統一性（あるいは統一性の中の多様性）といった視点から総合的に理解できるように配慮した．また，コラムでは本論に掲載できなかった重要な歴史的事件や，ブラジルの地域性・国民性を色濃く反映する事象を取り上げた．

1.2　「ブームとバスト」の開発史

ブラジルの開発史は，一世を風靡する国際商品の登場によるブーム（boom, 好景気）と，その急速な衰微によるバスト（bust, 不景気）が交互に繰り返す「ブームとバスト」のサイクルと，それに合わせて発現する人や資本の大規模な国内移動や開発フロンティアの拡大に特徴づけられてきた．ブラジルで興った主要なブームには，「発見」当初のノルデステ（北東部）におけるブラジルボクやそれに続く砂糖，ミナスジェライスの貴金属や宝石，そしてサンパウロのコーヒーがある．このほかにも，ノルデステやリオグランデドスルの牧畜，ノルデステの綿花やタバコ，アマゾンの天然ゴムといった副次的なブームも勃興している（表1.1）．各ブームの継続期間はさまざまで，基幹的な商品のブームに前後して副次的な商品のブームが連鎖・波及的，あるいは並行的に発現している．そのため，各ブームの厳密な年代区分は困難である．

表1.1 開発史を特徴づけるブーム商品

	商品	おもなブーム期間	おもな地域
基幹的	ブラジルボク	1500〜1560年	大西洋沿岸地域
	砂糖	1570〜1700年	北東部沿岸地域
	金	1700〜1775年	ミナスジェライス
	コーヒー	1830〜1930年	南東部諸州
副次的	牧畜	17〜18世紀	北東部内陸部
	タバコ	17〜18世紀	北東部沿岸地域
	綿花	18世紀後半〜19世紀	北東部各地
	天然ゴム	1880〜1912年	アマゾン地域

1.2.1 ブラジルボク

ポルトガル人による植民が始まった16世紀初頭，期待された香料や貴金属・宝石類が発見されなかったブラジルでは，ブラジルボク（pau-brasil，学名は *Caesalpinia echinata* Lam.）が最初の主要な国際商品となった．ブラジルの国名の起源ともなったブラジルボクは，大西洋沿岸地域に自生していたマメ科の高木で，その幹から抽出される紅色色素（ブラジリン）は，すでに12世紀頃からヨーロッパで毛織物の染料などとして珍重され，高値で取り引きされていた．ポルトガルの商人たちは，王室に5分の1税を支払って取引きの許可をもらい，インディオを使役して伐採・搬出させたブラジルボクを，ガレオン船でヨーロッパまで運んで大きな富を得た．しかし，ポルトガルのみならずフランスまでが介入して進められたブラジルボクの乱伐は，すぐに資源の枯渇を招き，ブラジルボクのブームは1560年頃に終焉を迎えた．

1.2.2 砂糖産業，タバコ，牧畜

「ブラジルボクのサイクル」に続いて興ったのが砂糖産業である．砂糖の原料であるサトウキビとその栽培技術は，ポルトガル領のマデイラ諸島から移植され，16世紀中葉〜17世紀末にかけてノルデステの沿岸地域で大きく発展した．その背景には，この地域に肥沃な腐植土が分布して地味が豊かだったこと，森林地帯から燃料用の薪が大量に入手できたこと，インディオや黒人の奴隷労働力が利用できたことなどがある．

こうして，ノルデステの砂糖（粗糖）は約150年間にわたり世界の砂糖市場を席巻し，ポルトガルの王室や商人はもとより，ヨーロッパ各地への砂糖の供給網を支配していたオランダ商人にも巨万の富をもたらした．しかし1680年頃から始まる世界市場での砂糖相場の暴落や，フランス，オランダ，イギリスの植民地となったアンティル諸島の砂糖産業との激しい競争における敗北により，ブラジルの砂糖ブームは終焉を迎えた．

サトウキビ栽培が隆盛を極める植民地時代に，やはりノルデステの一部沿岸地域でブームとなった商品がタバコである．特にバイアでは，ポルトガル人によるタバコ栽培が発展し，日陰干しした葉を棒状に撚って作った縄タバコは，アフリカに運ばれ奴隷貿易の重要な交易品として利用された．また，沿岸地域とは対照的に降水量が極めて少ないノルデステの内陸部では，砂糖産業に特化する沿岸地域へ食料を供給する目的で，17〜18世紀に牧畜業が発展した．これらのブームは，時空間的に「砂糖のサイクル」と重なりつつ勃興した副次的なものであった．

1.2.3 金，ダイヤモンド

砂糖ブームが終焉を迎えようとしていた1690年代に，サンパウロから探検に出ていたバンデイラ（bandeira，貴金属・宝石類の探索や奴隷となるインディオの捕獲を目的に，沿岸の都市から内陸奥地へ派遣された遠征隊）が，ミナスジェライスのオウロプレト周辺で相次いで金鉱を発見すると，たちまち未曾有のゴールドラッシュが沸き起こった（写真1.1）．さらに，1729年にはここでダイヤモンドも発見され，一攫千金を夢見る多数のガリンペイロ（garimpeiro，金やダイヤモンドなどの鉱夫）たちが，サンパウロや砂糖産業が衰退したノルデステ，果てはポルトガルからもミナスジェライスへと集結した．

こうして，ブラジルは18世紀に入り「金のサイクル」を迎えた．沿岸地域から内陸部への大規模な人口移動により，奥地には集落や町が次々と形成された．しかし，山中の農耕不適地における急激な人口増加は，深刻な食料不足と飢餓を生み出した．そこで，奥地に忽然と出現するブームタウンの住人たちに食料を供給するために，ミナスジェライスはもとより，隣接するリオデジャネイロやサンパウロ，そして遠く南部のリオグランデ

写真 1.1　ゴールドラッシュに沸いたオウロプレトの町（1991 年撮影）

ドスルでも農牧業が発展した．その際，食料や衣類などの生活物資を奥地に運ぶ重要な役割を担ったのがモンソン（monção）であった．彼らはバンデイラの活動が衰退期に入る 18 世紀前半に登場し，河川を利用した巧みな舟運により物資を奥地へと運搬した．

交通の要衝には，ポルトガル王室により関所が設置されて，そこを通過する貴金属や宝石類に対して 5 分の 1 税が課された．また，金やダイヤモンドが取り引きされて海外へ輸出されたリオデジャネイロは，ミナスジェライスの外港として急速な発展を遂げた．こうして，政治・経済の重心がノルデステから南東部へと大きく移動する中で，1763 年にブラジルの首都はサルヴァドルからリオデジャネイロへと移された（口絵 9 参照）．ミナスジェライスのゴールドラッシュは，1760 年頃までが全盛期であった．このほかにも，ゴイアスやマットグロッソで金やダイヤモンドが発見されたが，いずれもすぐに資源の枯渇により生産量が激減して，18 世紀末には金のブームも終焉を迎えた．

1.2.4　コーヒー

19 世紀に入り，金に代わる新たな国際商品として登場したのがコーヒーである．ブラジルのコーヒーは，1714 年にオランダ人が南アメリカに持ち込んだものが，1727 年に仏領ギアナを経由してアマゾン（現在のパラ州）に最初に伝播したといわれる．しかしコーヒーがブラジルの主要な輸出商品となるのは 19 世紀に入ってからで，1830～1930 年頃にかけて南東部諸州でコーヒーブームを迎えた．

1781 年にリオデジャネイロで始まったコーヒー栽培は，1850 年頃まで海岸山脈に沿って広がるパライバドスル河谷を中心に拡大・発展した．その後 1850～1900 年にかけて，コーヒーの栽培地域はミナスジェライス州南部，エスピリトサント州，サンパウロ州へと拡大した．特にサンパウロ州では，カンピナス，バウル，リベイランプレートなどで，コーヒー栽培に最適な暗紫色の肥沃土テラローシャ（terra roxa）に遭遇し，19 世紀末～20 世紀初頭にかけて生産量が急増してコーヒーブームの舞台となった（写真 1.2）．また，コーヒー輸出量の急増に伴い，その主要な積出し港であったサントスも活況を呈して発展した．

しかし 1929 年の世界恐慌によるコーヒー相場の暴落や，国内での過剰生産による価格の低迷，相次ぐ霜害などにより，コーヒーは以前のように高い収益が見込める旨みのある農作物ではなくなり，1930 年にはコーヒーブームは終焉を迎えた．ただしコーヒーブームが去った後も，その栽培地域はテラローシャ土壌を求めてパラナ州などへと移動した．現在もコーヒーの主要な栽培地域は移

写真 1.2　日本移民の家族による 3 年樹コーヒー園の手入れ
高知県檮原町竹下写真館所蔵『在伯同胞活動實況大寫眞帖』1938 年.

動を続けている．

1.2.5　綿花，天然ゴム

　コーヒーブームと時期的に重なりつつ，ノルデステを舞台に勃興したのが綿花ブームである．綿花栽培は「金のサイクル」が終焉を迎える 18 世紀後半にマラニョン州に導入され，19 世紀にはノルデステ各地で急速に拡大した．「綿花は白いが，マラニョンを黒く染めた」と形容されるように，その発展は黒人奴隷の労働力に支えられたものであった．また，綿花の大産地であったアメリカが，米英戦争（1812〜1814 年）や南北戦争（1861〜1865 年）での国土の荒廃により国際競争力を失う中で，綿の国際市場価格が高騰したことも，ノルデステにおける綿花栽培の大きな発展要因となった．

　綿花同様，コーヒーブームと時期的に重なりつつ，アマゾン地域で隆盛を極めたのが天然ゴムブームである．1850 年頃から始まる天然ゴムのブームは，1890〜1911 年にかけて全盛期を迎え，とりわけ天然ゴムの集散地となったマナウスからは大量のゴム玉（borracha）が蒸気船でヨーロッパへ輸出された．史上空前のゴムラッシュに沸き立つマナウスでは，道路が舗装され，ガス灯がともり，水道が敷設され，路面電車が走った．イタリアから輸入された大理石を使い，贅の限りを尽くして 1896 年に完成したネオクラッシック様式のアマゾナス劇場は，天然ゴムブームで繁栄を謳歌した当時の面影を現在に伝える伝統的建造物である（写真 1.3）．

　しかし巨万の富を得て頽廃的な生活を謳歌する富裕層の下で，苛酷なゴムの樹液採集に従事したセリンゲイロ（seringueiro，天然ゴムの樹液採集人）は，その多くが 19 世紀後半に貧しいノルデステから移住した干ばつ難民たちであった（図 1.4 参照）．またセリンゲイロの中には，一攫千金を夢見てペルーからアンデス山脈を越え，ボリビアなどを経由してブラジルに辿り着いた「ペルー下り」と呼ばれる日本移民たちの姿もあった．

　このような天然ゴムブームの背景には，チャールズ・グッドイヤー（Charles Goodyear）が発明した硫化法によりゴムの品質が向上し，タイヤなどへの用途が拡大して天然ゴムの需要が大きく増大したことがある．しかし，1876 年にイギリス人のヘンリー・ウイッカム（Henry Wickham）がひそかに持ち出した天然ゴムの種子を使ってイギリスはゴムの栽培に成功し，その栽培技術を東南アジアのプランテーション農業に適用した．その結果，天然のゴム樹に依存するアマゾンのゴム産業は，生産性の高い東南アジアのゴムプランテーションに太刀打ちできず，1914 年には両者の

写真 1.3 ゴムブームの面影を今に伝えるアマゾナス劇場（中央）とマナウスの町並み（2013 年撮影）

生産量が完全に逆転して天然ゴムブームも終焉を迎えた．

このようにブラジルでは，時代や場所を変えつつさまざまな国際商品が登場して「ブームとバスト」のサイクルが継起し，その開発史を特徴づけてきた．コーヒーブームの終焉とともに，1930 年以降，輸入代替工業化へ大きく舵を切ったブラジルでは，新たなブームを引き起こす国際商品が登場しなかった．しかし，1990 年代以降のセラード開発の進展による大豆栽培の飛躍的な発展や，2000 年代以降のバイオエタノールの急激な増産に伴うサトウキビ栽培の急増は，いずれも中西部や南東部を主要な舞台に進展中の新しいブームと捉えることもできる（第 7 章参照）．

1.3　政治・経済略史

ブラジルは 1500 年にポルトガルにより「発見」され，その植民地となった国である．ポルトガル人の植民以来，約 500 年にわたるブラジルの歴史は，大きく 3 つの時代に区分できる．すなわちポルトガルによる「植民地時代（1500～1822 年）」，ペドロ 1 世（Dom Pedro Ⅰ）が皇帝に即位して，ブラジル帝国がポルトガルから独立・成立した「帝政時代（1822～1889 年）」，そして共和主義運動の勃興と奴隷制の廃止を経て到来した，マヌエル・デオドロ・ダ・フォンセカ（Manuel Deodoro da Fonseca）を初代ブラジル大統領として始まる「共和政時代（1889 年以降）」である．

現在まで続く「共和政時代」は，ブラジル近代化の時代でもある．一般に「旧共和政期」と呼ばれる 1889～1920 年代は，大農園主に代表されるオリガーキー（oligarcy, 寡頭支配層）が政治を牛耳る治世であった．国政ではサンパウロ州とミナスジェライス州が大統領の座を交互に独占しながら，連邦の行政府と立法府を掌握する「カフェ・コン・レイテ（café com leite, ミルクコーヒー）」体制と呼ばれる寡頭政治が続いた．

その後，1930～1945 年は，クーデターにより大統領の座についたジェトゥリオ・ドルネレス・ヴァルガス（Getúlio Dornelles Vargas）による独裁政治の時代であり，ファシズム色の強い権威主義的な憲法を礎とした「エスタード・ノーヴォ（Estado Novo）」体制の確立が目指された．その結果，国内ではナショナリズムが高揚して，外国人に対するさまざまな規制が強化された．こうした中で，戦前・戦中期のブラジル日本移民は筆舌に尽くしがたい苦難や不自由を強いられた（第 9 章参照）．

1945 年にヴァルガスが軍事クーデターにより失脚し，1946 年に新憲法が制定されると，ブラ

ジルはポピュリズム（populism）の時代を迎えた．1960年にはジュセリーノ・クビシェッキ・デ・オリヴェイラ（Juscelino Kubitschek de Oliveira）大統領のもとで，リオデジャネイロからブラジリアへの首都移転が行われた（第3章参照）．しかし，海外からの巨額の借款や大量の通貨発行に支えられて実現した急速な発展は，同時に激しいインフレや莫大な対外債務問題を誘発して，ヴァルガスによる長い独裁政治の後に勝ち得たポピュリズムを破綻に追い込んでいった．

そして，1964年のウンベルト・デ・アレンカル・カステロ・ブランコ（Humberto de Alencar Castelo Branco）大統領から，1985年に失脚するジョアン・バプティスタ・デ・オリヴェイラ・フィゲイレド（João Baptista de Oliveira Figueiredo）大統領まで，実に5代約20年間にわたる長い軍事政権の時代が訪れたが，経済的にはおおむね堅調な時代でもあった．すなわち軍政下で進められた外国資本の積極的な導入や重工業化への優先的投資に支えられ，経済安定化政策や輸入代替工業化政策が功を奏し，1968〜1973年には「ブラジルの奇跡」と呼ばれる高度経済成長期が到来した．

メジシ（Emílio Garrastazú Médici）政権下（1969〜1974年）では，第1次国家開発計画（IPND）に基づく国家統合計画の一環として，アマゾン横断道路（Trans Amazônica）の建設，大規模な農場開発，資源探査などが実施された．国内の貧困地域であるノルデステからは，「土地なき人を，人なき土地へ（"homens sem terra" para "terras sem homens"）」のスローガンの下に，大量の移住者がアマゾン地域へと移動した．また投資環境の好転に伴い，電機，商社，銀行，保険，自動車などの分野で日本企業のブラジル進出ブームが沸き起こった．セラード開発をはじめとする日伯大型経済プロジェクトが実現したのも，この軍事政権の時代であった．

しかし1982年に累積債務危機による経済破綻が表面化すると，ブラジル経済は巨額な債務返済とハイパーインフレに直面して工業化が停滞し，「失われた10年」と呼ばれる経済危機の時代に突入した．こうした中，1985年には長い軍事政権が終わりを告げ，文民大統領が選出されて民政移管が実現した．一般に「新共和政期」と呼ばれる時代の到来である．政府は1986年の「クルザードプラン」を皮切りに，1992年の「コロールプランⅡ」に至るまで，次々と新しい経済政策を打ち出して経済危機からの脱却を目指したが，いずれも功を奏さずにハイパーインフレによる長い経済停滞に苦しめられた．ブラジルから，深刻な労働力不足に悩む円高の日本へと向かうデカセギ（dekassegui）が本格化したのも，ちょうどこの時期であった．

しかし，その後ブラジル経済は急速な回復をみせた．1995年に「インフレなき経済改革」を掲げて大統領に就任した世界的な社会学者のフェルナンド・エンリケ・カルドーゾ（Fernando Henrique Cardoso）は，アルゼンチン，ウルグアイ，パラグアイとともにメルコスール（MERCOSUR, 南米南部共同市場）を発足させて，自由競争下での経済開放政策を推進したり，前政権下で自らが指揮したレアルプランと呼ばれる大胆な金融改革を推進したりすることで，ハイパーインフレからの脱却を実現して，ブラジル経済を成長軌道に乗せることに成功した．

また2003年に大統領に就任したルイス・イナシオ・ルーラ・ダ・シルヴァ（Luiz Inácio Lula da Silva）は，カルドーゾ政権が2期にわたって築き上げた通貨レアルの安定化や，経済開放政策（規制緩和）の堅持による国際市場での競争力強化を継承しつつ，国内では「飢餓撲滅（Fome Zero）」プログラムの実施による貧困問題の克服と社会的格差の是正を推進した．条件付き現金給付制度である「ボルサ・ファミリア（Bolsa Família）」プログラムによる貧困者救済の社会扶助政策はその代表である．

こうした政策は，2011年にブラジルで最初の女性大統領に就任したジルマ・ヴァナ・ルセフ（Dilma Vana Rousseff）の下でも積極的に継承されている．また，国家の将来を担う優れた人材の育成を推進するための教育改革「国境なき科学（Ciência sem Fronteiras）」にも力が注がれ，多数の大学生や大学院生，ポスドクが，奨学金を得て

海外の主要な大学や研究機関で学んでいる．起業家精神に溢れた中間層の拡大による経済発展を企図するブラジルの政策は，現在着々と進められている．

1.4　地域的多様性

1.4.1　国家の構成と概要

2011年現在，ブラジルの国土面積は851.5万km^2，人口は1億9666万で，いずれも世界第5位に相当する大国である．また，経済規模をみても国内総生産（GDP）は2010年にイタリアを抜いて世界第7位となり，2011年にはイギリスを抜いて世界第6位に浮上した．ブラジルの面積と人口はともに南アメリカ全体の約50％，GDPはその約60％を占めており，今やブラジルは名実ともに南アメリカ諸国のリーダーとして国際舞台に登場し，華々しい活躍をみせている．

ブラジルは連邦（união），州（estado），連邦直轄区（DF：distrito federal），市（município，ムニシピオ）を構成単位とする連邦制を敷く共和国で，2013年現在，26の州と1連邦直轄区（首都ブラジリア），5564市（2008年）から成り立っている（図1.1）．

ブラジルの国旗には，豊穣な自然や農地を象徴する緑色と鉱産資源を象徴する黄色の地に取り囲まれて，その中央に青色の天球が描かれており，その内部には国家を構成する26の州と1連邦直轄区を表現する星々が，それぞれ独自の輝きを放ちつつ散在している．そして，それらの星々を束ねるかのように，フランスの社会学者オーギュスト・コント（Isidore Auguste Marie François Xavier Comte）の言葉である「秩序と発展（ORDEM E PROGRESSO）」と書かれた白い帯が，青い天球を横切っている（口絵1参照）．ブラジルの国旗には，国家を構成する26州と1連邦直轄区の地域的多様性を，国家的秩序の下で社会的・空間的に統合・発展させるという，独立以来変わることのない国家的課題と国民の理想が象徴的に表現されている．

ブラジルでは，1950年代後半に進められたリオデジャネイロからブラジリアへの首都移転計画を契機に，広大な国土の調和的統合を実現するための地域計画や地域開発論への関心が高まり，フランス人地理学者のミシェル・ロシュフォール（Michel Rochefort）やジャン・トリカール（Jean Tricart）らにより，科学的な新しい地域区分の理論や方法がもたらされた．その成果は，ブラジル地理統計院（IBGE, Instituto Brasileiro de Geografia e

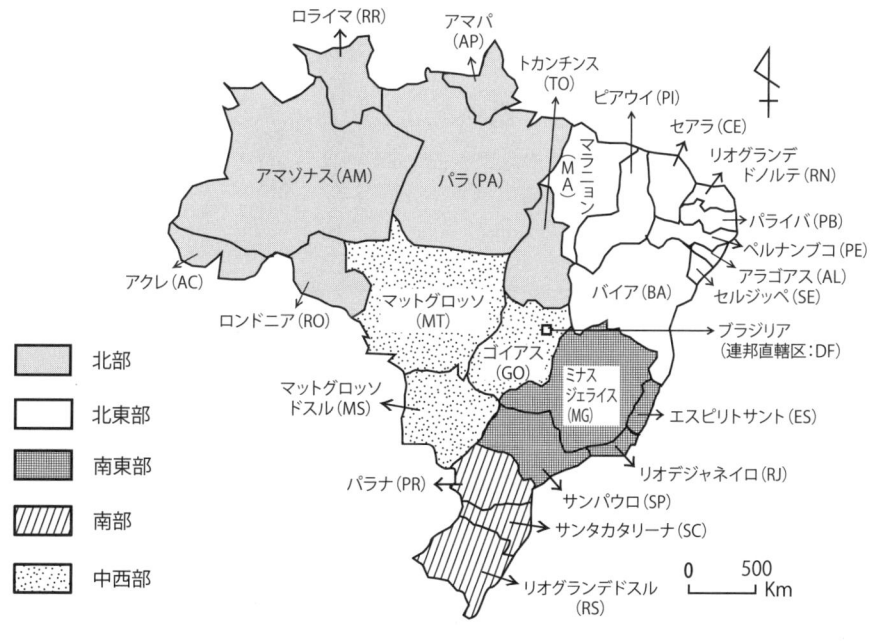

図1.1　ブラジルの行政区分

Estatística）が実施した国土地域区分などにも活かされて，現在でもさまざまな政府統計の基本統計区（調査区）などに利用されている（丸山 2012）．

IBGE の地域区分によると，一般にブラジルの広大な国土はノルテ（Norte，北部），ノルデステ（Nordeste，北東部），スデステ（Sudeste，南東部），スル（Sul，南部），セントロ-オエステ（Centro-Oeste，中西部）という，自然・経済・社会・文化的特徴を大きく異にする5地方（grande região）に大別されている（図1.1）．以下では各地方の地域性について概説する．

1.4.2 北部（ノルテ）の地域性

アマゾン川流域（Amazonia）の広大な熱帯地域に位置する北部は，ロンドニア，アクレ，アマゾナス，ロライマ，パラ，アマパ，トカンチンスの7州からなる（図1.1）．ここはブラジル最大の地方で，その面積は国土全体の約45％を占めているが，人口はブラジル全体の8.3％にすぎず（図4.5参照），人口密度は1 km^2 当たりわずか4人である（2010年）．また，同年の人種構成は，住民の67％が混血者のパルド（pardo）で最も多く，次いで白人（23％），黒人（7％），インディオ（2％），その他の黄色人（1％）と続く（IBGE 2012）．

アマゾンでは1621年，植民を企てるフランス，イギリス，オランダの侵入を防ぎ，北部地方の開発と経済発展を促す目的で，ポルトガル王室の直轄領であるマラニョン州（Estado do Maranhão）が，ブラジル州（Estado do Brasil）と分離して設置された．その後マラニョン州は，1654年にマラニョン・グランパラ州（首府サンルイス），1751年にグランパラ・マラニョン州（首府ベレン）へと名前や首府を変更し，1775年にはマラニョン・ピアウイ州とグランパラ・リオネグロ州の2つに分割された．これらの州は，いずれも王室の直轄領であったため，1822年にブラジルが独立し，1823年にグランパラ県（Província do Grão-Pará）が新たに設置されるまで，アマゾンはブラジル総督府の影響を直接的に受けなかった．換言すれば，ブラジル独立までポルトガルの直接支配を受けていたアマゾンは，長い間ブラジルでありながら，他の地方と同じブラジルではなかったといえる．

「緑の地獄」とか「緑の魔境」と形容されてきたアマゾンは，19世紀初めまで原始的な採集経済に依存したブラジルの最後進地域であった．しかし，19世紀後半～20世紀初頭にかけてマナウスを中心にゴムブームが沸き起こり，ここに世界最大の天然ゴム産地が出現すると，アマゾンは一躍脚光を浴びて世界の檜舞台に躍り出た（図1.2）．しかし，その後東南アジアとの競争に敗れたアマゾンのゴム産業は，1912年以降急速に衰微して，地域経済は大きく疲弊し，人々は北部から去っていった．

こうした中，アマゾンでは1920年代以降，原始的な採集経済からの脱却とそれに代わる新たな近代的農業の確立が目指され，すでに南のサンパウロ州などで農業者としての高い資質が認められていた日本移民に高い期待が寄せられた．そして，コンセッソン（concessão，一定期限内に土地調査を実施し，指定された面積内の土地を選定

図1.2　天然ゴムの採集風景
IBGE（1970）より．

表 1.2 　地方別・月給階層別にみた 10 歳以上人口と平均月給（2009 年）

月給階層	北部			北東部			南東部			南部			中西部		
	人数	(%)	平均月給	人数	(%)	平均月給	人数	(%)	平均月給	人数	(%)	平均月給	人数	(%)	平均月給
所得なし	4543	37	—	15157	34	—	20659	30	—	6683	28	—	3579	31	—
1/2 未満	1182	10	127	7231	16	121	2997	4	128	1017	4	128	678	6	128
1/2〜1	2429	20	416	10559	24	418	9643	14	428	3318	14	425	1955	17	427
1〜2	2404	19	669	7096	16	658	17203	25	684	6177	26	684	2774	24	678
2〜3	713	6	1125	1721	4	1115	6626	10	1119	2527	11	1116	937	8	1115
3〜5	581	5	1774	1421	3	1771	5913	9	1768	2208	9	1761	784	7	1768
5〜10	323	2	3208	859	2	3197	3383	5	3173	1293	5	3173	538	4	3226
10〜20	103	1	6189	369	1	6207	1299	2	6258	451	2	6089	262	2	6242
20 以上	34	0	14418	122	0	14553	421	1	15643	144	1	14860	118	1	15645
計	12312	100	549	44535	100	477	68144	100	875	23818	100	901	11625	100	899

IBGE (2011a) より作成．
月給階層は，最低賃金（SM：Salário Minimo）の何倍以上・未満かに基づき分類．月給が不明な者は除外して集計．
単位：人数（1000 人），平均月給（レアル）．2009 年の為替レートは，1 レアル≒47 円．

して境界を画定することを条件とする土地の無償譲与）契約により広大な土地が無償提供されたために，アマゾン各地に日本移民が大挙して移住し，原生林の開墾や農業開発に力が注がれた．その結果，アマゾン中流域では高拓生（日本高等拓殖学校の卒業生）らの奮闘により，それまでインドからの輸入に頼っていたジュート（jute，コーヒー豆などを入れる袋の原料となる）を自前で生産できるようになった．また第二次世界大戦後には，パラ州の日系人移住地トメアスを中心に黒コショウ栽培が成功を収めた．このように，アマゾンでは日本移民の大きな貢献により農業が根づいて発展をみせた（丸山 2010）．

1970 年代には，「ブラジルの奇跡」と呼ばれる飛躍的な経済成長を成し遂げたメジシ政権下で，ノルデステ住民の移住計画を伴う「アマゾン開発計画」が推進されて，アマゾン横断道路の建設や大規模な電源・農地・鉱山開発などが進められた．しかし，その一方で広大な熱帯林破壊に象徴される深刻な環境問題や莫大な対外債務問題などを引き起こして，世界的に厳しい批判を浴びる結果となった．絶え間なく押し寄せる開発圧の中で，今なお森林に糧を求めて生活するインディオや貧農たちとの共生は，アマゾンが直面する重要な課題の 1 つとなっている．

広大な北部の中でも，1957 年にマナウスフリーゾーン（Zona Franca de Manaus）と呼ばれる経済特別自由区が設けられたアマゾナス州都のマナウスや，古くからの港町でパラ州都のベレンといった大都市では，国内外からの企業進出も活発で経済成長も著しい．しかし北部全体の国内における位置づけは未だに後進地域のままであり，2008 年の 1 人当たり国内総生産は 1 万 216 レアルで，ブラジル平均（1 万 5990 レアル）の約 6 割にすぎない（IBGE 2011）．

表 1.2 は，2009 年の地方別・月給階層別にみた 10 歳以上人口と平均月給である．これによると，高齢者などの所得がない者が 37％，月給 2 SM（SM は最低賃金 Salário Minimo の略．2 SM はその 2 倍額を意味する．平均月給は 669 レアル＝約 3.1 万円）未満の貧困者が 49％と，ともに高い比率を占めている．2 SM 以上 10 SM（平均月給 3208 レアル＝約 15.1 万円）未満の低・中所得者は 13％である．10 SM 以上の高所得者はわずか 1％にすぎない（IBGE 2012）．

1.4.3 北東部（ノルデステ）の地域性

一般にノルデステと呼ばれる北東部は，マラニョン，ピアウイ，セアラ，リオグランデドノルテ，パライバ，ペルナンブコ，アラゴアス，セルジッペ，バイアの 9 州からなる（図 1.1）．ここは 16 世紀初めにポルトガル人による本格的な植民活動が最初に始まったところで，当初は世襲によるカピタニア（capitania，世襲領地）制のもとでブラジルボクの伐採やサトウキビ栽培などが進め

られた．その後，総督制が敷かれると 1549 年に初代総督のトメ・デ・ソウザ（Tomé de Sousa）がバイアに着任してサルヴァドルを創建し，1763 年にリオデジャネイロに遷都するまでブラジルの首府として機能した．

このように植民・開発の歴史が古く，長くポルトガル領ブラジルにおける政治・経済の中心地であったノルデステは，ブラジル文化揺籃の地でもあり，植民者が持ち込んだイベリア文化と，アフリカの黒人文化や先住民のインディオ文化が接触，結合，分裂，変容，転位を繰り返して，独特なブラジルの基層文化が形成された．

ノルデステの面積は国土全体の約 18% であるが，その人口はブラジル全体の約 28% に達し，人口密度は 1 km² 当たり 34 人である（2010 年）．同年の人種構成は，住民の 59% が混血者のパルドで最も多く，次いで白人（29%），黒人（10%）と続き，黄色人（1%）やインディオ（0.4%）はほとんどいない（IBGE 2012）．かつての砂糖ブームで繁栄を極めたノルデステには，植民地時代に多数の黒人奴隷が導入されたこともあり，黒人やムラト（白人と黒人の混血者）の比率が相対的に高い特徴がある（口絵 7 参照）．

一般にノルデステは，大西洋沿岸地域のゾナ・ダ・マタ（zona da mata，森林地帯），内陸部のセルトン（sertão，未開の奥地），そして両者の中間に位置し移行帯的な特徴を備えたアグレステ（agreste）の大きく 3 つの生態地域に区分される（Webb 1974, 斎藤ほか 1999）．ゾナ・ダ・マタは，16 世紀にポルトガル人が植民した当初はブラジルボク，その後 16 世紀後半〜17 世紀にはエンジェーニョ（engenho，砂糖農園）を中心とするサトウキビ栽培の舞台として繁栄を極めた（図 1.3）．一方，サボテン類を交えた有棘灌木林に広く覆われた熱帯半乾燥地域のセルトンでは，砂糖ブームで繁栄するゾナ・ダ・マタへの食料供給基地として，17〜18 世紀に牧畜業が発展した．

セルトンはブラジルでも最も深刻なラティフンディオ（latifúndio，大土地所有制）が残存する地域の 1 つで，土地を持てない貧農の割合が高い．また，数年ごとに発生する周期的な干ばつが，住民の苛酷な生活に拍車をかけ，多数の干ばつ難民が生存をかけてアマゾンやノルデステ沿岸部，南部諸州の大都市へと大規模な国内移住を繰り広げて来た（図 1.4）．政府は 1936 年に法令で「干ばつ多角形地帯（polígono das secas）」を画定し，その内部で重点的に干ばつ対策事業を展開してきた．しかし遅々として進まない農地改革や，「干ばつ産業（industria da seca）」と揶揄される不正だらけの公共事業の隆盛に阻まれて効果

図 1.3　サトウキビの収穫風景
IBGE (1970) より．

図 1.4 1877 年の大干ばつからの逃避行
Castro (1963) より.

的な干ばつ・貧困対策を実現できずにきた（丸山 2000）.

その結果，ノルデステは未だにブラジルを代表する後進・貧困地域として位置づけられたままで，その解決に向けた取組みは国家的最重要課題であり続けている．2008 年の 1 人当たり国内総生産はブラジルでも最低の 7488 レアルで，これはブラジル平均の半分にも満たない．中でもピアウイ州は最も経済的に貧弱で，1 人当たり国内総生産はわずか 5373 レアルと，連邦直轄区ブラジリア（4 万 5978 レアル）の 12 %，サンパウロ州（2 万 4457 レアル）の 22 % にすぎない（IBGE 2011）.

このような状況は，2009 年における住民の所得構成をみても明らかである（表 1.2）．すなわち月給 2 SM（平均月給 658 レアル＝約 3.1 万円）未満の貧困者が全体の 56 % を占めており，無所得者と合わせると全体の 9 割にも達する．2 SM 以上 10 SM（平均月給 3197 レアル＝約 15 万円）未満の低・中所得者は 9 %，10 SM 以上の高所得者は全体のわずか 1 % にすぎない（IBGE 2012）．顕著なラティフンディオの証左ともいえる．

1.4.4 南東部（スデステ）の地域性

政治・経済の中心地である南東部は，ミナスジェライス，エスピリトサント，リオデジャネイロ，サンパウロの 4 州からなる（図 1.1）．南東部の面積は国土全体の約 11 % にすぎないが，その人口はブラジル全体の約 42 % を占めており，人口密度は 1 km^2 当たり 87 人と最も高い（2010 年）．また同年の人種構成は，住民の 55 % が白人で最も多く，次いで混血者のパルド（36 %），黒人（8 %），黄色人（1 %）と続く（IBGE 2012）．

南東部には，ブラジルの首位都市であるサンパウロ市（2011 年人口は約 1132 万）を筆頭に，第 2 位のリオデジャネイロ市（約 636 万），第 6 位のベロオリゾンテ市（約 239 万）といったメトロポリス（metropolis）が立地している．特にサンパウロ市は，その近郊のグアルーリョス市（約 123 万）やカンピナス市（約 109 万）と連担して巨大な大都市圏を形成しており，その人口（2026 万）は東京，デリーに次いで世界第 3 位に相当する．ここには高層ビルが林立する南半球最大のメガシティが形成されている（写真 8.2 参照）．

南東部は，歴史的に北東部や北部などの後進・貧困地域から多数の国内移民を受け入れてきたこともあり，都市内部における住民の貧富差は大きく，スラムの形成に伴う衛生環境の悪化，窃盗・暴力・麻薬などの犯罪の多発化，児童の未就学や

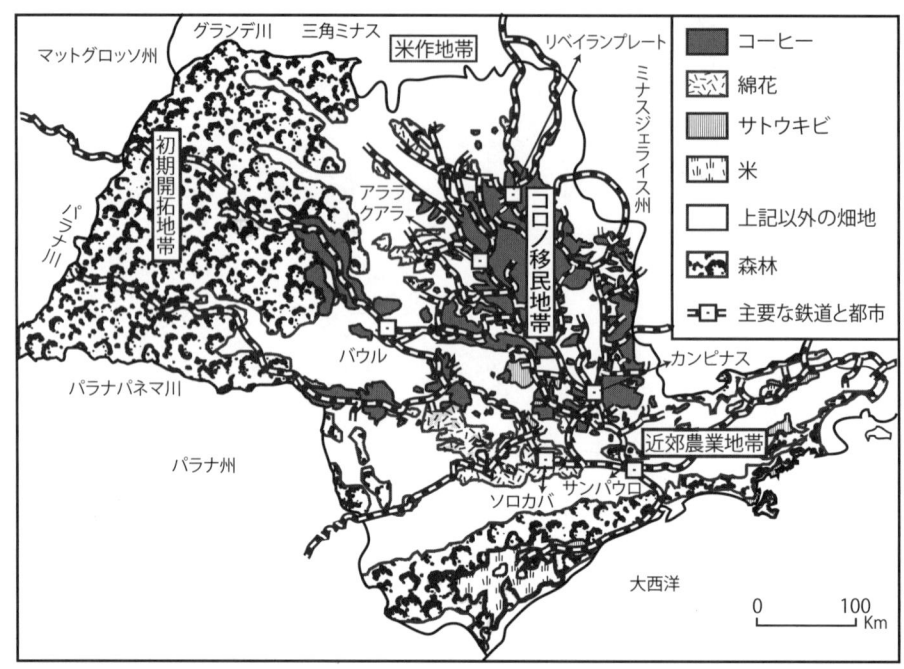

図 1.5 サンパウロ州の土地利用（1926 年当時）
丸山（2010）より．

違法な児童労働の潜在化など，さまざまな都市・社会問題が顕在化している．

　南東部では 1830～1930 年頃にかけてコーヒーブームが沸き起こり，当初は黒人奴隷，1850 年の奴隷貿易禁止以降はヨーロッパや日本からの外国移民が，コーヒー農場のコロノ（colono，契約農業労働者）としてブラジルに移住してその繁栄を支えてきた．最初のコロノ移民は，1840 年のポルトガル人であった．その後 1847 年のドイツ移民を皮切りとして，スイス，フランス，ベルギー，イタリア，ポーランド，スペイン，オーストリアなど，ヨーロッパ各地からサンパウロ州のコーヒー農場にコロノ移民が押し寄せた．

　ヨーロッパ移民の中でも，1874 年に始まるイタリアからのコロノ移民はその入国数が最も多く，19 世紀末頃のコーヒー農場で働くコロノの約 7 割はイタリア人であったといわれている．奴隷制が廃止された 1888～1902 年の 15 年間に，ブラジルに渡ったイタリア人は約 80 万人にも上るという（斉藤 1974）．日本からのコロノ移民の送出は，イタリア政府の方針で一時的に激減したイタリア移民の穴を埋める形で，1908 年の「笠戸丸」移民を嚆矢として始まった．初期の日本移民が配耕されたのは，コーヒー栽培に最適なテラローシャの分布により本格的な発展段階を迎えていたサンパウロ州のモジアナ地方で，コーヒー畑の拡大とともにより奥地へと鉄道が敷設されていった（図 1.5，第 9 章参照）．

　しかし 1929 年には世界恐慌でコーヒー相場が大暴落し，1931～1932 年には連続してコーヒーが霜害に見舞われた．さらに 1932 年には，生産過剰を調整する目的でコーヒーの新規植え付け禁止令が出され，国家コーヒー局が余剰コーヒーを買い上げて焼却処分するという異例の措置がとられた（堀部 1973）．

　こうして 1930 年代に入りコーヒーブームが終焉を迎えると，南東部では農業に代わり，外国資本の積極的な導入や重化学工業への優先的投資により工業化が進展した．1980 年代には国家的な経済危機の中で一時的に工業化が停滞したが，1990 年代には経済の自由化や規制緩和が功を奏して，多国籍の金融・サービス業や情報産業などが進出して著しい経済発展を実現した．

　南東部はブラジルで最も経済的に豊かな地域で

ある．2008年の1人当たり国内総生産は2万1183レアル（ブラジル平均の1.3倍）で，ブラジルの中では最高である（IBGE 2011）．また，2009年における住民の所得構成をみても（表1.2），月給2 SM（平均月給684レアル＝約3.2万円）未満の貧困者は43％で最も少ないが，2 SM以上10 SM（平均月給3173レアル＝14.9万円）未満の低・中所得者は24％，10 SM以上の高所得者は3％と，ともに高い比率を示している（IBGE 2012）．

豊かなブラジルの核心地である南東部と，最も貧しいノルデステとのコントラストは際立っている．しかし，世界の大都市とさほど変わらないようにみえる文化的風土の基層には，明らかにノルデステで生まれ育まれてきたブラジル的な文化的影響が色濃く確認できる．それは，歴史的に多数の国内移民がノルデステから南東部へと移住し，本地域の経済発展をその底辺で支えてきたこととも深い関係がある．南東部の都市住民の多くがそのルーツをノルデステに持っており，ノルデステを一族のふるさと，ひいてはブラジルのふるさととして追慕するのもそのためであろう．

1.4.5 南部（スル）の地域性

パラナ，サンタカタリーナ，リオグランデドスルの3州からなる南部は，ブラジルでありながらときにヨーロッパであるかのような錯覚すら覚える，他の地方とは大きくその土地柄が異なる地域である（図1.1）．ここは熱帯気候が卓越するブラジルの中で唯一，季節変化が明瞭な温暖湿潤気候に属しており，樹上部で枝が上方へ大きく反り返った独特の形状のパラナマツ（pinheiro）が，熱帯地域とは異なる南部特有の植生景観を生み出している（口絵10参照）．

サンパウロ州がコーヒー農場で働くコロノ移民の集積地となったのに対し，南部諸州はヨーロッパ諸国，とりわけドイツやイタリアからの開拓移民の入植地として開発が進められた．ドイツ人が建設した代表的な移住地は，1824年にリオグランデドスル州に建設されたサンレオポルド（São Leopoldo）や，サンタカタリーナ州に建設されたジョインヴィレ（Joinville, 1851年），ブルメナ

写真1.4 ブルメナウのドイツ風建築物（1991年撮影）

ウ（Blumenau, 1852年），ブルスケ（Brusque, 1860年）などである（写真1.4）．またドイツ移民より少し遅れてイタリア移民の入植が始まり，1836年にはサンタカタリーナ州にノーヴァイタリア（Nova Itália, またはドン・アフォンソ Dom Afonso）移住地が建設された．さらに，リオグランデドスル州のカシアスドスル（Caxias do Sul）にも，1875年以降，多数のイタリア移民が入植して次々と移住地が建設された．こうして，19世紀後半には南部各地にヨーロッパ移民の集団移住地が形成された．ブラジルにとって，当時まだ空白地であった南部を開拓することは，隣接するスペイン系諸国に対する防備の面からも重要であった．

これらのヨーロッパ移民たちは，ブラジル人がまだ居住していない未開地に特定の移民グループで集団入植した．そのため，彼らはブラジル社会から長く孤立したまま，それぞれの母国や出身地の文化，伝統，村落組織，生業形態，技術などをそのまま現地に移植・発展させることになった．各国の移民たちが，それぞれの文化を保持しつつブラジルで定着を遂げたことは，移住地が醸し出すさながらヨーロッパのような町並みや建造物，

図 1.6　草原に牛を追うガウショ
IBGE (1970) より.

雰囲気などからも感じ取ることができる（口絵 11, 12 参照）.

南部の面積は国土全体の約 7%と最小であるが，その人口はブラジル全体の約 14%を占めており，人口密度は 1 km² 当たり 49 人と南東部に次いで高い（2010 年）.同年の人種構成は，ヨーロッパ移民により開発された歴史を反映して，住民の 78%が白人で最も多く，次いで多い混血者のパルド（17%）と合わせると全体の 95%に達する.南部では，カボクロ（caboclo）とかカイピーラ（caipira）と呼ばれる白人とインディオの混血者が多い.黒人は 4%，黄色人は 1%にすぎない（IBGE 2012）.

南部では，パンパ（pampa）と呼ばれる広大な温帯草原を利用した牧畜業や農業が主要な生産活動となってきた.牧場を渡り歩いて牛などの放牧に従事する，ヨーロッパ人と先住民らの混血者はガウショ（gaucho）と呼ばれる（図 1.6）.ガウショの生活文化は，かつてスペイン領であった隣国のアルゼンチンやウルグアイの影響を強く受けており，ブラジルではこれらの国々と国境を接するリオグランデドスル州の出身者を一般にガウショと呼んでいる（口絵 13 参照）.ガウショは他人のために自己犠牲を惜しまない寛大な人間の象徴であり，南部の人々にとってガウショと呼ばれることは誇りでもある.

南部も相対的に豊かな地方である.2008 年の 1 人当たり国内総生産は 1 万 8258 レアルで，ブラジル平均よりも若干高い（IBGE 2011）.また 2010 年の住民の所得構成をみると，月給 2 SM（平均月給 684 レアル＝約 3.2 万円）未満の貧困者は 44%，2 SM 以上 10 SM（平均月給 3173 レアル＝約 14.9 万円）未満の低・中所得者は 25%，10 SM 以上の高所得者は 3%で，ブラジルで経済的に最も豊かな南東部とほぼ同じ値を示している（IBGE 2012）.近年は南アメリカの経済統合である「南米南部共同市場（MERCOSUR）」の重要拠点としても注目されている.

1.4.6　中西部（セントロ-オエステ）の地域性

内陸部に位置する中西部は，ゴイアス，マットグロッソ，マットグロッソドスルの 3 州と 1 連邦直轄区である首都ブラジリアからなる（図 1.1）.中西部の面積は国土全体の約 19%を占めるが，その人口はブラジル全体の約 7%にすぎず，国内で最も少ない（2010 年）.同年の住民の人種構成は，混血者のパルド（49%）と白人（42%）の割合がともに高く，次いで黒人が 7%，黄色人・インディオが 2%の割合で続く（IBGE 2012）.

中西部には，草原内に背丈の低いねじ曲がった灌木類が混在する，セラード（cerrado）と呼ばれる独特な相観を示す広大なサバンナが広がっている（図 1.7）.また，セラードでは地味の痩せた酸性土壌が卓越している.さらに，都市から遠く離れた内陸部という立地条件の悪さも相俟って，長く農業開発から取り残された未開発の後進地域であった.1960 年に実現したリオデジャネイロからブラジリアへの首都移転の背景には，建国以来放置されてきた中西部や北部の開発を促す重要な目的があった.広大なセラードでの粗放的牧畜業に依存してきた本地域が，その後ブラジルの農業フロンティアとして脚光を浴び，世界的な穀物農業地域へと急速な変貌を遂げるのは 1970 年代以降のことであった.

その背景には，ブラジル政府が 1975 年に発表したセラード拠点開発計画（POLOCENTRO）に基づく，地域のインフラ整備と農業開発のための

図1.7 セラードの景観
IBGE（1970）より．

資金・技術両面での積極的な支援体制があった．加えて，1979年以降は「日伯セラード農業開発協力事業（PRODECER）」が実施され，日本からの農業技術や資金協力が20年以上の長きにわたり継続的に行われた．こうして，中西部のセラード地帯を舞台に，大豆を中心とするアグリビジネスが急速な発展をみせた．セラード農業は，ブラジルのみならず世界的な視座における新しい農業フロンティア開発と評され，その大きな可能性と有望性を世界に知らしめた．また，ブラジルにおける農業近代化のインセンティブとなったセラード開発を牽引した日本の役割と貢献は，極めて大きなものであった（本郷・細野 2012）．

中西部は現在，ブラジル全体の約45％にあたる年産3300万t（2011年）を超える大豆生産量を誇る，世界的な穀倉地帯に変貌を遂げている．中でもマットグロッソ州は大豆栽培の一大核心地であり，1つの州で年産2000万tを超える大豆生産量は，実にブラジル全体の約28％を占めている（第7章参照）．

このような近代的な大規模農業の進展により，2008年の1人当たり国内総生産は2万372レアルで，南東部に次いで高い．これは最も値が高い連邦直轄区（4万5978レアル）が含まれていることに起因するが，ブラジリアを除いた3州の値もほぼブラジルの平均値に近い値を示している（IBGE 2011）．また2010年における住民の所得構成をみると，月給2 SM（平均月給は678レアル＝約3.2万円）未満の貧困者は47％，2 SM以上10 SM（平均月給3226レアル＝約15.2万円）未満の低・中所得者は19％，10 SM以上の高所得者は3％となっている（IBGE 2012）．

以上，本節ではIBGEの地域区分に従って，各地方の土地柄を鮮明に特徴づける諸事象に着目しつつ，同時に地方間のコントラストが明瞭になる共通の比較尺度も織り交ぜながら，その地域性について解説した．次章以降では，本章で触れたさまざまなテーマについて，その多様性と統一性に留意したより詳細な分析・論考が試みられる．

［丸山浩明］

引用文献

斎藤 功・松本栄次・矢ケ崎典隆 編（1999）:『ノルデステ——ブラジル北東部の風土と土地利用』大明堂．

斉藤広志（1974）:『新しいブラジル——歴史と社会と日系人』サイマル出版会．

堀部洋生（1973）:『ブラジルコーヒーの歴史』いなほ書房．

本郷 豊・細野昭雄（2012）:『ブラジルの不毛の大地「セラード」開発の奇跡』ダイヤモンド社．

丸山浩明（2000）:『砂漠化と貧困の人間性——ブラジル奥地の文化生態』古今書院．

丸山浩明 編（2010）:『ブラジル日本移民——百年の軌跡』明石書店．

丸山浩明（2012）：ブラジルにおける地理学の発展と日伯学術交流の歩み．地学雑誌，**121**（5）：799-814.
Bastide, Roger（1969）：*Brasil, Terra de Contrastes (3.ª ed.)*, São Paulo：Difusão Européia do Livro.
Castro, Josué de（1963）：*Geografia da Fome —— O Dilema Brasileiro：Pão ou aço,* São Paulo：Editôra Brasiliense.
Freyre, Gilberto（1933）：*Casa-Grande & Senzala —— Formação da Familia Brasileira sob o Regime da Economia Patriarcal*, Rio de Janeiro：Maia & Schmidt（フレイレ，G.（鈴木 茂 訳）（2005）：『大邸宅と奴隷小屋——ブラジルにおける家父長制家族の形成（上・下）』日本経済評論社）．
Freyre, Gilberto（1936）：*Sobrados e Mucambos —— Decadencia do Patriarchado Rural no Brasil*, São Paulo：Campanhia Editora Nacional.
Freyre, Gilberto（1959a）：*Ordem e Progresso*, São Paulo：José Olympio.
Freyre, Gilberto（1959b）：*New World in the Tropics —— The Culture of Modern Brazil,* New York：Alfred A. Knopf（フレイレ，G.（松本幹雄 訳）（1979）：『熱帯の新世界——ブラジル文化論の発見』新世界社）．
Freyre, Gilberto（1961）：*Nordeste (3.ª ed.)*, Rio de Janeiro：Livraria José Olympio.
IBGE（1970）：*Tipos e Aspectos do Brasil (9.ª ed.)* Rio de Janeiro：IBGE.
IBGE（2011）：*Brasil em Números 2011*, Rio de Janeiro：IBGE.
IBGE（2012）：*Anuário Estatístico do Brasil 2011*, Rio de Janeiro：IBGE.
Lambert, Jacques（1970）：*Os Dois Brasis (7.ª ed.)*, São Paulo：Companhia Editora Nacional.
Lefèvre, Jean-Paul（1993）：Les missions universitaires françaises au Brésil dans les années 1930. *Vingtième Siècle. Revue d'histoire,* **38**：24-33.
Rodrigues, José Honório（1970）：*Aspirações Nacionais*, Rio de Janeiro：Civilização Brasileira（ロドリゲス，J. H.（富野幹雄・住田育法 訳）（1982）：『ブラジルの軌跡——発展途上国の民族の願望』新世界社）．
Wagley, Charles（1967）：*Amazon Town：A Study of Man in the Tropics*, New York：Alfred A. Knopf（ワグレイ，C.（小野 功・野口俶宏 訳）（1973）：『アマゾンの町——熱帯と人間』新世界社）．
Wagley, Charles（1971）：*An Introduction to Brazil*, New York：Columbia University Press（ワグレー，C.（山本正三訳）（1971）：『An Introduction to Brazil ——文化と社会』二宮書店）．
Wagley, Charles ed.（1974）：*Man in the Amazon*, Gainesville：University of Florida.
Webb, Kempton Evans（1974）：*The Changing Face of Northeast Brazil,* New York and London：Columbia University Press.

コラム1　牧畜文化の多様性と肉食文化

　ブラジルは，インドとともに世界最大の牧畜国である．2009年の統計では，牛の頭数は2億529万頭（世界全体の14.9％）で世界第1位である．また，牛肉の生産量も940万tで，アメリカに次いで世界第2位である．
　ブラジルに牛が最初に導入されたのは，16世紀前半の北東部とみられる．当初，牛はサトウキビを搾る圧搾機の動力源や荷物を運ぶ役畜として，沿岸部で栄えた製糖業を支える重要な役割を担っていた．しかし16世紀後半に始まる製糖業の飛躍的な発展とサトウキビ畑の空間的拡大に伴い，17世紀になると牧畜業は製糖業から分離独立して内陸奥地のセルトンへと進出し，沿岸部への食料供給基地としての役割を担うようになった．牧畜業の発展に伴い形成された牛道（牛を沿岸部の都市市場まで運ぶ道路）や停泊地（牛を休ませ，商人が売買を行う場所で，牛道に沿ってほぼ1日行程の間隔で町が形成された）は，その多くが現在の幹線道路や都市の起源となっている．
　広大な国土のブラジルでは，牧畜と一言でいっても，その内容は地域により大きく異なる．換言すれば，地域の自然環境（特に家畜の餌となる植生や水文環境），開発の歴史，社会環境（特に土地所有や生産・流通条件）の地域差に対応して，各地に発現する牧畜文化（牛の品種，農場施設，牧童の服装や生活，騎乗用の装備，家畜の飼育・出荷方法，牧童の雇用慣習など）も極めて多様かつ個性豊かである（写真1）．
　もちろん，多様性とともに共通性も認められる．今日，ブラジルの牧畜業は，都市近郊ではフィードロット方式による集約的な牧畜経営もみられるが，その多くが今なお広大な牧草地に依存した粗放的な牧畜経営にとどまっている．しかも，ブラジルの牧場はそのほとんどがサバナ気候（明確な雨季と乾季がある）や熱帯モンスーン気候（弱い乾季がある）下にあるため，降水量や河川水位の季節変化に影響される牧草地の状況に合わせて，牛を季節的に移動させる移牧が各地で行われている．
　牧畜が盛んなアマゾンやパンタナールでは，季節的に浸水する低地の氾濫原と浸水しない台地や高地という，大きく2つの地形から構成されている．そのため，河川水位が上昇して氾濫原が水没する前に高台の

写真1 威厳ただようノルデステ・セルトンの牧童（1986年撮影）
カーチンガ（有棘灌木林）で牛を追うセルトンの牧童は，サボテンなどの棘によるケガを防ぐため，このような硬い革服に身を包んでいる．

写真2 川を横断する牛群を見守る牧童（2009年撮影）
川の横断は牛追いで最も注意を要する作業である．牧童（写真右端，馬に乗っている）は川底の地形や水深から最適な横断地点を選ばなければならない．

写真3 パンタナールの野趣に富む焼き肉（2003年撮影）
保存が効くように塩漬けした牛肉を，ヤシの硬い葉脈などで串刺しにして焼き上げる．

牧場へと牛を移動させ，逆に河川水位が下がって氾濫原に良質な牧草地が出現すると，乾燥して牧草不足の高台から氾濫原へと牛を移動させる移牧が一般に認められる．その際，アマゾンでは牛を船に載せて移送することが多いが，パンタナールでは経験豊かな牧童の誘導により湿原や川を横断させる（写真2，口絵14参照）．

牛を何日もかけて移送する際，牧童たちが原野で食するのが，塩漬けした牛肉などを硬いヤシの葉脈などに刺して串焼きにした，野趣に富む豪快な焼き肉である（写真3）．ブラジルを代表する肉料理のシュラスコ（churrasco）は，かつてブラジル南部の牧童らが行っていた焚き火に串刺しの牛肉を立てかけて焼く素朴な焼き肉が，19世紀末以降，徐々に洗練されつつ庶民に普及したものである．現在はロディジオ（rodizio）と呼ばれる，さまざまな部位肉の食べ放題式のシュラスコが一般的である．出稼ぎで来日した日系ブラジル人の増加により，日本でも容易にブラジルの肉食文化を堪能できるようになった．

［丸山浩明］

2 多様な自然環境と環境問題

　ブラジルは日本の約23倍もの面積を持つ南アメリカ大陸最大の国で，赤道直下に位置する熱帯の国でもある．広大な国土には，見渡す限りの大平原が広がるブラジル高原や，世界最大の面積を誇る熱帯雨林が占めるアマゾン平野など，島国である日本では想像もつかないスケールで多種多様な自然環境がみられる．また，この豊かな自然環境は，天然ゴムに代表される生物資源や鉄，金，ダイヤモンドといった鉱物資源などを提供し，ブラジルの礎を築いただけでなく，現在の経済発展をも支えている．本章では，人間生活とも深く関わるこうした自然環境について概観してみよう．

2.1 変化に富んだ地形と地質

2.1.1 地殻変動が生んだ雄大な景観

　南アメリカ大陸の地形は，西部に南北に連なるアンデス山脈に代表される山地，大陸の東半分に分布するギアナ高地・ブラジル高原・パタゴニア台地といった高原，アンデス山脈東麓から大西洋に向かって高原を刻むように分布するリャノ，セルバ（アマゾン盆地），グランチャコ，パンパなどの平野に大きく区分される．

　ブラジルの地形分布も，南アメリカ大陸の地形分布に沿った形で，山地，高原，平野が分布しており，それらがアンデス山脈の形成をはじめとする地殻変動の影響を受けた造陸運動によって，いくつかの地形に大きく分けられる．すなわち，西端に南北に連なるアンデス山脈，赤道付近を中心に東西に広がるアマゾン平野や中西部に広がるパンタナール，これらを取り巻くように分布するブラジル高原やギアナ高地といった台地に大きく分類される（図2.1）．アンデス山脈の分布域は，ブラジル国内では西部地域の限られた地域であり，地質的には新期造山帯に属する．高原や平野は，安定陸塊（安定大陸）に広がっており，ブラジル陸塊とも呼ばれている．北部のギアナ高地や中央に広がるブラジル高原といった，国土の中で相対的に標高の高いところは楯状地に分類される．楯状地は地質時代（先カンブリア時代）のいろいろな時期に繰り返して起こった地殻変動（造山運動）によってできた変成岩や深成岩からなる地質である．一方，アマゾン平野やパンタナールは堆積盆地（卓状地）である．楯状地は高原，堆積盆地は平野を示すイメージがあるが，楯状地や堆積盆地は大規模な地質を表す用語であり地形を表すものではない（松本 2012）．

　最も大規模な地形はアマゾン平野で，約4億年前の古生代シルル紀より，東西方向に沿った沈降が顕著になり，そこに海や湖沼が誕生したことから平野の形成が始まった．図2.2にみられるように，新生代初期には，パンタナールは南アメリカ大陸北西部に位置する現在のペルーとエクアドルの国境付近で太平洋に面する巨大な湾の最奥部に位置しており，アマゾン川は東部の高地を源流と

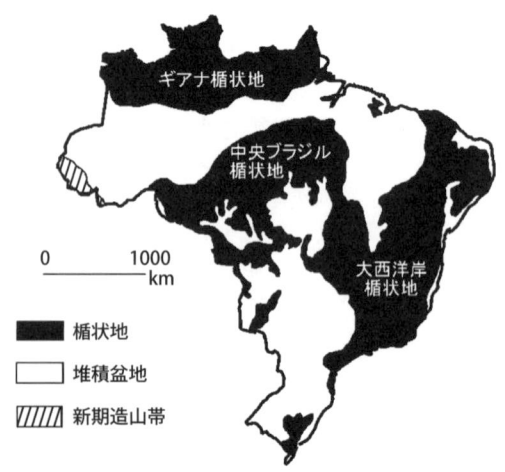

図2.1 ブラジルにおける楯状地と堆積盆地の分布
松本（2012）より．

して大西洋に注ぐ延長1000 km程度の河川であったと推定されている（Por 1995）.

その後，アンデス山脈の造山運動により湾口部が閉鎖され，先カンブリア時代の激しい地殻変動以降は，西部に向けて緩やかな沈降を続けていたブラジル陸塊と，形成されつつあるアンデス山脈に挟まれた湾口部は巨大な湖になった．やがて西部で成長を続けるアンデス山脈の影響により，湖東部から東に向かって流出が始まるようになり，この流れがもともと大西洋に注いでいた延長1000 km程度の河川と接続することにより，世界最大の流域面積を擁するアマゾン川が形成されることとなった．

このような沈降はブラジル陸塊の一部で起こり，盆状に窪んだいくつかの地域は浅い海や先述したような湖になり，そこに土砂が堆積することで新たな地質を持つ地域が形成された．湾の最奥部に位置していたパンタナールは，このような一連の地殻変動や造山運動の過程で現在のアマゾン川流域とは分断され，南に流れるパラグアイ川流域の最上流部にあたる巨大な湿地となった．

ブラジルで最も標高が高いところは，北部のベネズエラとの国境付近で約3000 mである．ブラジル高原に代表される高原の標高は，南東部に2000 mを超える山地が分布しているものの，そのほとんどは1000 m程度の比較的緩やかな起伏を呈した地形で，そこを谷が刻んでいる（写真2.1）．

一方，パンタナールの北部から東部にかけての周縁部にはブラジル高原が分布しており，パンタナールと高原の境界は標高差約200 mの断崖で隔絶されている（写真2.2）．このようなテーブル

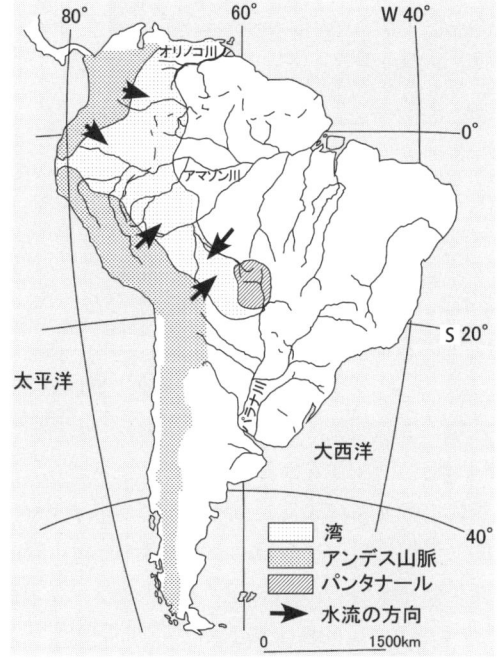

図2.2　新生代初期の南アメリカ大陸
Por (1995) より．

写真2.1　ブラジル高原を刻む谷（2009年撮影）
カンポグランデ郊外（マットグロッソドスル州）．緩やかな起伏を持つ高原に形成された谷に沿って樹木が繁茂している．

写真 2.2 パンタナール低地とブラジル高原との境界をなす急崖（2002 年撮影）
パンタナールの上流部では湿地はみられず，低地から急崖を介して，一気に高原へと移行する．

状の台地は，規模の違いはあるもののブラジル全土でみることができる．テーブル状の台地には，水平に堆積した固い堆積岩によって形成された楯状地と，隆起して高原になった堆積盆地の場合がある．造山運動によって傾斜がついたとき，やわらかい地層が削られて固い地層が残ることがある．このようにして形成された地形がケスタであり，たとえばブラジル高原南部のパラナ川周辺地域に顕著にみられる．

地質年代が全体的に古いブラジルでは，さまざまな鉱物資源が採取される．図 2.3 は，おもな鉱物資源の分布図である．図 2.1 の楯状地の分布と比較すると，ほとんどの鉱物資源が楯状地で産出されていることがわかる．すなわち金はギアナ楯状地と中央ブラジル楯状地を中心に広範囲に分布しており，ダイヤモンドは主に中央ブラジル楯状地に分布している．世界的に有名なカラジャスやイタビラの鉄鉱山も，古い岩石からなる中央ブラジル楯状地に分布している．

一方，大西洋に広がる大陸棚の周縁部では近年，海底資源の開発が進んでいる．従来はサルヴァドル北方の局所的に分布する堆積盆地の油田が中心であったが，現在はリオデジャネイロ州からサンパウロ州にかけての大陸棚の縁にあたる水深 1000〜2000 m の海底が中心で，海底からさらに大深度まで掘削することにより大規模な油田開発が行われている．

2.1.2 河川によって形成される地形と自然環境

このようにブラジルには大陸規模で形成される雄大な地形景観をみることができるが，堆積盆地（卓状地）上に堆積した土砂の層（更新世層）の地表に水の流れによる侵食や土砂の堆積といった外的な要因によって形成された地形についても広範囲に分布するものがある．先述したように国土のすべてが安定陸塊上にあるブラジルにおいて，標高が 200 m に満たない平地は国土の約 4 割を占める．そのうち，大規模な堆積盆地にアマゾン盆地やパンタナール低地といった平野があるが，これらの平野では沖積地にみられる河川による侵食や土砂の堆積などによって形成された地形が発達している．アマゾン川流域といえば，一面の熱帯林と水域に覆われた地域を想像しがちであるが，大部分の地域で雨季と乾季があり，季節によって水に覆われる面積は大きく異なる．1 年を通して水域や湿地の状態を維持する地域は河川近傍の地域に限定され，それらの地域の周縁部に季節的に浸水する低地が広がる．常に水域や湿地の状態を維持していたり季節的な浸水の影響を受ける地域は，アマゾン川流域では図 2.4 に示す沖積地を中心とした，流域全体の 5％程度である．

浸水の影響を受ける低地のうち，季節的あるいは数年に一度水没する低地をヴァルゼアと呼ぶ．ヴァルゼアは沖積地に形成される氾濫原なので，

図 2.3 おもな鉱物資源の分布
IBGE (2010) より.

河川による上流からの土砂の掃流と堆積作用がないところでは発達しない．したがって，アマゾンではソリモンエス川に代表される「白い川」が流れる河川沿岸で発達しやすく，逆にネグロ川のような「黒い川」の沿岸では発達しにくい．

ヴァルゼアには，高水期（雨季）には水没し低水期（乾季）にのみ姿を現す低ヴァルゼアと，高水期でも滅多に水没しない高ヴァルゼアの2種類がある（図 2.5）．高ヴァルゼアはその多くが自然堤防に相当する微高地で，高床式の住居が建てられている．一方，低ヴァルゼアは自然堤防周縁部（自然堤防と河川の間）や，河川とは反対方向に後背湿地に向かって下っていく斜面に分布している．低ヴァルゼアは雨季に毎年ほぼ確実に水没するので，本来は居住に適したところではない．しかし都市における低所得者層や，農場主に雇われて農場の番をする人たちが，高ヴァルゼアに建てられている高床式住居よりもさらに足の長い高床式住居を建てて暮らしている．また，攻撃斜面側に比べて，滑走斜面側に形成されたヴァルゼアは，比較的広い幅を持っている（写真 2.3）．もともと自然状態のヴァルゼアではヴァルゼア林と呼ばれる森林が広がっているが，開発により農場として使用されているところも多くなっている．

毎年あるいは数～十数年に一度は浸水するヴァルゼアに対して，低地周辺に分布する台地のテラフィルメは浸水することはない．低地よりも古い白亜紀後期から第四紀更新世にかけて堆積盆地に形成された台地で，水面からの比高が数～100 m以上に達し，台地面は緩い起伏を呈している．テラフィルメとヴァルゼアの分布の関係は図 2.5 に示したとおりであるが，アマゾンではテラフィルメの占める面積は非常に広い．テラフィルメでは地表水は非常に乏しく，台地であるため地下水面までの深さも深い．土壌は貧栄養のラトソルが広く分布しており，地表付近によくみられる腐植土層はほとんど発達していない．このような水環境や土質環境にあるにもかかわらずテラフィルメ上には熱帯林が繁茂しており，テレビや写真集で扱われている「アマゾンの熱帯雨林」は主としてこ

2.1 変化に富んだ地形と地質

図 2.4　沖積地の分布
IBGE（2010）より．

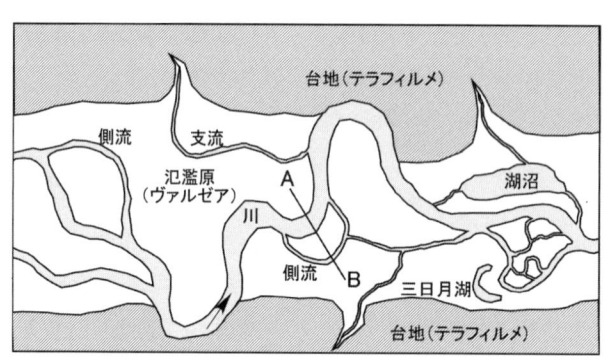

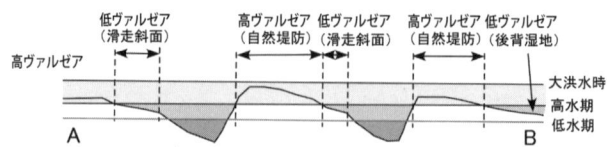

図 2.5　アマゾン川流域の地形概念
松本（2012）をもとに作成．

写真 2.3 滑走斜面側に形成された低ヴァルゼアと高ヴァルゼア（2011 年撮影）
マウエス郊外（アマゾナス州）．定期的に水没する低ヴァルゼアには樹木はみられないが，滅多に水没しない高ヴァルゼアには樹木がみられる．写真の奥にみえるテラフィルメには熱帯林が分布している．

の景観をみたものである．土地は痩せているが，アマゾンの都市の中心部の多くはこの台地上に形成されている．また，雨季にも浸水しない条件を利用して，乾季にヴァルゼアで放牧している家畜を，雨季にはテラフィルメで放牧するといった形の移牧が一般的に行われている．

土砂を大量に運んでくる白い川の流域では，氾濫原であるヴァルゼアからテラフィルメにかけての地形の変化をみることができるが，土砂の掃流が少ない黒い川の流域では一般にヴァルゼアは発達せず，水域 → 低位のテラフィルメ → 高位のテラフィルメといった地形の変化になる．このとき，水位の浅い岸辺付近ではイガポーという水域に繁茂する樹林地帯が形成され，魚類の繁殖地域となっている．

アマゾンの南には，世界最大の湿地であるパンタナールがある．アンデス山脈の隆起に伴う大規模な地殻変動により，古生代に形成された安定陸塊のブラジル楯状地と新期造山帯のアンデス山脈との間に形成された巨大な堆積盆地で（図 2.2 参照），毎年その約 7 割が河川の氾濫により水没する標高約 80〜200 m の比較的低平な浸水平原である．パンタナールでは，パラグアイ川が流れる西部の標高が相対的に低く，とりわけ地形的な狭窄部が形成されているパンタナール南西部で標高が最も低い．そのため雨季（平年で 11 月〜4 月頃まで続く）になると，多数の河川が洪水を引き起こして氾濫し，パンタナールでは上流から下流へと浸水域が徐々に拡大する（写真 2.4）．さらに，パンタナールで唯一の排水路となるパラグアイ川では，多数の支流から大量の水が一気に流入して水位が急上昇する．そして南西部の地形的狭窄部では，排水しきれなくなった水が川から溢れ出したり，下流域から地下水面の上昇による湧出が始まり，下流から上流へと逆流しながら浸水域がさらに拡大する．

ブラジル・パンタナールの地形の大部分は，東部の集水域からパラグアイ川に向かってサン・ローレンソ川やタクアリ川などのパラグアイ川の支流が形成した複数の扇状地性の地形から構成されている（Braun 1977, Klammer 1982）．

地形の勾配は極めて緩やかである．特にタクアリ川が形成する扇状地性の地形は，南パンタナールのほぼ全域を覆う大規模なもので，タクアリ川扇端部やパラグアイ川周辺では雨季・乾季を問わず湿地が広がっている．扇状地性の地形の中では，非常に細かく網状流が発達している地域とあまり発達がみられない地域が明瞭に分かれている．これは，扇状地性の地形の形成過程において，この地形が一様に形成されたのではなく，タクアリ川の流路が地形形成の過程で大きく変化しており，それに伴い河川によって運ばれてくる土砂の堆積環境も大きく異なっていたことを示唆している．　　　　　　　　　　　　　　　　　［宮岡邦任］

写真 2.4 浸水するパンタナール（2007年撮影）
白くみえるところに水が溜まっている．緩やかに蛇行したり直線的に水が溜まっているところは，乾季には道路として利用されている．樹木が繁茂しているところは微高地で，一見平坦にみえるこの地域にも緩やかではあるが水の溜まり方から起伏があることがわかる．

2.2 多様な気候と植生

2.2.1 変化に富んだ気候

　ブラジルは熱帯の国であり，国土の約8割はケッペンの気候区分で熱帯気候（A，最寒月の平均気温が18℃以上）が占めている．広大なアマゾン熱帯雨林が存在することから，ブラジルの気候は1年中高温多雨な湿潤熱帯気候（AfやAm）であると考えがちだが，図2.6で示されるように，実際には明瞭な乾季が存在する熱帯サバナ気候（Aw）が占める面積も大きい．またブラジル北東部には，乾季の長さが7カ月以上にも及び年降水量が少ないステップ気候（BS）がみられ，ブラジル高原の南部や南回帰線より南側には最寒月の平均気温が18℃を下回る温帯気候（CwとCf）の地域が存在するなど，熱帯から亜熱帯，温帯までの多様な気候を包有している．

　赤道直下に位置するブラジル北部のアマゾン川流域は，そのほとんどが湿潤熱帯気候である．ただし乾季が存在せず1年中多雨となる熱帯雨林気候（Af）の範囲は，ネグロ川との合流地点よりも上流の地域やアマゾン川河口部のパラ州ベレン周辺域にほぼ限られており，その他の地域は短期間の乾季が存在する熱帯モンスーン気候（Am）である．たとえばアマゾン川流域の中心都市であるアマゾナス州マナウスでは年平均気温が26.7℃，年降水量が2286 mmであるが，7月～9月は月降水量が100 mm以下であり，明瞭な乾季となっている．

　こうした季節変化は，熱帯収束帯（ITCZ）の季節的な動きと関連している．熱帯収束帯は日射量が多い赤道付近で形成される低圧帯のことで，大気が不安定で上昇気流が起こりやすく，多量の降水をもたらす．アマゾン川流域では，1年の大半はこの熱帯収束帯の影響を受けて降水量が多い．ただし7月～9月には，熱帯収束帯が赤道よりも北のギアナ地方からベネズエラ，コロンビアにかけて位置するため，赤道直下であるにも関わらずアマゾン川流域では降水量が少なくなり，乾季が卓越するようになる（図2.7）．

　アマゾン川流域以外でも，バイア州サルヴァドル（年平均気温25.2℃，年降水量2099 mm）を含むブラジル北東部の大西洋沿岸に湿潤熱帯気候がみられる．この地域の降水は，アマゾン川流域

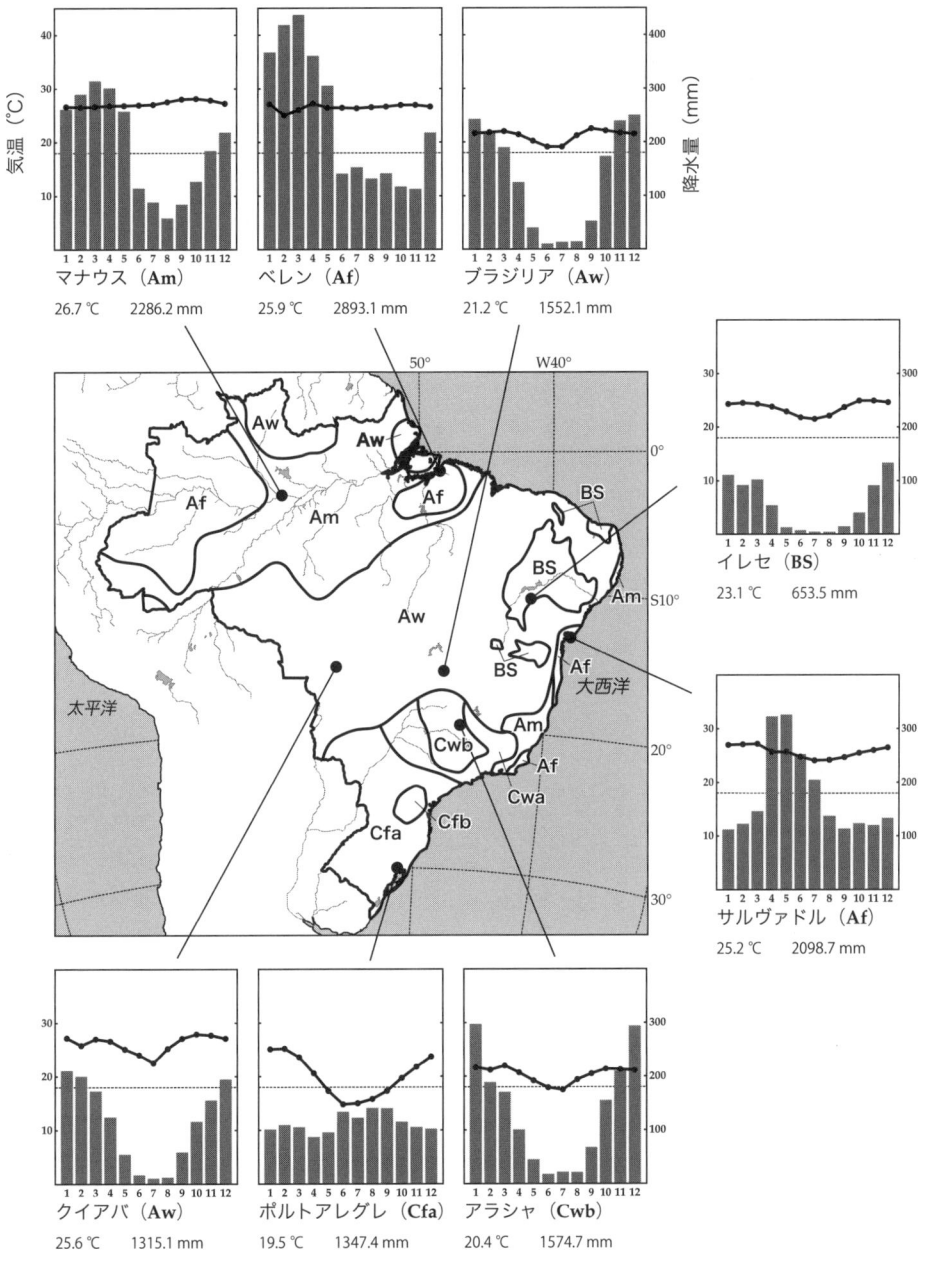

図 2.6 ブラジルにおけるケッペンの気候区分図
Peel et al.（2007）より作成．折れ線グラフは気温（点線は18℃），棒グラフは降水量で，ブラジル国立気象研究所による1961〜1990年の平均値を用いた．都市名の脇にケッペンの気候区分，下に年平均気温と年降水量を示す．Af：熱帯雨林気候，Am：熱帯モンスーン気候，Aw：熱帯サバナ気候，BS：ステップ気候，Cfa：温暖湿潤気候，Cfb：西岸海洋性気候，Cwa/Cwb：温暖冬季少雨気候．

の熱帯収束帯によるものとは異なり，1年中卓越する南東貿易風と地形が関わって生じる．すなわち，大西洋から吹き込む湿った南東貿易風が標高500〜1000 mのブラジル高原にぶつかり，その風上側で上昇気流となり雲が発生することで，多量の降水がみられるのである．ここは南回帰線より

も赤道寄りの低緯度に位置し，気温が高いことから，ケッペンの気候区分では熱帯雨林気候（Af）に含まれる．

ブラジル中央部のブラジル高原一帯は明瞭な雨季と乾季がある熱帯サバナ気候（Aw）となっている．内陸の都市であるマットグロッソ州クイア

2.2 多様な気候と植生

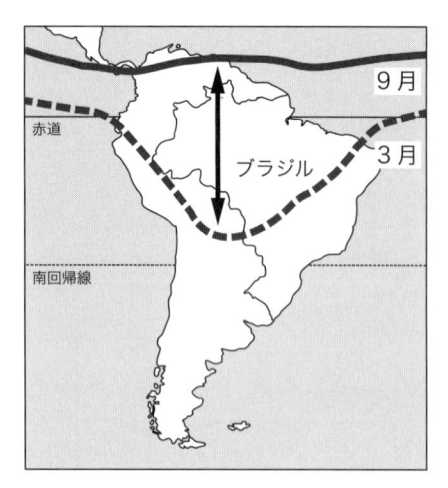

図 2.7 南アメリカ大陸における熱帯収束帯
（ITCZ）の位置
Wang et al.（2004）をもとに作成．

バ（年平均気温 25.6℃）では，年降水量は 1315 mm だが，6 月～8 月には月降水量が 50 mm 以下となる厳しい乾季がみられる．一方，熱帯収束帯が南下する 10 月～4 月は月降水量が 100 mm を超える雨季となっており，雨季と乾季の季節変化が明瞭である．内陸部においては，熱帯収束帯は南緯 20°付近まで南下することから，熱帯サバナ気候（Aw）が国土の中央部を広く占めている．ただし，標高がやや高いブラジル高原南東部では，最寒月の月平均気温が 18℃ を下回るため，熱帯気候（A）ではなく温帯気候（C）となっている．たとえばミナスジェライス州のアラシャでは最寒月（7 月）の月平均気温は 17.5℃ であり（年降水量 1575 mm），熱帯サバナ気候と共通して明瞭な雨季と乾季が存在することから，温暖冬季少雨気候（Cwb）に区分される．

北東部（ノルデステ）には年降水量が 500～700 mm のステップ気候（BS）がみられる．ブラジル中央の内陸部とは異なり，この地域は南大西洋高気圧の影響を受けるため，熱帯収束帯の南下が遅れる．また，大西洋から吹き寄せる南東貿易風の風下側であるため，貿易風による降水も期待できない．そのため降水量が総じて少なく，場所によっては乾季が 7 カ月以上も継続するなど国内で最も乾燥した地域となっている．平年値で年降水量が 500 mm 以下となる地点はあまりないが，降水量の年々変動は激しく，年によっては 300 mm に満たない場合があり，しばしば深刻な干ばつ被害を受けてきた．

南回帰線以南の地域の年平均気温は 15～20℃ で，温帯気候（C）が卓越する．年降水量は 1200～2000 mm で明瞭な乾季はみられないことから，温暖湿潤気候（Cfa）あるいは西岸海洋性気候（Cfb）に区分される．リオグランデドスル州のポルトアレグレなど標高の低い海岸沿いでは，最寒月の 7 月でも平均気温が 15℃ 程度と冬季も比較的温暖であるが，山岳域では最寒月の平均気温が 10℃ 程度まで低下する．ブラジルで最も寒冷な場所とされるサンタカタリーナ州サンジョアキンの年平均気温は 13.2℃ で，南緯 28°の亜熱帯域に位置しているにも関わらず，北緯 37°に位置する福島市（同 13.0℃）とほぼ同じである．冬季には最低気温が氷点下になることもあり，ブラジル国内では珍しい降雪もみられる．

2.2.2 多様な植生

ブラジルの植生は気候，特に乾湿条件に対応して大きく 6 つに区分できる．乾季がない，あるいは乾季が比較的短期間である湿潤な地域には，アマゾン熱帯雨林（セルバ）と大西洋岸森林（マタアトランチカ），明瞭な乾季があるやや乾燥した地域にはセラード，そして最も乾燥した北東部にはカーチンガが分布する．それらに，世界最大の熱帯湿原であるパンタナールと，最南部に広がる温帯草原のカンポが加わり，ブラジルの植生が構成されている（図 2.8）．

a. アマゾン熱帯雨林

ブラジルの植生で最初に思いつくのはアマゾン熱帯雨林であろう（写真 2.5）．アマゾン熱帯雨林はひとまとまりの熱帯雨林として世界の中で比類無き広さ（約 550 万 km²）を誇り，じつに日本国土の約 15 倍の面積を持つ．アマゾン熱帯雨林はセルバとも呼ばれ，南アメリカ大陸の 8 カ国 1 地域（ブラジル，ボリビア，ペルー，エクアドル，コロンビア，ベネズエラ，ガイアナ，スリナム，およびフランス領ギアナ）に跨がっている．ブラジル国内には，北部のアマゾン川流域を中心にその約 6 割の 330 万 km² が分布し，国土の 39% を

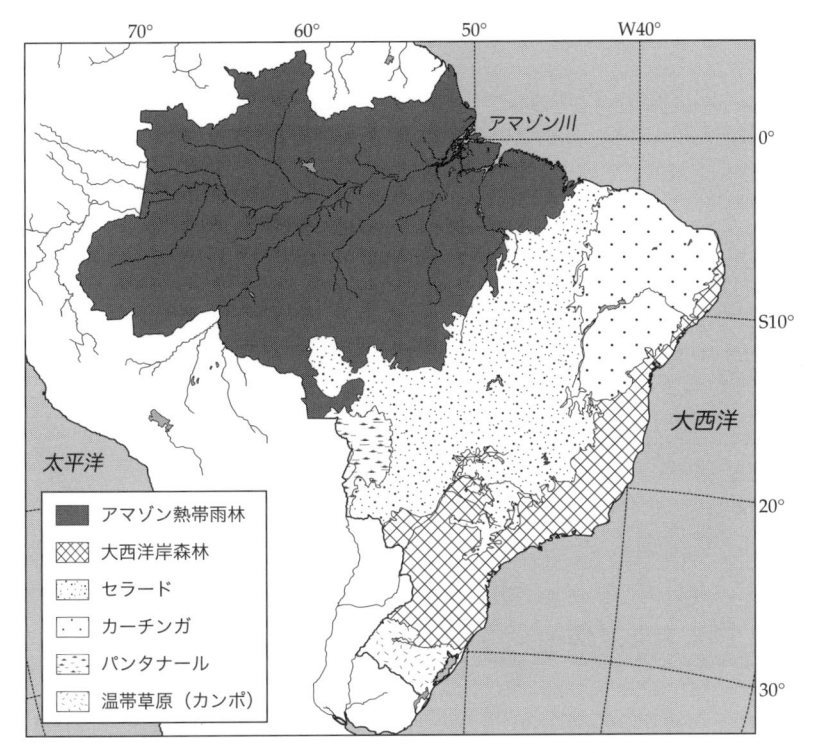

図 2.8 ブラジルにおける植物群系（バイオーム）の分布
IBGE（2010）をもとに作成．植物群系は植生をおおまかに区分したもので，実際の植生は各植物群系間の移行部や人工改変地などを含み，より複雑な分布となる．

写真 2.5 アマゾン熱帯雨林
松本（2012）より．

占める．

アマゾン熱帯雨林は発達した三次元構造を持っており，林冠の高さは 30 m を超え，場所によっては 60 m に達する巨大な超高木が出現する．また，アマゾン熱帯雨林における植物の種多様性は極めて高く，植物の種数は少なくとも 4 万種以上

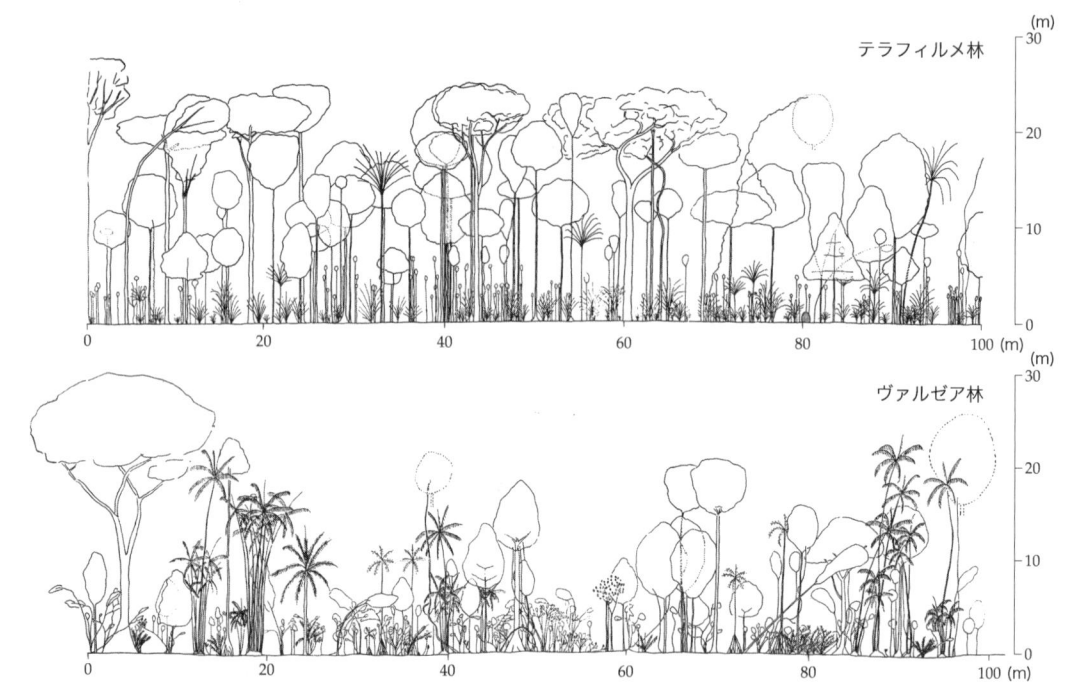

図 2.9 アマゾン熱帯雨林におけるテラフィルメ林（上）とヴァルゼア林（下）の植生断面図
Aubreville (1961) の図を一部改変した．

とされる．ただし1999年からの10年間で637種もの新種が記載されるなど（WWF 2010），実際の種の豊富さは未だ正確にはわかっていない．

アマゾン川本流や支流の周辺にはヴァルゼア林と呼ばれる季節的に水没する熱帯雨林がみられ，東南アジアやアフリカとは異なるアマゾン熱帯雨林の大きな特徴の1つとなっている．期間の長短はあるものの，ヴァルゼア林はほぼ毎年1回水没し，浸水しないテラフィルメに成立する熱帯雨林（テラフィルメ林）とは種組成や森林の構造が異なっている（図2.9）．

ヴァルゼア林はおもに耐冠水性を持つ樹木によって構成される．たとえば40 mを超す高木種のカポック（Ceiba pentandra）は，水没する季節には落葉して活動を休止し，長期間の水没による影響を回避している．また耐冠水性を持つだけでなく，水没を積極的に利用する植物もある．たとえばヤシの仲間のジャウアリ（Jauarí, Astrocaryum jauari）は水没する時期に種子をつけ，落ちた種子を魚に食べさせることにより種子散布を行っている．

ヴァルゼア林の種多様性は，隣接するテラフィルメ林に比べて60～70%ほどと少ない（Wittmann et al. 2010）．しかし両者に重複する樹種は3割程度しかなく，またヴァルゼア林の中でも，たとえば水没する期間が長い低ヴァルゼアではマメ科やアオイ科が多いのに対し，水没する期間が短い高ヴァルゼアではヤシ科やクワ科が多くなるというように，立地条件の違いによる種の入れ替わりが激しい．このようにヴァルゼア林も豊かな植物相を包有しており，隣接するテラフィルメ林とともにアマゾン熱帯雨林の高い種多様性を支えているのである．

b. 大西洋岸森林

ブラジルにはアマゾン熱帯雨林のほかにもう1つの森林帯，大西洋岸森林（マタアトランチカ，Mata Atlantica）がある．この森林帯は北東部沿岸から南部にかけて，乾季がないか短期間である湿潤な地域に成立している．世界の生物多様性のホットスポット（Myers et al. 2000）の1つにも数えられるほど種多様性が高く，大西洋岸森林には約2万種の植物が含まれ，そのうち約8000種はこの地域にしか存在しない固有種である．

大西洋岸森林は気候条件などの違いを反映し

て，①熱帯雨林，②熱帯季節林，③亜熱帯混交林（温帯林）の3つの森林型から構成される（池永 2007）．熱帯雨林は高温多湿な北東部の大西洋岸沿いに分布する．30 m を超える高木がこの森林を構成し，大西洋岸森林の中で最も種多様性が高く，かつ固有種を最も多く含んでいる．熱帯季節林は，海岸地域の山脈や西側の高原地域に幅広く分布している．沿岸部に比べてやや乾燥し，短いが明瞭な乾季があるため，乾季に葉を落とす落葉あるいは半落葉の樹種により構成されている．亜熱帯混交林（温帯林）はブラジル南部の湿潤冷涼な地域にみられる．クスノキ科などが優占する常緑広葉樹林や，常緑針葉樹であるパラナマツ（*Araucaria angustifolia*，口絵 10 参照）が混交する森林によって構成されている．

c．セラード

アマゾン熱帯雨林の南側のブラジル高原中央部には，冬に厳しい乾季にさらされる熱帯サバナ気候の地域に対応して，セラード（cerrado，ポルトガル語で「閉じられた」という意味）が広がる．セラードはサバンナのことで，草木が生い茂って見通しが利かないことから，そう呼ばれている．大西洋岸森林と同様に，セラードも生物多様性のホットスポットの1つに挙げられており，約1万種の植物（うち 4400 種が固有種）が生育していて，種多様性が非常に高い（Myers et al. 2000）．

セラードはちょうど草原と森林の移行帯にあたる．立地条件や気候条件によりさまざまな植生景観がみられ，樹木がどれくらい含まれるかによって4つに区分できる（Goodland 1971）．すなわち，樹木があまり含まれず草本が優占するカンポスージョ（campo sujo），草本が優占するが 5 m 程度までの灌木が侵入したカンポセラード（campo cerrado），3～8 m 程度までの灌木が多くみられるが林冠は連続せず草本が優占しているセラード（狭義），そして 10 m 以上の高木が連続した林冠を構成し森林となるセラドン（cerradão）である．これらは明確な境界を作らずに連続的に成立し，全体でセラード（広義）を形作っている．

d．カーチンガ

セラードよりもさらに乾燥が厳しい北東部には，カーチンガ（caatinga, 先住民インディオの「白い林」を意味する言葉に由来する）と呼ばれる有刺灌木林の植生が成立している（写真 2.6）．刺を持った枝分かれの多いマメ科の灌木によっておもに構成され，サボテン科やパイナップル科の多肉植物が混じる．カーチンガは乾季が7カ月以上継続し，年降水量が 800 mm に満たない地域に分布する．カーチンガを構成する樹種は乾季の間ずっと落葉しており，葉や花をつけて活動するのは短い雨季に限られている．カーチンガは中部アメリカやアフリカにみられる熱帯季節乾燥林（seasonally dry tropical forest）に位置づけられる．過去の寒冷な時代には，アマゾン川流域の大部分にカーチンガと同様の熱帯季節乾燥林が成立しており，現在のカーチンガはその一部が残存したものであると考えられている（Pennington et al. 2000）．

e．カンポ

最南部のリオグランデドスル州には草原植生のカンポ（campo）がみられる．カンポはパラナマツや常緑広葉樹による大西洋岸森林と隣接した南側に位置し，境界部では大西洋岸森林とモザイク状になって分布している．この草原植生はイネ科やキク科の草本植物を中心として構成され，ウルグアイやアルゼンチンの草原地帯であるパンパに続いている．

カンポが成立する地域には乾季がなく，年降水量は 1200～1800 mm と湿潤であることから，気候条件から考えると森林植生が成立してもおかし

写真 2.6　カーチンガ（1986 年，丸山浩明撮影）

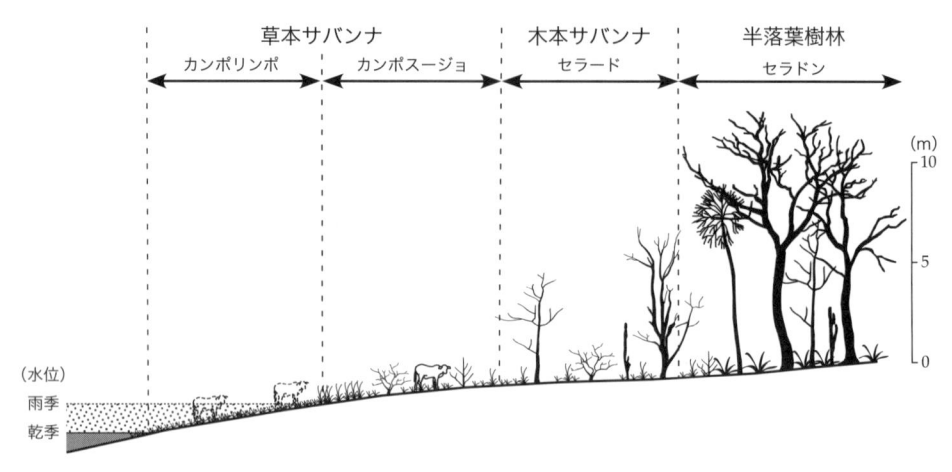

|草本サバンナ|木本サバンナ|半落葉樹林|
|カンポリンポ｜カンポスージョ|セラード|セラドン|

図2.10 パンタナールにおける植生景観と微地形および地下水位との関係
Yoshida et al. (2006) より．河川水位の変動により雨季に水没する場所やその周辺には草本サバンナが成立する．非浸水域では浸水域からの比高に従って樹木の密度や樹高が高くなり，セラード（狭義）や半落葉広葉樹林が成立する．

くない．実際に花粉分析から，現在のカンポは約1万年前の冷涼で乾燥した時代にブラジル南部に広く分布した草原植生が残存したもので，気候が湿潤になった約1000年前からはパラナマツ林など森林植生に置き換わりつつあることがわかっている（Behling and Pillar 2007）．しかし大西洋岸森林との境界部では，人間活動に起因する野火などの大規模な攪乱により樹木の侵入が妨げられており，その結果，草原植生であるカンポが現在も維持され，森林とのモザイク状の景観が成立している．野火などの大規模な攪乱が起こらなければパラナマツなど大西洋岸森林を構成する樹木がカンポに侵入し，森林植生が拡大すると予想される．

写真2.7 南パンタナールの風景（2004年撮影）ニェコランディア（マットグロッソドスル州）

f. パンタナール

パンタナールは南アメリカ大陸のほぼ中央，ブラジル西部のボリビア，パラグアイとの国境付近に位置する世界最大の熱帯低層湿原である．面積は約20万km^{2}と他の植生に比べ小さいが，現在までに水生植物と陸生植物を合わせ約1900種の植物種が同定されており（Pott and Pott 1994），種多様性は高い．これは，パンタナールが南アメリカのほぼ中央に位置し，植物相が周辺植生の要素（アマゾン熱帯雨林，セラード，大西洋岸森林，およびチャコ）から構成されるためで，狭い範囲に極めて多くの植物が分布する様は，パンタナールコンプレックス（Pantanal complex）とも称される．

パンタナールはブラジル高原とアンデス山脈に挟まれた盆地に位置し，全域を通じて標高が約80〜200mと極めて低平な平原である．熱帯サバナ気候に属し，明瞭な雨季と乾季がみられる．河川水量が多くなる雨季には，パンタナールの中心を流れるパラグアイ川やそこに流れ込む支流の多くが氾濫を起こし，広大な範囲が浸水して低層湿原を形成している．

パンタナールにおける植生はこうした季節的な水位変動に強く影響を受け，数m程度の土地のわずかな起伏に見事に対応して分布する（図2.10）．たとえば水位の上昇する雨季に浸水する，

あるいは浸水域に近く地下水位が高くなる場所には樹木は生育できず，カンポリンポやカンポスージョと呼ばれる草本サバンナが成立する．一方，雨季にも浸水せず，また地下水位もそれほど高くならない場所には樹木が優占した木本サバンナであるセラード（狭義）がみられ，最も土地が高い場所には林冠が連続した森林である半落葉樹林のセラドンが成立する．こうした水位変動と微地形に影響を受けた多様な植生が同所的に混在し，パンタナールにおける独特なモザイク状の植生景観を生み出している（写真2.7）．　　[吉田圭一郎]

2.3　水資源の偏在と人々の生活

図2.11は，おもな河川の流域区分を示したものである．アマゾン川，トカンチンス川，サンフランシスコ川，パラナ川といった大河川の流域が広大な面積を占め，その他は比較的規模の小さい河川流域であることがわかる．ただ，大規模河川流域全域において水資源としての河川水が地表にまんべんなく存在しているわけではない．たとえばアマゾン川流域のテラフィルメが分布する地域のように，熱帯林が広く分布する広大な流域であっても，地表水はほとんどなく人間が生活するには困難な地域が広く存在することは，われわれが普段思い描いているアマゾン川流域の水資源に対する印象とは大きく乖離するものである．

河川水と並び水資源として期待される水体の1つに地下水がある．図2.12は地下水の賦存状態と地質の分布を示したものである．アマゾン川に沿った沖積地やテラフィルメは，良好な帯水層が分布していることがわかる．また，パラグアイ川上流のパンタナールをはじめとする西部にも，アマゾン川に沿った地域と同様の地質構造の地域に豊富な帯水層が分布している．

一方，図2.1に示した楯状地が分布している地域では，地下水を得にくい地域と一致している．降水量が少なく乾燥している北東部（ノルデステ）では，アマゾンやパンタナールと同様に第四紀地質が分布する．西部に良好な帯水層が南北方向に分布しているが，サンフランシスコ川下流域をはじめとした沿岸地域に沿った楯状地の台地では，地下水資源も乏しく農業活動や生活用水の確保が非常に困難であることを示唆している．

また，東京首都圏やメキシコシティ都市圏に次ぐ人口を有すサンパウロ都市圏やリオデジャネイロ都市圏では，その近隣に大規模な河川流域や豊富な地下水を貯えた帯水層がないことがわかる．これらの地域では，従来から水資源の保全と効率的な活用が大きな課題となっており，日本からも上水の確保・保全に向けた技術・資金の支援を行っている．

このようにブラジルでは地域によって水資源が大きく偏在しており，その利用可能量も地域格差が大きい．また河川流量や降水量が多い地域でも，実際には流量や降水量の季節変化が大きく，安定した利用ができるわけではない．この状況の克服が，今後の地域格差是正に向けた大きな鍵となっている．

[宮岡邦任]

2.4　顕在化する環境問題

経済発展の著しいブラジルでは，先進国やその他の新興工業国と同様に，国内にさまざまな環境問題を抱えている．とりわけ大西洋岸森林やアマゾン熱帯雨林，セラードでは，その地域の開発が20世紀以降のブラジルの経済発展に大きく貢献した一方で，自然環境に対する悪影響が広範囲に及び，森林破壊や土壌侵食などといった深刻な環境問題を引き起こした．

2.4.1　森林破壊

ブラジルはロシアに次ぐ世界第2位の広大な森林を持つが（FAO 2010），これまで経済発展のための開発により大規模な森林破壊が行われてきた．特に大西洋岸森林は植民地時代の16世紀から開発され，現在ではそのほとんどが失われている．またアマゾン熱帯雨林も20世紀後半以降の森林伐採や農地拡大により面積の減少が著しい．

大西洋岸森林はブラジルの開拓および経済発展の中心に位置していたため，開発による影響を最も強く受けた．植民地時代にはサトウキビ栽培により北東部地域の沿岸部で森林が消失し，19世紀後半からはコーヒー栽培の拡大により，内陸部のサンパウロ周辺へと大規模な森林破壊が進ん

図 2.11 流域区分
IBGE（2010）をもとに作成．

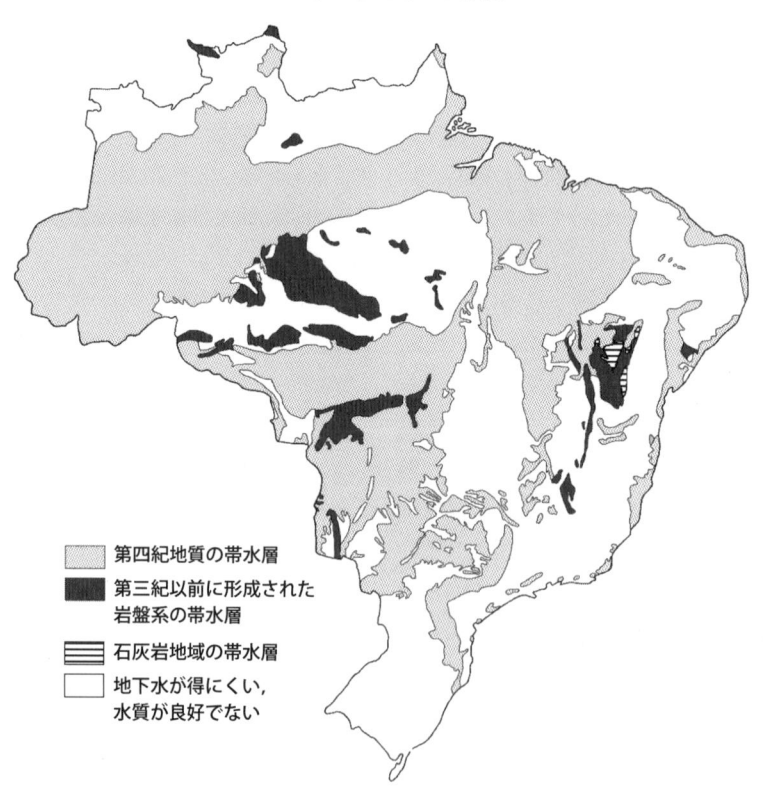

図 2.12 帯水層の分布
IBGE（2010）をもとに作成．

だ．その後，南部での大豆栽培やサンパウロ周辺への人口集中と都市域の拡大などの影響もあり，20世紀末までに大西洋岸森林のほとんどは失われてしまった（池永2007）．

アマゾン熱帯雨林では，1970年代以降に急速に森林破壊が進んだ．1970年代末には減少した森林面積は約7万〜10万 km^2 であったが，1980年代末までに約30万 km^2 まで急速に増加し，2012年までにブラジルのアマゾン熱帯雨林のほぼ2割にあたる約70万 km^2 が消失した．最近20年間は，毎年約1万〜3万 km^2 のペースでアマゾン熱帯雨林の消失が続いている（図2.13）．

1970年代以降の急速な森林減少は，同時期に完成したアマゾン横断道路など幹線道路の建設と関連が深い．かつてアマゾン熱帯雨林の開発は，船などによるアクセスが可能な河川沿いのヴァルゼア林が中心で，河川から離れた内陸のテラフィルメ林は手つかずであった．しかし，建設された幹線道路を通じて内陸のテラフィルメ林へのアクセスが可能となり，道路に沿って木材生産や農牧地の造成などのため大規模に開発されたため，沿道のテラフィルメ林は急速に消失した（コラム2参照）．1980年代以降，パラ州，アマゾナス州，ロンドニア州などで幹線道路に沿った大規模な開発が行われており，近年では南部のマットグロッソ州においておもに大豆栽培のための農用地への転換によりアマゾン熱帯雨林が減少している．

アマゾン熱帯雨林の急速な減少が国内外で問題視されることは，これまでに度々あったが，特に1990年代後半以降，開発だけでなく森林保全に関する政策が実施されてきた．たとえば2000年には森林法が改正されて，アマゾン熱帯雨林を新規に開発する場合は80%以上を森林としてそのまま維持することが義務づけられた．また，2004年にはアマゾン森林減少阻止・管理計画（PPCDAm, Plano de Prevenção e Controle do Desmatamento na Amazônia）による取組みが開始された．近年はアマゾン熱帯雨林の消失速度に歯止めがかかるなど，森林保全策が功を奏しつつあり，今後も環境保全と持続可能な開発の実現に向け，さらなる取組みが望まれる．

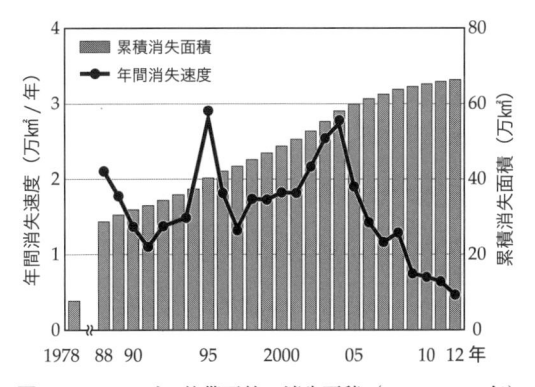

図2.13 アマゾン熱帯雨林の消失面積（1978〜2012年）
ブラジル国立宇宙研究所（INPE）の資料より作成．1988年の年間消失速度は1977〜1988年までの平均値を示す．また，累積消失面積は1978年におけるアマゾン熱帯雨林の消失面積を $77172 km^2$（Tardin et al. 1980）として年間消失速度より算出した．

2.4.2 セラード開発による土壌侵食とその影響

1970年代に始まったセラード開発により，ブラジル高原中央部のセラードでは農地が著しく拡大した．特に内陸のゴイアス州，マットグロッソ州，マットグロッソドスル州では開発が進み，ほとんどのセラードが大豆栽培のための農地や牧草地へと置き換えられた．セラード開発には日本のODAによる農地開発や品種・土壌改良などの技術支援もあり，現在ではアメリカの穀倉地帯と肩を並べる大豆の世界的な生産地となっている（第7章参照）．その一方で，高い生物多様性を保持するセラードの生態系が失われるだけでなく，土壌を支えていた植生が失われたために，深刻な土壌侵食の問題が生じている．

土壌侵食とは降雨などの作用により，地表の土壌が流亡して，土地が荒廃する現象である．表層土壌が流されると回復には長い時間がかかり，元の植生に戻らないだけでなく，土地の生産力も低下する．セラード開発が行われたブラジル高原は緩やかな起伏の上に侵食の影響を受けやすい熱帯性土壌（ラテライト）が分布し，雨季には熱帯特有の強度の強い降雨があるため，土壌侵食が生じやすい．土壌侵食による土地の劣化を防ぐため，セラード開発により造成された農地や牧草地では等高線に沿って耕作したり，盛土したりするなど

対策を講じているが,土壌流出はなかなか防げていない(写真 2.8).

土壌侵食はそれが生じる場所への影響だけでなく,侵食された土壌が流出する下流域にも甚大な影響を及ぼしている.パンタナールは大規模に開発されたセラードの下流域にあたり,セラードで生じた土壌侵食の影響を強く受けている.たとえばパンタナール南部のタクアリ川では上流域のセラードが開発された結果,流亡した土壌が河床に堆積して船の航行が難しくなり,重要な交通路としての機能が失われてしまった.また河床が高くなるため河川の氾濫が恒常的に生じやすくなり,浸水域が拡大して牧場が水没した.さらに非浸水域に成立していた半落葉樹林が大規模に枯死するなどの影響も生じている(丸山ほか 2011).

こうした土壌侵食を防ぐためには,先にも述べた等高線に沿った盛土や過放牧の防止など対症療法的な対応しかなく,根本的な解決が難しい.また,同様に重要な生態系であるにもかかわらず,アマゾン熱帯雨林などと比較してセラードを保全する動きは鈍く,保護区などの面積は未だに小さい.今後は,セラード開発による土壌侵食といった負の影響を最小限に食い止める取組みを促進させていくとともに,残されたセラードの保全を積極的に行う必要があろう.　　　　　[吉田圭一郎]

写真 2.8 ブラジル高原の等高線耕作(2005 年撮影)
カンポグランデ郊外(マットグロッソドスル州).谷を挟んだ左側では等高線耕作が行われているが,右側の農場では一部にガリー侵食が生じている.

引用文献

池永啓介(2007):大西洋岸森林(マタアトランチカ)500 年の歴史.坂井正人・鈴木 紀・松本栄次 編『朝倉世界地理講座 14 ラテンアメリカ』324-333,朝倉書店.

日本の水資源:http://www.mlit.go.jp/tochimizushigen/mizsei/j_international/international01.html(2012 年 7 月 15 日閲覧)

松本栄次(2012):『写真は語る 南アメリカ・ブラジル・アマゾンの魅力』二宮書店.

丸山浩明,ほか(2011):アロンバードをめぐるポリティカル・エコロジー.丸山浩明 編『パンタナール──南米大湿原の豊饒と脆弱』243-273,海青社.

宮岡邦任(2003):多様な顔を持つビオトープの水質.地理,**48**(12):23-29.

Aubreville, André (1961): *Étude écologique des principales formations végétales du Brésil et contribution à la connaissance des forêts de l'Amazonie brésilienne*, Ceutre technique forestier tropical.

Behling, Hermann and Pillar, Valério DePatta (2007): Late Quaternary vegetation, biodiversity and fire dynamics on the southern Brazilian highland and their implication for conservation and management of modern Araucaria forest and grassland ecosystems. *Philosophical Transactions of the Royal Society B*, **362**: 243-251.

Braun, E. H. G. (1977): Cone aluvial do Taquari, unidage geomórfica marcante na planície quaternária do Pantanal. *Revista Brasileira de Geografia*, **39**: 164-180.

FAO (Food and Agriculture Organization of the United Nations) (2010): *Global Forest Resources Assessment 2010*, FAO.

Goodland, Roberto (1971): A physiognomic analysis of the 'cerrado' vegetation of central Brasil. *Journal of Ecology*, **59**: 411-419.

IBGE (Instituto Brasileiro de Geografia e Estatistica) (2010): *Atlas nacional do Brasil Milton Santos*, IBGE.

Klammer, G. (1982): Die palaeowuste des Pantanal von Mato Grosso und die pleistozane klimageschichte der brasilianischen randtropen. *Zeitschrift für Geomorphologie*, **26**: 393-416.

Myers, Norman, *et al.* (2000): Biodiversity hotspots for conservation priorities. *Nature*, **403**: 853-858.

Peel, M. C., *et al.* (2007): Updated world map of the Köppen-Geiger climate classification. *Hydrology and Earth System Sciences*, **11**: 1633-1644.

Pennington, R. Toby, *et al.* (2000): Neotropical seasonally dry forests and Quaternary vegetation changes. *Journal of Biogeography*, **27**: 261-273.

Por, F. D. (1995): *The Pantanal of Mato Grosso (Brazil): World's largest wetlands*, Kluwer Academic Publishers.

Pott, Arnildo and Pott, Vali Joana (1994): *Plantas do Pantanal*, Empresa Brasileira de Pesquisa Agropecuária.

Tardin, A. T., *et al.* (1980): *Subprojeto desmatamento, convênio IBDF/CNPq-INPE 1979*, Instituto Nacional de

Pesquisas Espaciais (INPE).
Wang, Xianfeng, *et al.* (2004)：Wet periods in northeastern Brazil over the past 210kyr linked to distant climate anomalies. *Nature*, **432**：740–743.
Wittmann, Florian, *et al.* (2010)：*Manual of trees from Central Amazonian várzea floodplains. Taxonomy, ecology and use*, Instituto Nacional de Pesquisas da Amazônia.
WWF (2010)：*Amazon Alive! A decade of discovery 1999–2009*, WWF (http://awsassets.panda.org/downloads/amazon_alive__web_ready_version_14sept10_final.pdf).
Yoshida, Keiichiro, *et al.* (2006)：Vegetation patterns and processes in the Pantanal of Nhecolándia, Brazil. In *Proceedings for International Symposium on Wetland Restoration 2006 —— Restoration and wise use of wetlands* (The Organizing Committee of the Symposium on Wetland Restoration 2006 ed.) 261–266.

===== コラム2　熱帯雨林の減少を監視する宇宙からの目 =====

交通手段が限定されるうえに，日本の国土の約9倍の面積（約330万 km²）を持つブラジルの広大なアマゾン熱帯雨林を，地上で管理するのは多大な労力がかかり現実的には困難が多い．そのためブラジル政府は，2004年に開始したアマゾン森林減少阻止・管理計画（PPCDAm）の中で，ブラジル国立宇宙研究所（INPE）によるアマゾン熱帯雨林における森林減少の把握（PRODES）と，森林伐採のリアルタイム監視（DETER）に関するシステムを導入した．これは人工衛星に搭載された光学センサを用いた，いわば「宇宙からの目」によるモニタリングシステムで，アマゾン熱帯雨林の減少速度の抑制や違法伐採の防止に効果を発揮している．

人工衛星の観測センサによるモニタリングシステムは非常に有効であり，これまでに森林減少の状況を把握してきただけでなく，過去から現在までの開発過程も読み取ることができる．たとえば，アマゾン熱帯雨林のテラフィルメ林では，建設されたアマゾン横断道路や周辺の幹線道路沿いに，まるで魚の骨のように開発が行われ，森林減少が周辺に拡大する様子をみることができる（写真1）．幹線道路の建設がアマゾン熱帯雨林の森林破壊を助長したことが読み取れる．

違法伐採についても，人工衛星からの監視は効果が大きい．しかし導入したシステムは光学センサを用いており，半年に及ぶ雨季には雲に遮蔽され，違法伐採をリアルタイムで監視できず，その有効性には限界があった．そこで，日本はJICAを通じてプロジェクトを立ち上げ，陸域観測技術衛星「だいち」（ALOS）に搭載された，昼夜や天候に関わらずに観測できるフェーズドアレイ方式Lバンド合成開口レーダ（PALSAR）のデータやそれに関連する技術の供与を2009年から行ってきた．これにより，雲に覆われる雨季にもリアルタイムでの監視が可能となり，実際に違法伐採の抑制に大きな効果を発揮した．残念ながら2011年に「だいち」は運用停止となったが，2014年に打ちあげられた「だいち2号」（ALOS-2）にはさらに性能を向上させたセンサが搭載されており今後も日本の技術がアマゾン熱帯雨林の森林破壊を抑制する活動に役立つことが期待される．

［吉田圭一郎］

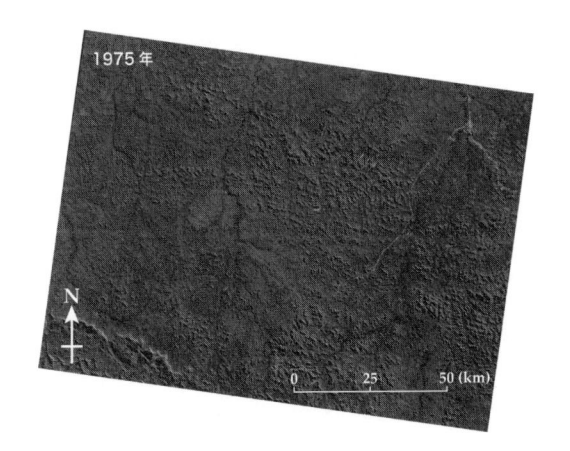

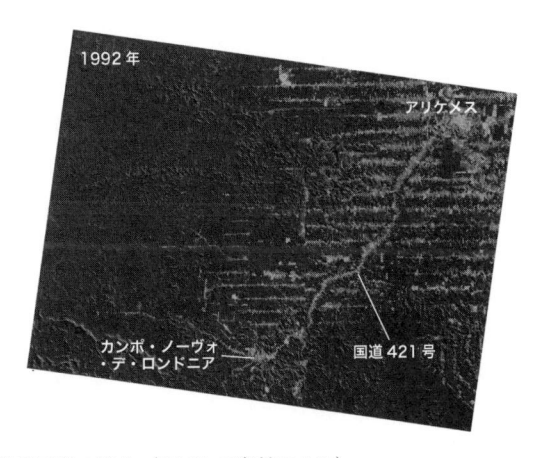

写真1　ロンドニア州におけるアマゾン熱帯雨林の消失（NASAの資料による）
黒っぽいところが熱帯雨林に覆われた場所で，白くなっているところは熱帯雨林が伐採され，道路や農場などへ転換された場所．国道421号線沿いにアマゾン熱帯雨林の開発が進んできた様子がうかがえる．
（左）Landsat-2：1975年6月19日撮影．（右）Landsat-4：1992年6月22日撮影．

3 都市の形成と発展

ブラジルの開発の歴史と，その拠点となった都市の建設の間には密接な関係がある．16世紀（最初の100年間）に大西洋岸に沿って17の都市が建設され，その後，内陸部にも地域開発が進み，各地に都市が建設されていった．今日では，首都である連邦直轄区（ブラジリア）と26州の州都も含め，人口10万以上の都市が全国で288ムニシピオ（市）も立地している（2012年人口推計値）．ここでは，ブラジルにおける都市の形成と発展について，大規模な国内人口移動や都市システムに着目して考察する．さらにブラジルが世界に誇る，人工的に建設された計画都市であるブラジリアについても，その実態を明らかにしよう．

3.1 都市の形成

1500年4月，ポルトガル人がブラジル東海岸のポルトセグロ（現バイア州）に初めて上陸し，その数日後にはブラジルで初めてのミサが挙行されたとされる．ブラジルで最初のヴィラ（vila, 村程度の集落）は，1532年1月に誕生したサンヴィセンテ（現サンパウロ州）で，これをブラジル最初の活動拠点（都市）と考えることができる．その後，カピタニア制施政期間（1534～1549年）までに，ポルトセグロ，イガラス，イリェウス，サンタクルス，オリンダ，サントスを加えた7都市が建設された．1549年から始まる総督制の時代には，サルヴァドル，ヴィトリア，サンパウロ，リオデジャネイロなどさらに10都市が建設され，1600年までの最初の100年間に大西洋岸に沿って北はナタル（現リオグランデドノルテ州）から南はカナネイア（現サンパウロ州）までの沿岸域に合計17の植民都市が建設された（中岡・川西 2005, 図3.1）．

ブラジル最初の主都（植民地時代は，独立後の「首都」と区別して「主都」と表記する場合がある）は，1549年に総督府が置かれたサルヴァドルである．この都市は16世紀半ばからサトウキビ栽培が盛んになる東部沿岸地域のほぼ中央に立地している．1558年には都心部のペロウリーニョ広場に面してアフリカからの黒人奴隷を売買す

図3.1 16世紀のブラジル植民都市
Aroldo (1970) より．

る奴隷市場が設置された．この辺りの旧市街歴史地区は，1985年にユネスコの世界文化遺産に登録されている（8.2.3項参照）．

1549年から200年以上にわたりポルトガル植民地ブラジルの主都だったサルヴァドルは，1763年にリオデジャネイロに遷都された．リオデジャネイロは，1822年のブラジル独立を経て1960年

に新首都ブラジリアに遷都されるまで，ほぼ200年間にわたりブラジルの首都となった．1741年から1761年にかけてミナスジェライス地方を中心に金の産出は最盛期を迎えるが，リオデジャネイロは，内陸部に立地するミナスジェライス地方から送られてくる鉱産資源の積出し港としての機能も果たした．世界三大美港といわれるグアナバラ湾とコパカバーナやイパネマなどの観光ビーチ，それらを見渡せるコルコバードの丘やポンデアスーカルの岩山などを含めたリオデジャネイロの市街地のほぼ全域が，2012年に世界文化遺産に登録されている（8.2.1項，口絵9参照）．

奥地探検隊（バンデイランテ）は，金や宝石を探し求めるとともに，サトウキビ農園などの奴隷労働力にする先住民を狩るために内陸部に進出し，その途中に，後の都市の基になる拠点を築いていった．サンパウロはピラチニンガ高原でイエズス会の修道士らが1554年にミサを行った場所で，彼らの布教活動の拠点として誕生したが，16～17世紀には奥地探検隊の重要な基地としての役割を果たした．18世紀になると，サンパウロはラバの背に荷物を載せて移動する隊商（トロペイロ）の中継地として発展した．そして19世紀半ば頃までにサンパウロ州の内陸部を中心にコーヒー栽培が盛んになると，コーヒー豆の積出し港であるサントスと内陸のコーヒー生産地をつなぐ中継拠点として，世界的なコーヒー経済を背景に商工業都市として急成長をみせた．

ブラジルでは，1854年に当時の首都リオデジャネイロで最初の鉄道14.5 kmが開通した．その後，1867年にはサンパウロ-サントス間で鉄道が開通し，さらに1872年にはサンパウロから北西方向の内陸部への拠点となるカンピナスまで，1875年には西方向の拠点となるソロカバまでが開通した．こうしてサンパウロ州の奥地に広がるコーヒー生産地域と輸出港とをつなぐ鉄道網が20世紀にかけて敷設され，サンパウロの都市発展を大きく促した．ブラジルの歴史において都市は，キリスト教の布教活動や奥地探検，地域開発の拠点として，また交易や経済活動の結節点として，さらには幹線道路や鉄道などの交通の要衝として成立し発展してきた．その中にはサルヴァドル，リオデジャネイロ，サンパウロのように，一世を風靡した経済ブームの中心地域と結びついて，より重要で巨大な都市に成長した事例も含まれている．今日では，幹線道路を利用する都市間長距離バスの路線網の発達が，人や物資の移動を容易にしている．

3.2 農村人口の移動

ブラジルに限らず，ラテンアメリカ諸国は都市人口率が高いことで知られている．図3.2は，1960～2010年のブラジルにおける都市人口と農村人口の推移を示す．都市人口は，それぞれの基礎自治体（ムニシピオ）で定められた都市区域に居住する人口と定義され，農村地方のムニシピオの中心市街地に住む居住人口も含めるため，ブラジル全体で先進国並みに高い都市人口率を示している．しかしながら1960年代までは農村人口のほうが都市人口より多く，統計調査で都市人口が農村人口を初めて上回ったのは1970年のことであった．ブラジルでは，第二次世界大戦前から今日まで都市人口率は一貫して上昇し続けており，2010年には84.4％となっている．一方の農村人口は，1970年の統計調査まではわずかに増加していたが，その後は減少し始め，農村人口率の低下に拍車をかけている．

総人口が増加している一方で，農村人口が減少して農村人口率が低下している背景には，農村から都市へ向かう巨大な人口移動の現実がある．そ

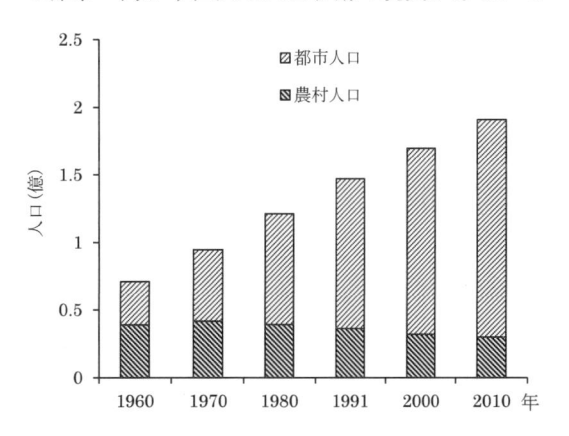

図 3.2 ブラジルにおける都市人口と農村人口の推移
IBGE（1960, 1970, 1980, 1991, 2000, 2010）より．

の中には，農村部の農場労働者が農業に従事したまま農場内の土地から近くの中心市街地へ住居を移したケースなども含まれるが，一方で農業労働者としての生活に見切りをつけ，よりよい生活を求めて都市部に出て行くケースなども多く含まれ，農村からの巨大な人口移動を生み出してきた．多くの地方都市が成長し，巨大な人口移動の流れは地方都市からさらに大都市へと向かった．

図3.3は，国内人口移動の主要な動きを3つの時代に分けて示したものである．最初の1960～1980年には，「ブラジルの奇跡」と呼ばれる1968～1973年の高度経済成長期が含まれており，全国各地からブラジル経済を牽引する産業が集積するサンパウロなどの南東部に向かって，一極集中的な人口移動がみられた．最も多くの人口を流出させた地域は，ブラジルでも最も貧しい地域の1つであり，貧困層の人口が比較的多い北東部である．続く1980～1990年は，「失われた10年」と表現される経済危機の時代である．軍事政権から民政移管された1980年代後半は，ハイパーインフレを押さえ込むために価格凍結などのショック政策を繰り返す不安定な経済状況であったが，北東部からの流出人口は，ブラジリアやセラード高原が広がる中西部，新たな開発が進められたアマゾン川中・上流域の北部，そして比較的に経済・社会的に恵まれた南部などにも分散して向かっていった．

1990年代半ばにオーソドックスな経済安定化政策であるレアルプランの導入に成功して物価が安定すると，中産階級の成長と旺盛な消費活動を背景に，外国資本による地方都市での工場建設の動きなども盛んになった．その結果，それまでの北東部から南東部などへの人口移動に加えて，それまで人口流入が多かった南部から経済発展の著しい中西部や北部へ向かう人口移動が発生し，国内人口移動の流れはより多角的になってきている．

2000年から2010年にかけて人口50万以上のムニシピオは31から38に増加したが，それら大都市の人口増加率はいずれも年3％未満にとどまっている．一方，この間に全体の3割弱（27％）

図3.3 時期ごとにみた主要な国内人口移動の変化
矢印の幅が大きいほど規模が大きい．
http://pt.wikipedia.org/wiki/Migra%C3%A7%C3%A3o_interna_no_Brasil より．

のムニシピオでは人口減少を招いており，その7割近く（67.7％）は人口1万未満のムニシピオである．人口を流出させているのは，経済指標の低

調な地域となっている．ムニシピオ内での農村部から都市区域（中心市街地）への移動や，人口規模が小さく経済指標の低いムニシピオからより経済活動が盛んなムニシピオへの移動，さらには一度流出した人口の出身地への回帰の動きも加わり，経済成長の中心軸がそれまでの大都市から中規模都市へとシフトするとともに，人口移動先が中西部など全国各地に分散する傾向を示している．

3.3 都市システム

ここでは，ブラジル国内の都市がどのように分布しているかを，「都市システム」の観点から考察しよう．一般に「都市システム」とは，ある空間的範域に分布する都市群を，相互に関連を持った全体性を備えた都市の集合として捉える概念である．

3.3.1 都市システムの類型と都市の階層性

幡谷（1999）は，ラテンアメリカ各国の都市化に着目して，その特徴を，①巨大都市集中型（メキシコ），②典型的一極集中型（アルゼンチン，チリ，ウルグアイ，ペルー，キューバ），③均衡的都市化型（ブラジル，コロンビア，ベネズエラ），④後進的一極集中型（中央アメリカ5カ国，パナマ，キューバを除くカリブ海諸国）の4類型に分類した．この研究からも明らかなように，これまでの国土開発に基づく都市化を経て今日発現しているブラジルの都市システムは，「均衡型」あるいは「多極分散型」に分類することができる．その様子は，ブラジルにおける主要都市の分布とその影響圏を示す図3.4からも明らかである．この地図は，通商サービス，通信，交通など諸機能に関して，主要都市から伸びる線でその影響が及ぶ範囲を示したものである．都市の中心性のヒエラルキー（水準）は，第1水準「全国的大都市」Aの全国的巨大都市（大都市圏人口約2000万のサンパウロ），Bの全国的2大都市（ブラジリア，リオデジャネイロ），Cの全国的大都市（マナウスなど100万都市9都市），第2水準「地域重点都市」A（サンルイスなど平均人口96万の11都市），B（パルマスなど平均人口44万の20都市），C（ボアヴィスタなど平均人口25万の39都市），第3水準「準地域中心都市」A（平均人口9.5万の85都市），B（平均人口7.1万の79都市），第4水準「ゾーン（周辺）中心都市」A（平均人口4.5万の192都市），B（平均人口2.3万の364都市），その他多くが人口1万未満の4473都市というように分類されている．

ブラジルの行政制度は，連邦（中央政府），26州と1連邦直轄区（ブラジリア），そしてムニシピオ（市，2010年現在5565市）の大きく3層から構成されている．ムニシピオの人口規模（2010年）は，最小のサンパウロ州ボラ（805）から最大のサンパウロ州サンパウロ（1125万）までさまざまである．面積も，最小のミナスジェライス州サンタクルスデミナスの $2.9\,\mathrm{km}^2$（人口7870）から最大のパラ州アルタミラの16万 km^2（人口10.5万）まで大きな格差がある．州都の人口をみると，最も少ないのはトカンチンス州パルマス（24万）だが，州内では最大都市である．州都であるにもかかわらず人口がその州の最大都市ではないケースは，サンタカタリーナ州フロリアノポリス（42万：州内第2位）とエスピリトサント州ヴィトリア（33万：州内第4位）のみであるが，これらの州都もそれぞれの地方で最大級の都市であることに変わりはない．

3.3.2 都市の順位・規模パターン

図3.5は，全国で合計283を数える人口10万以上のムニシピオ（IBGE, 2010年）について，両対数グラフの縦軸に人口規模，横軸に都市の順位をとった，都市の順位・規模パターンを表したものである．同様に図3.6は，全国に2010年時点で42カ所設定されている大都市圏について，2010年の人口をベースに順位・規模パターンを表したものである．

なお図中には，都市の順位・規模法則（ランクサイズルール）パターンの線も一緒に示されている（図3.5では第1位のサンパウロ市の人口規模，図3.6では第1位のサンパウロ大都市圏の人口規模を基準とする）．このパターンは，人口規模第2位の都市の人口数は第1位の都市の半分となり，第3位の都市のそれは最大都市の3分の1

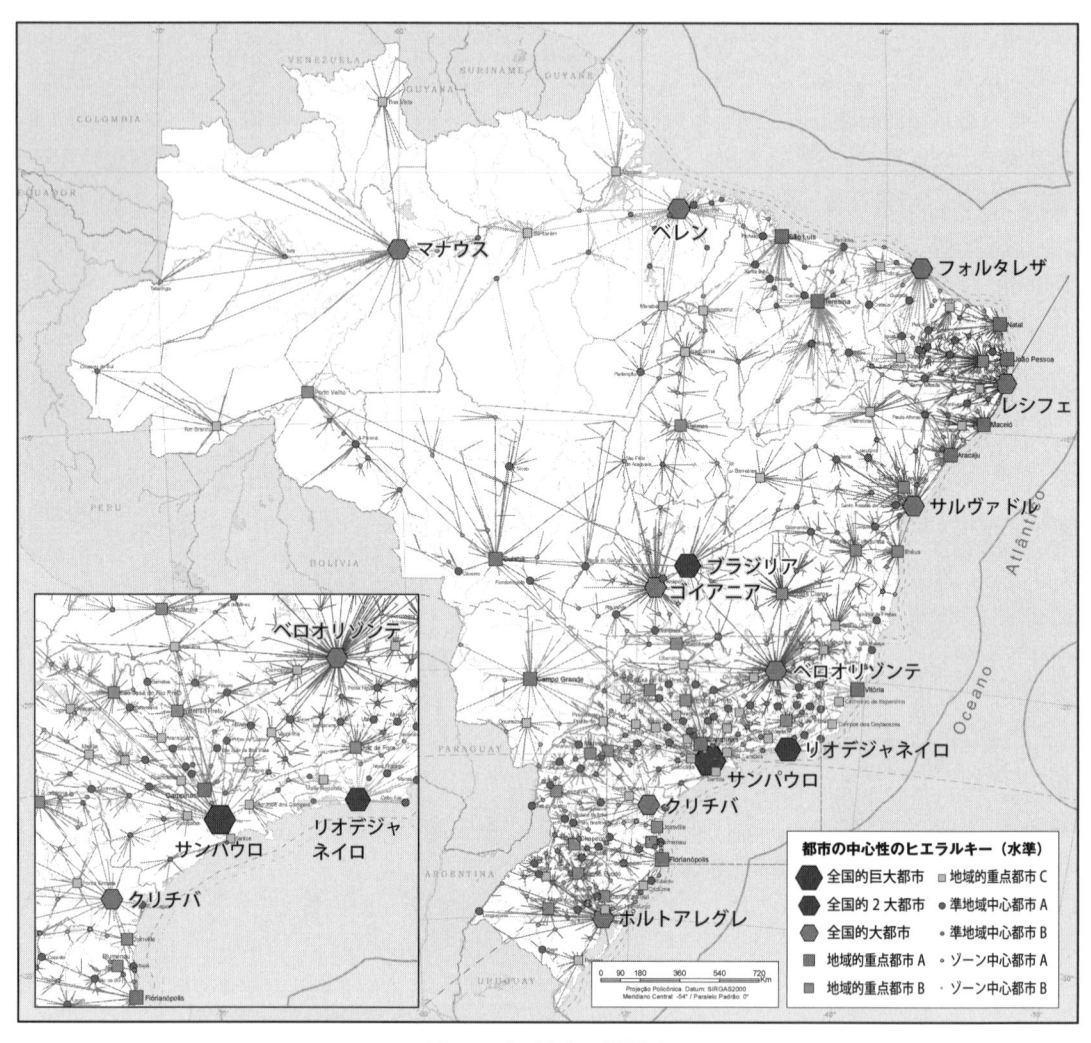

図 3.4　主要都市の影響圏
IBGE（2008）より．

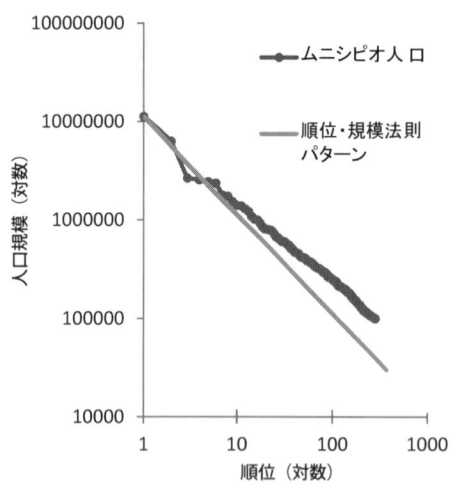

図 3.5　ムニシピオの順位・規模のパターン
IBGE（2010）のデータをもとに作成．

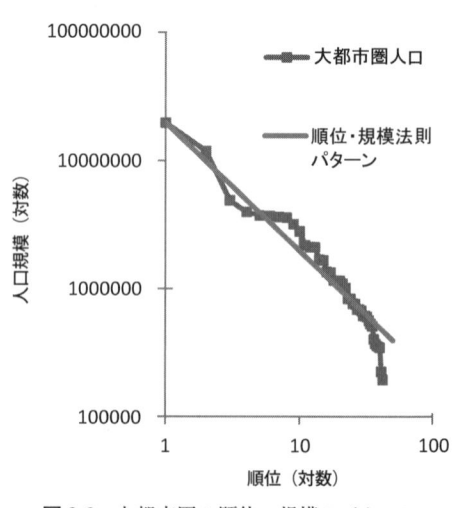

図 3.6　大都市圏の順位・規模のパターン
IBGE（2010）のデータをもとに作成．

となるようなパターンであり，同様にそれ以下についても人口規模と順位との間の反比例の関係を示している．サンパウロの首位性は，第1位の都市の人口規模を第2位の都市のそれで割った数値で表すプライマシィ指数が2前後であるので，都市の順位・規模法則パターンに当てはまっている．一般に先進工業国で，都市化が全国的に進展しているような高度な段階に達している場合にはこの法則がよく適合できるというが，ブラジルの都市システムには，この法則がかなり当てはまっている（山田ほか1994，高橋ほか1997）．

図3.5の上位283のムニシピオについてみると，都市の順位・規模法則パターンの線にほぼ沿いながらも，第5位以下のムニシピオの人口規模が同パターンよりやや大きく，順位が下がるに従ってその差が広がる傾向を示している．第283位で人口約10万のマラニャン州バカバルは，ランクサイズルールで第283位に相当する人口約4万の2.5倍の人口を有している．また，第608位で人口約5万のサンパウロ州オリンピアは，ランクサイズルールで第608位に相当する人口約1.9万より2.7倍大きな人口規模である．このことは，多くの地方都市が分布する多極分散傾向が高度に進展していることを示している．ちなみに，表3.1は2010年における人口80万以上の20都市のリストである．主要都市の都市影響圏レベルは，図3.4に示されている．

一方，図3.6の42大都市圏についてみると，第3～5位の大都市圏の人口規模は順位・規模法則パターンよりやや小さいが，第6～26位の大都市圏の人口規模はパターン並みかそれ以上であり，第27位以下の大都市圏の人口規模はパターン以下の水準を示している．大都市圏とはいっても比較的人口規模が小さい場合もあり，特に2011年以降では，パライバ州を中心に人口10万台の大都市圏が数多く新設されており，さらには10万人に満たない大都市圏も2つ設定されている．表3.2は，2010年における人口100万以上の大都市圏のリストである．面積に大きな格差があるものの，全国に分布する大都市圏の人口規模は順位・規模法則パターンの線にほぼ沿っていることがわかる．

3.3.3 サンパウロへの一極集中と地域格差

発展途上国の典型的な大都市では，急速な工業

表 3.1　人口80万以上の20都市（ムニシピオ）一覧（2010年）

順位	都市（ムニシピオ）名	州	都市影響圏レベル*	人口（万）
1	サンパウロ	サンパウロ州	第1水準A：全国的巨大都市	1125
2	リオデジャネイロ	リオデジャネイロ州	第1水準B：全国的2大都市	632
3	サルヴァドル	バイア州	第1水準C：全国的大都市	268
4	ブラジリア	連邦直轄区	第1水準B：全国的2大都市	257
5	フォルタレザ	セアラ州	第1水準C：全国的大都市	245
6	ベロオリゾンテ	ミナスジェライス州	第1水準C：全国的大都市	238
7	マナウス	アマゾナス州	第1水準C：全国的大都市	180
8	クリチバ	パラナ州	第1水準C：全国的大都市	175
9	レシフェ	ペルナンブコ州	第1水準C：全国的大都市	154
10	ポルトアレグレ	リオグランデドスル州	第1水準C：全国的大都市	141
11	ベレン	パラ州	第1水準C：全国的大都市	139
12	ゴイアニア	ゴイアス州	第1水準C：全国的大都市	130
13	グアルリョス	サンパウロ州	（サンパウロ大都市圏）	122
14	カンピナス	サンパウロ州	第2水準A：地域重点都市	108
15	サンルイス	マラニャン州	第2水準A：地域重点都市	101
16	サンゴンサロ	リオデジャネイロ州	（リオデジャネイロ大都市圏）	100
17	マセイオ	アラゴアス州	第2水準A：地域重点都市	93
18	ドゥケデカシアス	リオデジャネイロ州	（リオデジャネイロ大都市圏）	86
19	テレジナ	ピアウイ州	第2水準A：地域重点都市	81
20	ナタル	リオグランデドノルテ州	第2水準A：地域重点都市	80

IBGE（2010）より作成．
＊都市の影響範囲の広さから，その中心性のヒエラルキー（水準）を表したもの（IBGE, 2008）．詳しくは3.3節を参照．

表 3.2　人口100万以上の大都市圏一覧（2010年）

順位	大都市圏の名称*1	構成ムニシピオ数	面積 (km²)	人口 (万)
1	サンパウロ大都市圏	39	7947	1968
2	リオデジャネイロ大都市圏	19	5327	1184
3	ベロオリゾンテ大都市圏*2	34	9473	488
4	ポルトアレグレ大都市圏	31	9803	396
5	連邦直轄区と周辺経済開発統合地域	23	55402	372
6	レシフェ大都市圏	14	2774	369
7	フォルタレザ大都市圏	15	5795	362
8	サルヴァドル大都市圏	13	4354	357
9	クリチバ大都市圏	26	15419	317
10	カンピナス大都市圏	19	3645	280
11	ゴイアニア大都市圏	20	7315	217
12	マナウス大都市圏	8	101475	211
13	ベレン大都市圏	6	2537	210
14	大ヴィトリア大都市圏	7	2331	169
15	バイシャダ・サンチスタ（サントス）大都市圏	9	2406	166
16	ナタル大都市圏	10	2808	135
17	大サンルイス大都市圏	5	2899	133
18	マセイオ大都市圏	11	1925	116
19	ジョアンペソア大都市圏	12	2794	116
20	大テレジナ経済開発統合地域	14	10488	115
21	北/北東カタリネンセ（ジョインヴィレ）大都市圏	20	10830	109
22	フロリアノポリス大都市圏	22	7466	101

IBGE (2010) より作成.

*1 大都市圏（região metropolitana）は同一州内のムニシピオで構成され，経済開発統合地域（RIDE：região integrada de desenvolvimento econômico）は複数州に跨るムニシピオで構成される．

*2 さらに周辺（colar metropolitana）の12ムニシピオも加えた広義のベロオリゾンテ大都市圏の面積は144211 km²，人口541万となる．

化によって大都市，特に首位都市への過剰な人口集中に起因する都市問題が深刻化するケースが多い．ブラジルでは，19世紀以降のコーヒー経済の発展を背景に著しい成長を遂げた商工業都市のサンパウロが，その後20世紀後半にはブラジル最大の都市としてその首位性を高めていった．その結果，サンパウロ市とその大都市圏ならびにサンパウロ州は，国の経済を牽引する「ブラジルの機関車」と呼ばれるようになった．2010年における全国人口に占める割合は，サンパウロ市（ムニシピオ）が5.9%，サンパウロ市を含む39のムニシピオで構成されるサンパウロ大都市圏が10.3%，サンパウロ州が21.6%である．サンパウロ市の1人当たりのGDPは全国でも最高レベルにあり，同年における全国のGDPに占める割合は，サンパウロ市が11.8%，サンパウロ大都市圏が18.6%，サンパウロ州が33.1%といずれも高く，しかも依然として上昇傾向にある．また，ブラジルにおける多国籍企業の63%にあたる事業所がサンパウロ市に集中することに象徴されるように（サンパウロ市国際連邦局2013），サンパウロ州はブラジル経済の中心地であり，特に経済的指標についてはサンパウロ地域への一極集中が顕在化している．

人口10万以上の283ムニシピオ（2010年）のうち，50万以上が38，100万以上が15を数える．これらの都市群は，空間的に均等ではないがほぼ全国的に分布している．ただし北部，中西部，北東部の内陸部などは人口密度が低く，大きな都市は非常に少ないし，ムニシピオの面積も大きいことがわかる．ムニシピオ間の経済的格差は極めて大きく，GDP（2010年）でみると，上位6ムニシピオで全国の約25%（サンパウロ11.8%，リオデジャネイロ5.1%，ブラジリア4.0%，クリチバ1.4%，ベロオリゾンテ1.4%，マナウス1.3%），上位54ムニシピオで全国の約50%のGDPに対応する．その一方で，下位1325ムニシピオのGDPは，合計しても全国のわずか1%にしかならない．しかも，北東部に位置するピアウイ州の75%，パライバ州の61.4%，リオグランデドノルテ州の50.9%，北部に位置するトカンチンス州の48.9%のムニシピオが，この下位グループに含まれている．GDPを州別にみても，上位8州で全国の77.8%を占める一方で，下位10州ではわずか5.3%にしか達しないという状況である．

このように都市の人口規模では先進国的な都市システムのパターンを示す一方で，発展途上国の首位都市に典型的にみられる一極集中型の過剰な都市化の問題も同時に露呈し，地域格差も顕著であるという対照的な性格を，われわれはブラジルにおいて同時に確認することができる．

3.4　計画都市ブラジリア

首都ブラジリアは，広義には面積5802 km²の

連邦直轄区（DF：distrito federal）と同じだが，狭義には連邦直轄区を構成する31の行政区（RA：região administrativa）のうち第1行政区（RA-I）を指す．1960年に新首都として誕生した連邦直轄区の中心地区に，連邦法令に基づいて1964年に設定された第1行政区は，当初は建築家ルシオ・コスタ（Lúcio Costa）によってデザインされた都市計画を指す「プラノ・ピロト（パイロットプラン）」と呼ばれていたが，後に新首都名の「ブラジリア」として定着した．2012年における第1行政区の面積は472.12 km²，人口は約21万である．

ブラジリアの都市計画は，飛行機の形にデザインされている（図3.7）．飛行機の胴体軸には，中央部に芝生の空間を広くとった片側6車線のモニュメンタル大通りが，9.75 kmにわたりほぼ東西方向に走っている．機首に当たる部分には上下院議会（立法），最高裁判所（司法），大統領府（行政）に囲まれた三権広場があり，これに続いて各省庁，大聖堂，国立劇場が建ち並んでいる．大統領官邸や大聖堂（口絵15参照）といった主要な建築物の設計は，ニューヨーク国連ビルの設計者として知られるオスカー・ニーマイヤー（Oscar Niemeyer）による．

胴体軸の両側に広がる翼の軸には，14.3 kmのエイショ大通りがほぼ南北方向に走っている．エイショ大通りは，中央に6車線の高速道路，その両側に各々4車線の各地区連絡用の幹線道路が走り，これら道路の両側が住宅地区になっている．住宅地区は，スーパーブロックと呼ばれる約240 m四方の地区ごとに，7階建て（ピロティ＋住宅6階）や4階建てなど，階数が統一された集合住宅が配置されている．生活空間である各スーパーブロックの内部では，車の走行速度を抑えるために出入り口に突起物を設けるなどの道路設計がなされており，日常生活に必要な商店街，教

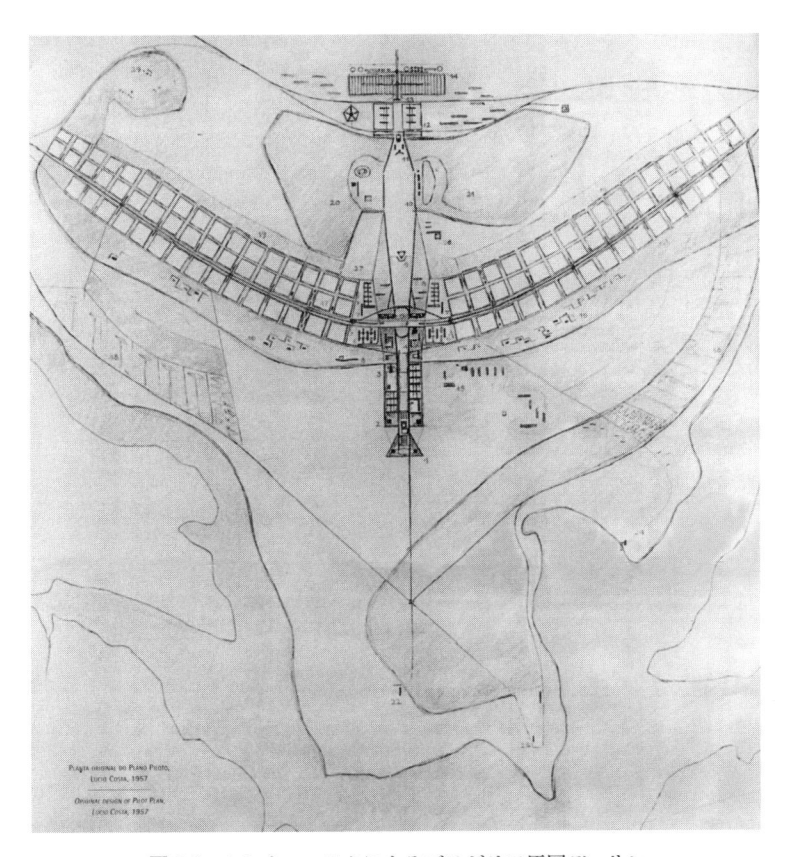

図3.7　ルシオ・コスタによるブラジリア原図デッサン
Percival Tirapeli et al. (2001)：Patrimônios da humanidade no Brasil-World heritage sites in Brazil, METALIVROS より．

会，学校，幼稚園などがスーパーブロックの周辺に規則的に配置されている．

胴体の中央部周辺には，行政地区，業務地区，産業地区，ホテル地区，テレビ局・ラジオ局地区などが整然と区画され，斬新なデザインの中高層ビル群が配置されている．胴体のほぼ中心に位置するテレビ塔の展望台からは，人造のパラノア湖の対岸に広がる一戸建ての高級住宅地区も一望することができる．胴体後方には，連邦区政府の政庁（プリチ宮）の建物と広場がある．

胴体と翼の2つの軸が交差する中心部には，周辺の衛星都市と連絡する近距離都市交通のバスターミナルおよび鉄道駅がある．また，尾翼に当たる部分には，長距離都市間交通のバスターミナルおよび鉄道駅が配置されている．飛行場も都心からわずかな距離にあるパラノア湖の対岸に立地しており交通利便性が高い．都市内の道路網についても，胴体と翼の2つの軸を中心とする高速通行用の幹線道路と各地区に連絡する道路の区別が明確であり，幹線道路同士の交差はすべて立体交差，その他の道路はT字交差やロータリー方式が採用されている．信号方式の十字交差はほとんどみられず，歩行者横断用の信号がある場所も限定的である．

ブラジリアは，国土の均衡ある発展のシンボルとして，それまで未開発だったブラジル中央高原に，将来人口約50万の車社会を想定する計画都市として建設された．そして，すでに半世紀を経た今日でもその都市整備は継続中であり，近代的な商業施設や芸術的なデザインの建築物など，その都市的魅力はますます大きくなっている．しかし，その一方で首都圏人口は300万を優に超え，朝夕の交通渋滞が日常化している．衛星都市の拡大と住民の所得格差，貧民街の劣悪な治安情勢など，ブラジルが抱えている社会問題は，計画都市ブラジリアの統一的な都市景観に歪みとして顕在化しつつある．

[萩原八郎]

引用文献

サンパウロ市国際連邦局（2013）：(http://www.prefeitura.sp.gov.br/cidade/secretarias/relacoes_internacionais/) 2013年5月1日アクセス．

高橋伸夫・菅野峰明・村山祐司，ほか（1997）：『新しい都市地理学』東洋書林．

中岡義介・川西光子（2005）：「画像にみる16世紀ブラジル植民都市のつくられ方」，第3回日本都市学会関西支部研究発表会講演概要集（http://www.cpij-kansai.jp/commit/kenhap/2005/04.pdf）．

幡谷則子（1999）：『ラテンアメリカの都市化と住民組織』古今書院．

山田睦男・細野昭雄・高橋伸夫，ほか（1994）：『ラテンアメリカの巨大都市――第三世界・現代文明』二宮書店．

Aroldo de Azevado（1970）：*Brasil a Terra e o Homen*, Editôra da Universidade de São Paulo.

IBGE（1960, 1970, 1980, 1991, 2000, 2010）：Censo Demográfico（人口統計）

IBGE（2008）：Regiões de influência das Cidades（都市影響圏）2007（http://www.ibge.gov.br/home/geociencias/geografia/regic.shtm）2013年5月1日アクセス．

===== コラム3　ブラジルを理解する鍵はセルトンにある =====

いまだにブラジル≒アマゾン≒熱帯ジャングルというイメージが支配的な中で，実はブラジルを理解する重要な鍵は，アマゾンと好対照をなす熱帯半乾燥地域のセルトン（sertão，北東部の内陸部）に隠されている．セルトンは，世界の砂漠化危険地域の中でも特に人口稠密な干ばつ常習地帯である．封建的な家父長制社会の下で大地主につなぎ止められた多数の貧農たちが，頻発する干ばつのたびに非人道的に農場から排斥され，大量の干ばつ難民と化してブラジル中に流出し，移住先でさまざまな人間像や人生をみせてきた．

19世紀後半〜20世紀初頭にかけてアマゾンで隆盛を極めたゴムブームも，「ブラジルの奇跡」と呼ばれるメジシ政権下（1969〜1974年）での活発なアマゾン開発も，その中心的な担い手となったのはセルトンを後にした干ばつ難民たちであった．またアマゾンだけでなく，中西部，南東部，南部の新たな農業フロンティアや大都市に移住し，そこでの農業や商工業の重要な担い手となったのもこれらの人々であった．1940〜1980年の間に，北東部から北東部以外の地方へ向かう人口流動は，常にブラジル全体の地方間人口流動量のほぼ半数を占めるほど巨大なものであった（丸山2000）．

図1は，干ばつやそれに伴う飢餓に対するセルタネージョ（セルトン住民，口絵6参照）の適応形態をまとめたものである．セルタネージョの多くは，干ばつや飢餓に直面するとセルトンでの生活を諦め，わずかな家財道具とともに新天地を求めて長い逃避行に出た．しかし，中にはセルトンにとどまり，神出鬼没に町や村を襲撃して殺人や窃盗を繰り返すならず者に身を落とす者もあった（ただし，プロの殺人者とは区別し，彼らを義賊として好意的にみる立場も根強い）．通称ランピオン（Lampião）ことヴィルグリーノ・フェレイラ・ダ・シルバ（Virgulino Ferreira da Silva）やアントニオ・シルビーノ（Antônio Silvino）に象徴されるカンガセイロ（cangaceiro）である．一方，権力者であるコロネル（大地主）の私兵や用心棒になったり，カンガセイロを討伐するボランテと呼ばれる民兵に身を投じたりする者もあった．

さらに，戦闘や逃亡の人生を送れない多くの残留者たちは，宗教に救いを求めた．カリスマ性の強いメシア的教祖が出現すると，彼らはたちまち狂信者へと変貌し，大規模な反乱を組織して現世界の抑圧者である地主や政治家，警察などの権力者に立ち向かった．彼らは奇蹟による自らの救済や，いつの日か救世主が出現して「地上天国」を建設するというメシアニズムに支えられて苛酷な人生を生き抜こうとした．教祖アントニオ・コンセリェイロ（Antônio Conselheiro）に率いられ，1896〜1897年にバイア州のカヌードスで勃発したブラジル史上最大の国家内乱である「カヌードスの反乱」（Cunha 1952）や，万霊節には今なお北東部（ノルデステ）中から熱狂的な信者を集める，セアラ州ジュアゼイロドノルテで進められたシセロ（Cícero Romão Batista）神父の宗教活動は，その好例である（丸山2000）．

［丸山浩明］

引用文献

丸山浩明（2000）：『砂漠化と貧困の人間性——ブラジル奥地の文化生態』古今書院．
Cunha, Euclides da (1952)：*Os Sertões*, Rio de Janeiro：Livraria Francisco Alves.

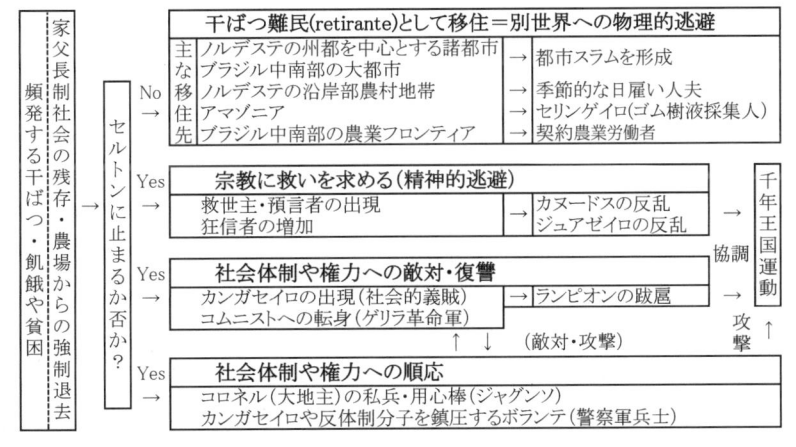

図1　干ばつや飢餓に対するセルタネージョ（セルトン住民）の適応形態
丸山（2000）を一部改変．

4　多人種多民族社会の形成と課題

　ブラジルは人口1億9000万余を数え，世界第5位の規模の人口を抱える国である．その人種的民族的出自は多岐にわたり，身体的特徴も多様である．それは16世紀以降，複数の民族がブラジルの地で出会ったと同時に，異なる人種・民族間で混血化が促進されてきた結果である．本章ではブラジル社会の多人種多民族化のプロセスを通じて，存在しないとされてきたブラジルの人種主義について考察してみたい．

4.1　先住民と植民者ポルトガル人の出会い──多民族化の始まり

　今日の多人種多民族社会ブラジルの形成の始まりは，1500年のポルトガル国王のブラジル発見宣言に遡る．インドのカリカット（コージコード）を目指して航海していたカブラル（Pedro Álvares Cabral）の率いるポルトガル艦隊が今日のブラジルの地に立ち寄り，十字架を建ててポルトガル王の所有であることを宣言した．その後カブラルは先住民と最初の交易を行い，水と薪を補給し，リスボンから乗船させていた流刑人を情報収集のために下船させた後，カリカットに向かった．新しい土地の発見の報を手にしたポルトガル王は，1501年に直ちに探検隊をブラジルに送った．

　1503年にはすでに，リスボンに先住民と赤色染料の原料となったブラジルボク（pau-brasil）がもたらされていた．ブラジルボクの供給地として，ポルトガル人のみならずフランス人やスペイン人もブラジルに渡るようになり，ヨーロッパ人による多人種多民族化が始まった．

　先住民にブラジルボクを伐採させ，それを運搬させるためにヨーロッパ人がブラジルに定住した．また海岸地帯には，難破して流れ着いたヨーロッパ人の姿もみられた．新しい土地の情報収集のために死罪を免れて流刑人となったポルトガル人もこの地に移住してきた．これらヨーロッパ人は，先住民と生活をともにすることで生き残った．単身でブラジルに渡ったヨーロッパ人男性は，先住民女性との間にマメルコ（mameluco）と呼ばれるブラジル最初の混血者を設けた．植民地ブラジルに初めてポルトガル人女性が送られたのは1551年のことで，それまでの植民地としてのブラジルの開発はおもに単身のポルトガル人男性によって進められていた．

　ポルトガル王は1530年に探検隊を派遣し，本格的な植民地支配に着手した．植民地ブラジルの地をカピタニア（capitania）と呼ばれる15の行政区に分割し，それぞれの行政区の開発権と統治権を貴族や高級官僚に与えて世襲領地の受領者ドナタリオ（donatário）とし，植民地としてブラジルの占有をポルトガルは開始した．

　ヨーロッパ市場向けの砂糖産業が，植民地開発の基本的産業として導入された．ポルトガル植民者は砂糖産業の労働力を先住民の奴隷化に求め，先住民が利用してきた土地をプランテーション農園として開発した．ブラジルの先住民は焼畑農業を営みながら，獲物を求めて一定の範囲を小集団で移動する非定住民族であり，プランテーション農業の労働には馴染まなかった．入植者のポルトガル人はたびたび先住民部族の抵抗に遭い，先住民の奴隷化は順調に進まなかった．先住民は，奴隷狩りやヨーロッパ人のもたらした疫病の犠牲となり，その数は減少し，生き残った者はアマゾンの密林の奥深くに逃げ延びた．新大陸アメリカでカトリックの布教を目指していたイエズス会は先住民の奴隷化に反対し，1570年にポルトガル国王令により先住民の奴隷化が禁止された．以後，

アフリカからの黒人奴隷の輸入が本格化し，ブラジル住民の多人種多民族化は次の段階に入った．

先住民の生活様式はポルトガル人が新しい自然環境に適応するのに利用された．熱帯気候の中でのハンモックや，小麦に代わるマニオクが植民者ポルトガル人の生活の一部となり，今日においても広くブラジルで用いられている．また先住民が用いていた地名や動植物の名称はそのままポルトガル語に定着した．

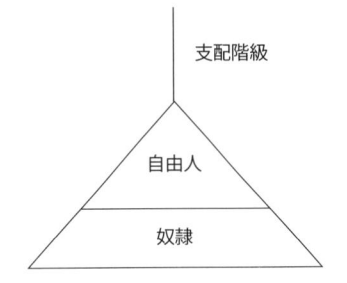

図4.1 植民地時代のブラジルの社会構造
Ribeiro（1995）より．

4.2 奴隷制と家父長支配

4.2.1 黒人奴隷制度

植民地ブラジルでは，奴隷制度は大土地所有制度と家父長制度と一体になり，社会の構造化が進められた．奴隷制度は1822年の独立後も継続され，1888年の廃止宣言まで350年以上の長きにわたって続いた社会経済制度である．

ヨーロッパ市場向けの商品生産を義務づけられた植民地ブラジルでは，安価で大量の輸出産品が奴隷労働を用いて生産された．輸出産品の中心的な生産地は，生産物の変化とともに各地域を移動した（1.2節参照）．その結果ブラジルの奴隷制度は，特定の地域に限られた社会制度ではなく，全土的制度となった．商品の流通過程で利潤を追求する重商主義下では，黒人奴隷そのものが交易品であったために，植民地の生産者に多数売却された．

黒人奴隷の輸入は，ブラジルではアメリカ大陸のいかなる地域よりも積極的に行われた．16〜19世紀にかけて約300年間続いた奴隷貿易によって，アフリカ大陸から新大陸に運ばれた奴隷の数は少なく見積もっても950万人ほどと推定され，このうち約4割がブラジルに渡ったとされている（Ianni 1979）．

奴隷労働は，植民地時代の初期にブラジル北東部地方を中心に導入された輸出農業の砂糖産業にまず用いられた．砂糖産業は，広大なサトウキビ農園（fazenda）に，製糖・火酒工場（engenho），奴隷主の館（casa grande），奴隷小屋（senzala）を備えた大農園で展開した．

砂糖産業を基盤に形成された植民地ブラジルの社会構造は，支配層に奴隷主を，底辺に奴隷を位置づけた閉鎖的階層構造で，これら2つの階層の間に奴隷主でも奴隷でもない貧困の自由人が位置づけられていた（図4.1）．これら3つの社会階層はそれぞれ身体的特徴と密接に結びついていた．大土地所有者であると同時に奴隷主であった支配層はブランコ（白人）とされるポルトガル人あるいはその子孫によって形成されていた．中間層を形成した貧困の自由人は，ムラトやメスチソと呼ばれた黒人と白人の，あるいは白人と先住民の混血者であり，原始林の開拓や輸送用家畜の飼育と商品の運搬といった輸出農業の二次的活動に従事した．また，大農園（latifúndio）の広大な土地の中で商業的農業に利用されていない土地で自給的農業に従事し，大農園主（＝奴隷主）に依存する不安定な生活を強いられた人々でもある．最下層に位置づけられる奴隷は「ネグロ（黒人）」と呼ばれ，奴隷主の所有物として商業的農業にはもちろん，奴隷主の館の労働にも従事した．交易商品でもあった奴隷は，奴隷主にとり富と権力の象徴でもあった．

こうした身体的特徴あるいは民族的出自を基盤にして形成された植民地の社会構造は，17世紀に確立した．その後，ヨーロッパ市場向けの商品生産が金やダイヤモンドの採掘，コーヒー栽培へと変化することによって，それぞれのおもな生産地が今日のミナスジェライス州，リオデジャネイロ州，サンパウロ州へと移動した．これに伴い奴隷制度も北東部から南東部へと移動し，奴隷貿易が禁止された1850年には全国的制度となっていた．

4.2.2 奴隷と奴隷主の社会秩序

奴隷制社会では社会的差別は本質的なもので，奴隷には義務が強いられ，奴隷主は絶対的な権力をふるった．すなわち，労働はすべて奴隷の仕事であり，自由は奴隷主のみに認められた．財産は奴隷には保証されず，土地の所有は奴隷主のみに認められた．法的差別は明確で，奴隷は奴隷法の下に置かれた．農園での労働以外に，家事労働や手工業と多種多様な仕事に従事させられたが，聖職に就くことは認められていなかった．したがって，司祭を輩出した一族は「純粋な人種」であることの証となり，司祭は一族の誉れであった．さらに言葉使いや挙措にも奴隷と奴隷主の間には明確な相違があり，奴隷制度が廃止されるまで奴隷には履物の使用は許されなかった．

奴隷の行動に関する社会的コントロールの形態は，社会の他の成員には用いられない強制的，抑圧的，暴力的なものであった．奴隷主と奴隷という社会秩序を維持するためには，こうした不平等は本質的なものであった．奴隷主の暴力的な扱いに対し，奴隷は農園管理人（feitor）を殺害したり，あるいは自殺や逃亡を企てて反抗し，ときには反乱にさえ及んだ．社会の秩序を維持するために，農園主も植民地政府もたびたび討伐隊を派遣して，逃亡奴隷の共同体キロンボ（quilombo）を破壊している（コラム 4 参照）．

身体的特徴と社会的地位が相関した奴隷制社会で，人種や皮膚の色に対する偏見が形成された．すなわち「ネグロ（黒人）である」ことは奴隷を意味し，「ブランコ（白人）である」ことは奴隷主を意味した．後に奴隷制度が廃止されて階級社会となった後も，社会階級を上れば上るほど白い皮膚の色の住民が多数を占め，下がれば下がるほど皮膚の色の濃い住民が多くなるという，植民地時代の皮膚の色と社会階層の相関性が維持された（図 4.2）．

奴隷制社会における差別の正当性は，家父長制に求められた．生産単位であると同時に社会・政治的単位でもあったサトウキビ大農園は，生から死に至るまでブラジル住民の基本的な諸欲求を満たす諸機能を備え，18 世紀に都市社会が出現するまで，ブラジル住民の宇宙であり世界であった．サトウキビ農園の家父長制家族の機能を，ジルベルト・フレイレは次のように記している．「奴隷主の館は，大家族の住居であると同時に病院でもあり，教会でもあり，孤児院でもあった．野蛮な先住民の襲撃に際しては城壁ともなり，また，硬い石や厚いレンガの城壁は宝石や貨幣やその他の貴重品を保管する銀行でもあった」（フレイレ 1961）．こうした社会，経済，政治，文化の諸機能を備えた農園を統率した農園主である一族の家長は，家族や奴隷に対してばかりでなく，擬制親族にある寄宿人，庶子，小作人といった大農園に依存して生活する人々にも強力な権力を行使した（図 4.3）．大農園に従属して生活するすべての住民に対して家長が行使した絶対的権力は，ときには生殺与奪にも及んだ．孤立したプランテーション農園内では，家長の絶対的権力は住民が生きるための手段でもあった．

奴隷制家父長制度下で財産を増やし，一族成員の数を増やし，血の純潔を守るための重要な手段の 1 つが婚姻であった．配偶者の決定は家長が行い，一族の結束を強化するために内婚制を善しとした．しかも，婚姻による新しい結びつきが一族にとって有利である以上は，花婿は 14～15 歳，花嫁は 12～13 歳という早期の婚姻が頻繁に行われた．したがって家父長制度下では幼児期は短く，男子が子供として扱われるのは 5 歳までで，10 歳くらいには成人としての態度と行動が期待されてその訓練を受けた（Freyre 1978）．

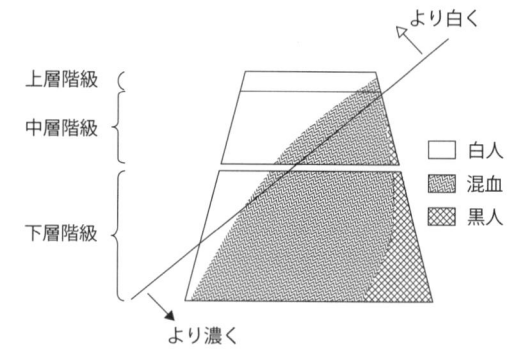

図 4.2 社会階級と「人種」の相関性 Azevedo（1966）より．

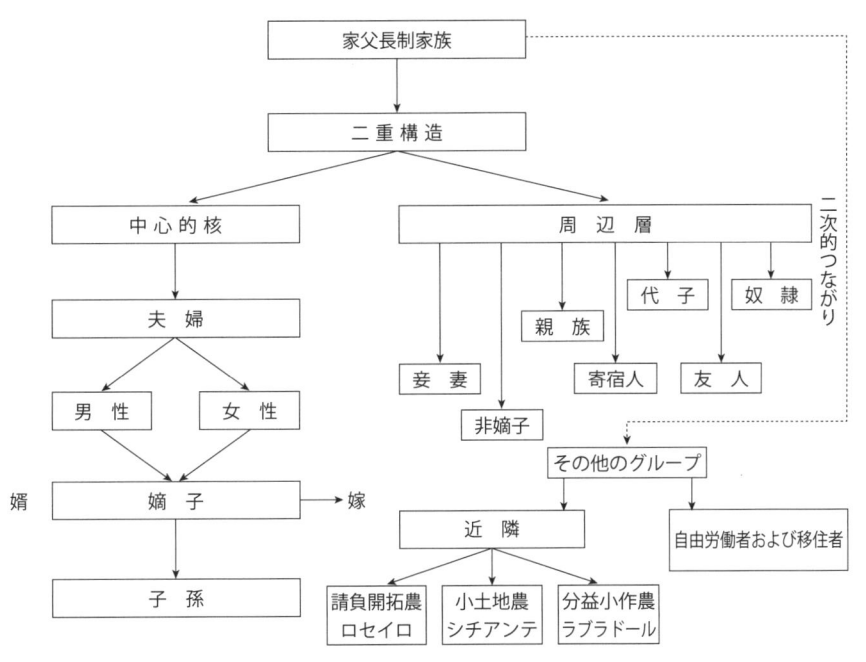

```
                    ┌─────────────┐
                    │ 家父長制家族 │
                    └──────┬──────┘
                           ↓
                    ┌─────────────┐
                    │  二重構造   │
                    └──┬───────┬──┘
              ┌────────┘       └────────┐
              ↓                         ↓
        ┌──────────┐              ┌──────────┐
        │ 中心的核 │              │  周辺層  │
        └─────┬────┘              └──────────┘
              ↓
         ┌─────────┐        ┌──────┐ ┌──────┐ ┌──────┐
         │  夫 婦  │        │ 親族 │ │ 代子 │ │ 奴隷 │
         └──┬───┬──┘        └──────┘ └──────┘ └──────┘
       ┌────┘   └────┐  ┌──────┐ ┌──────┐ ┌──────┐
       ↓             ↓  │ 妾妻 │ │寄宿人│ │ 友人 │
   ┌──────┐      ┌──────┘──────┘ └──────┘
   │ 男性 │      │ 女性 │
   └──┬───┘      └──┬───┘    ┌────────┐
      └──────┬──────┘        │ 非嫡子 │
  婿         ↓          嫁   └────┬───┘
       ┌──────────┐──→            ↓
       │  嫡 子   │        ┌──────────────┐
       └─────┬────┘        │ その他のグループ │
             ↓             └──────┬───────┘
        ┌────────┐                ↓
        │ 子 孫  │           ┌────────┐     ┌──────────────────┐
        └────────┘           │  近隣  │     │自由労働者および移住者│
                             └───┬────┘     └──────────────────┘
                   ┌─────────────┼─────────────┐
                   ↓             ↓             ↓
             ┌──────────┐ ┌──────────┐ ┌──────────┐
             │請負開拓農│ │小土地農  │ │分益小作農│
             │ロセイロ  │ │シチアンテ│ │ラブラドール│
             └──────────┘ └──────────┘ └──────────┘
```

図 4.3　家父長制家族のモデル
三田（1989）より．

　家父長制度下で妻や娘が男性の支配下に置かれた一方で，男性には自由が与えられていた．女奴隷との性的交渉は頻繁に行われ，妻はそれを黙認しなければならなかった．19 世紀中頃ブラジルに滞在したフランス人女性が，家父長制家族の中で若い母親が 10 人ほどの子供を育てているのをみて驚いている．「私がみて驚いたのは，まだ娘のように若い母親が 8 人から 10 人ほどの子供に囲まれている光景である．そのうち 1 人か 2 人だけが，その母親の子供であり，あとの残りは夫の子供であった．たくさんの私生児が嫡子と同じ教育を受けて育てられていた」(Leite 1984)．こうした黒人奴隷を母親とし白人奴隷主を父親として誕生した混血者の非嫡子は，一族の数を増やし，その一族の政治力を拡大する手段の 1 つであった．

　独立（1822 年）後も大土地所有制を基盤に続いたブラジルの奴隷制度と家父長支配は，奴隷としての黒人の導入によって多人種多民族化と混血化を促進した．奴隷貿易と奴隷制度が継続されていた 1800 年の住民統計によれば，白人は住民の 22％，黒人は 48％，残りの 30％が白人にも黒人にも分類されない混血者パルド (pardo) であるという多様な身体的特徴の住民によって構成される社会が形成されていた（図 4.4）．

4.3　奴隷制度の終焉と外国移民の導入

　19 世紀に始まる大量のヨーロッパ移民の導入により再度，住民の人種・民族的構成が変化した．

　宗主国のポルトガル王国は 1808 年，ナポレオン軍のリスボン侵攻を前にして，植民地ブラジルに宮廷を移転し，リオデジャネイロを首都とする亡命政府を樹立した．王室の亡命を助けたのはイ

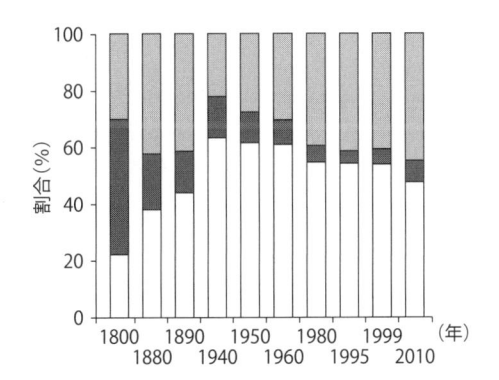

図 4.4　人種構成の推移（1800〜2010 年）
□ 混血，■ 黒人，□ 白人
三田（2006）および Abril（2012）より．

ギリス艦隊で，それと引換えにポルトガル王室はブラジルの開港をイギリスに約した．同年，ブラジルを開港して外国人の入国を認めると同時に，植民地時代以来の土地制度であるセズマリア制度（土地の取得を譲渡と世襲に限る）を廃して，最終的には売買による土地取得の可能性の道を開いた．これにより農業移民として外国移民を誘致することが可能となった．

ポルトガルから独立して帝国となったブラジルは，外国移民に補助金を与え，スイス，オーストリア，ドイツなどのヨーロッパ諸国からの移民を奨励した．同時に，外国移民が各農園で奴隷と共存することを禁止して，外国移民を保護した．ブラジルの外国移民には主に2つの形態がみられる．1つは，領土の確保を目的に誘致された自営開拓移民である．ブラジルの広大な領土，主として南部の領土は，このヨーロッパ移民を導入して開拓が進められた．もう1つは，サンパウロのコーヒー農園の賃金労働者として一定期間の就労を約した契約移民である．

ブラジルの砂糖産業は17世紀後半，オランダが資金を投じたアンティル諸島で砂糖産業が勃興すると次第に競争力を失い，18世紀には金やダイヤモンドの鉱業が新たな植民地産業となった．しかし，ミナス地方（現ミナスジェライス州）を中心に展開した鉱業も19世紀には衰退し，新たな輸出産品が求められた．そこに登場したのが，リオデジャネイロからサンパウロにかけて開発されたコーヒー産業である．19世紀中葉には輸出総額の半分を占める産業に成長した．1870年代，サンパウロ北西部でコーヒー農園の開拓が進むと，コーヒー産業は「緑の黄金」（Ouro Verde）と呼ばれ，ブラジルの輸出経済の中心となった．

4.3.1 奴隷制の終焉

イギリスの圧力を受けて1850年に奴隷貿易を禁止したブラジルでは，順調に発展するコーヒー経済を前に労働力の供給が必要になった．奴隷貿易の禁止とともに奴隷の価格は高騰し，奴隷の再生産が図られはしたが，奴隷数は順調に増えなかった．しかも国力の衰退を招いたパラグアイ戦争（1864～1870年）の終了と時を同じくして，国内の奴隷ストックが底をついた．

コーヒー農園主にとって高騰する奴隷労働を使用し続けることは経済的負担であった．しかも，奴隷解放運動が全国的な展開をみせるようになり，輸出産業に直接依存していない北部や南部では奴隷制度が順次廃止されていった．奴隷制度廃止の圧力を緩和するために，帝国政府は懐柔策として奴隷から生まれた子を奴隷主の意志により解放できる出生自由法を1871年に制定し，さらに1885年には，65歳を過ぎた奴隷の解放を認める60歳代法を制定した．しかし奴隷の逃亡や私的解放は続き，奴隷制度の維持は不可能となった．1888年，実質的には奴隷制度消滅宣言である奴隷制度廃止令が発布された．奴隷制度が崩壊の過程をたどる中で，1870年以降，コーヒー農園主は労働力不足を解決する必要に迫られた．

4.3.2 外国移民の導入

奴隷に代わる労働力として導入されたのが，賃金労働者としてのヨーロッパ移民であった．ブラジルで奴隷制度が廃止された年，イタリアは経済恐慌に見舞われ，多数の移民をサンパウロのコーヒー農園に賃金労働者として送出した．

1819～1947年にヨーロッパからの移民を中心にブラジルに導入された外国移民の総数は約500万人と推定される（表4.1）．外国移民の半分以上は，当時コーヒー産業の中心地であったサンパウロ州に導入された．100年余の短期間における大量のヨーロッパ移民の導入は，従来のブラジル住民の民族的構成に本質的な変化をもたらした．

白人の占める割合が増大し，ブラジルの住民はコーカソイドの身体的特徴を急速に示すようになったのである．奴隷貿易継続中の1800年，住民の約半分は黒人人口で，これに混血者30％を合わせると，ブラジルは白人がマイノリティの社会であった．ところがヨーロッパ移民の導入が開始されておよそ70年，奴隷貿易が禁止されて40年になる1890年には，黒人の割合は15％に減少し，白人と混血者の割合はそれぞれ44％，41％に増加した（図4.4）．特にこの期間の白人人口の増加は劇的で，92万から630万と実数では7倍に増加した．とはいえ，住民に占める非白人（黒

表4.1 ブラジルにおける国別入移民数（1819〜1947年）

国	入移民数（人）
イタリア	1513151
ポルトガル	1462117
スペイン	598802
ドイツ	253846
日本	188622
ロシア	123724
オーストリア	94453
シリア・レバノン	79509
ポーランド	50010
ルーマニア	39350
イギリス	32156
リトアニア	28961
ユーゴスラビア	23053
スイス	18031
フランス	12103
ハンガリー	7461
ベルギー	7335
スウェーデン	6315
チェコ	5640
その他	347354
合計	4903991

Carneiro（1950）より．

人および混血者）の割合は，依然白人のそれを上回っていた．

19世紀末のコーヒー価格の世界的暴落によりヨーロッパ移民の流入は一時後退するが，コーヒー産業の回復に伴い外国移民も回復した．第一次世界大戦後，アメリカが南ヨーロッパ出身の外国移民の入国を制限すると，ブラジルには南ヨーロッパからの外国移民がサンパウロ州を中心に増加した．1930年代に入り国家統合を目指したヴァルガス大統領は，国内労働者の育成に関心を寄せるようにり，ブラジル政府は外国移民の導入を制限するようになった．第二次世界大戦が終了しヴァルガスが下野すると，外国移民の入国はやや促進されるが，1973年にブラジルは渡航費や準備金の付与，土地の譲渡といった公的支援による移民の導入を終了した．大量移民が終了した1940年には，白人人口は6割以上を占めるまでに増加し，マジョリティとなった（図4.4）．以後，白人人口と黒人人口の占める割合が減少する一方，混血者の占める割合が増加し，2010年には全体の4割以上を占めるまでになっている．

以上のように，19世紀から20世紀中頃まで続いたヨーロッパ移民の流入により，それまでのブラジル住民の民族的出自は多様化し，その人種的民族的構成に大きな変化をもたらした．

また植民地開発以来，人種的にも民族的にも多様な要素が過去数世紀にわたって導入された結果，多様な人種・民族的出自を持つ住民の間での混血化が促進され，ブラジルは多様な身体的特徴を有する住民によって構成される社会となった．1908年に渡航を開始した日本移民も，ブラジル住民の民族的多様化をさらに促進した1つの要素である（第9章参照）．

4.4 人種・民族の地域差

4.4.1 人口分布の粗密

ブラジルにおける住民の地理的分布は一様ではない．最多の人口を抱える地方は南東部で，サンパウロ州が総人口の21.62％，ミナスジェライス州が10.26％，リオデジャネイロ州が8.38％，エスピリトサント州が1.84％をそれぞれ占めている．これら4州でブラジル総人口の4割以上（42.1％）を占めていることになる（Abril 2012）．南東部諸州では植民地時代には輸出向けの鉱業や農業が展開し，独立後は賃金労働者を用いて工業化と都市化が促進された．これに続くのは，植民地時代の早期から大農園による開発が始まった北東部で，人口の3割弱（27.8％）が集中している．19世紀末までは最も人口が集中していた地方であったが，南東部地方における外国移民の導入と工業化に伴い，人口流出地となった．これら2地方に総人口の約7割が集中していることになる．これに自営開拓移民によって開発が進められた南部（14.4％）の人口分布を加えると，南東部，北東部，南部の3地方で84％以上を占めている．

北部と中西部は，20世紀中葉より本格的な開発が始まった地方で，それぞれが占める人口の割合は8.3％，7.4％と依然小さい（図4.5）．

4.4.2 黒い北，白い南

こうした地方ごとの不均等な人口分布は，人種の分布にも影響を与えている．2009年のブラジ

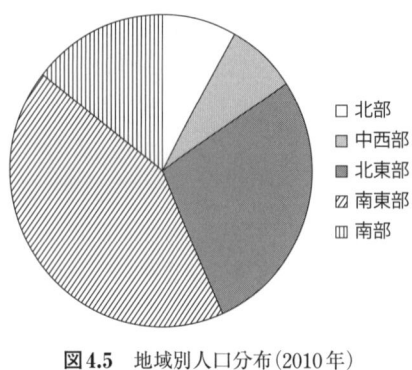

図4.5 地域別人口分布（2010年）
Abril (2011) より．

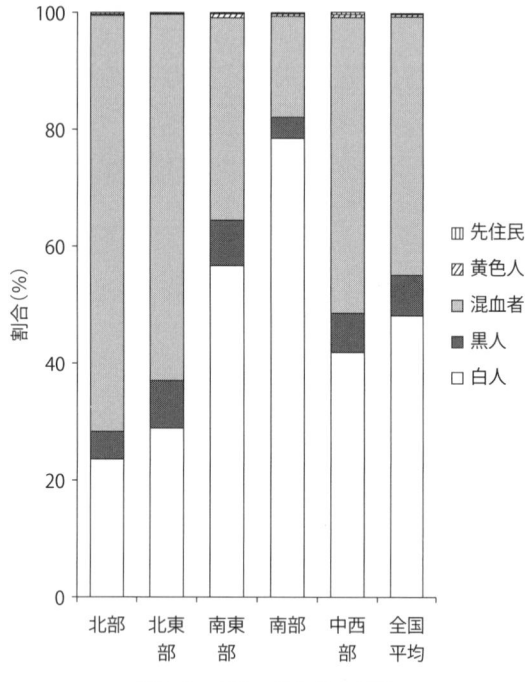

図4.6 人種の分布（2009年）
Abril (2011) より．

ル地理統計院（IBGE）のセンサスによれば，皮膚の色による構成は白人48.2％，黒人6.9％，混血者（pardo）44.2％，黄色人0.4％，先住民0.2％であった（図4.6）．白人，黒人，混血者の3カテゴリーに分類された99％の住民に注目すると，その5割弱が白人で，残り5割強が混血者と黒人となり，白人と非白人の割合が拮抗している．

こうした身体的特徴による住民の分布は，地方により異なっている．まず，白人の割合が全国平均を上回る地方と下回る地方に二分できる．南部と南東部は，白人の割合が全国平均を上回っている地方である．これに対し中西部，北部，北東部は，白人の割合が下回る地方である．次に混血者の地方分布をみると，北部，北東部，中西部が全国平均を上回る一方で，平均を下回るのが南部，南東部である．黒人人口の割合が全国平均を上回っているのは，北東部と南東部である．ところが南部の人種構成比は他の4地方とは異なり住民の約8割が白人で，混血者と黒人を合わせても非白人の割合は約2割にすぎない．そこには「もう1つのブラジル」が存在しているかのようである．

こうした地方による住民の人種構成の相違は，歴史を反映したものである．奴隷制大農園による植民地開発が早期に始まり，オランダの支配を受けた北東部では，混血化が早くから進められた結果として混血人口が多数を占めている．また黒人奴隷の大規模な市場があった同地方のバイア州サルヴァドルは，今日でも黒人が集中している都市で，ブラジル黒人文化の発信地となっている．南東部に黒人の存在が目立つのは，18～19世紀に奴隷労働による鉱業とコーヒー産業がこの地域で展開したためである．さらに20世紀に工業化がサンパウロを中心に発展すると，北東部や同じ南東部のミナスジェライス州などから，雇用機会を求めて人口が流入した．また，南東部と南部で白人が卓越するのは，19世紀後半から20世紀中頃までヨーロッパ移民が同地方に導入されたためである．

4.5 多人種多民族社会の課題と対策

ブラジルは，アメリカや南アフリカと同様に奴隷制度の歴史を持ちながら長い間，人種差別も偏見もない国とされてきた．その理由は，アメリカのジム・クロウ法や南アフリカのアパルトヘイトのように明文化された人種差別法や人種隔離政策がなかったからである．こうした人種差別制度が設けられなかったのは，「白人」と「黒人」の人種カテゴリーの間に，いくつもの中間のカテゴリーがブラジルには存在しているためだとされてきた．

しかしアフリカ系ブラジル人は現実に，就労，

教育，所得，住居といった生活のすべての側面において不平等な状況に置かれ，社会的排除を余儀なくされてきた．ブラジルで人種差別や偏見が認められ，社会的マイノリティとされてきた住民に市民として平等の権利を保障しようとする動きが活発な展開をするようになったのは，1988年に現行憲法が発布された後のことである．

4.5.1 2つの人種イデオロギー
a. 科学的人種主義と白人化イデオロギー

1世紀以上にわたって人種差別や偏見の存在をあいまいなものにしてきたのは，19～20世紀に形成された2つの人種イデオロギーと深く関係している．

1808年にポルトガル王室がブラジルに移転すると，ブラジルでは急速に西洋化が進み，ヨーロッパの科学技術や文化が積極的に取り入れられた．1822年に帝国として独立した後もヨーロッパを範とする知識人の姿勢は続いた．実証主義や社会進化論に触れた知識人や上流階級の人々は，ヨーロッパ，特にフランスの文物を優れた物とみなして憧れる一方で，ヨーロッパとは異なるブラジル社会の現実を劣性の証として悲観的に捉えるマゾンビズモ（mazombismo．ブラジル生まれのポルトガル人 mazombo からの造語．mazombo は暗い，あるいは陰気な性格を意味する）に悩まされた（三田 1999）．

ヨーロッパ王家が君臨する帝国でありながら，旧大陸では過去のものとなった奴隷制度が依然として存在しており，住民の多数が混血の有色人であるという社会の現実を前に，ブラジルの知識人たちは苦悩したのである．

植民地開発の当初より始まったブラジルの異種族混淆は，家父長的奴隷制度よって促進された．19世紀中頃までブラジルの社会は，モンゴロイドの先住民，コーカソイドのポルトガル人，ネグロイドの黒人という3タイプの人種とこれらの混淆した混血者によって構成されていた．ブラジル「発見」後1世紀を経た1600年の人口は10万を数え，このうち白人は3万で，残り7万は非白人のメスチソ（先住民，黒人，白人との混血者），ネグロ（黒人＝奴隷），先住民であった．それから2世紀を経た1800年でも，住民の2割が白人であったのに対し，黒人5割，混血者3割という非白人が多数を占める社会が形成されていた．

非白人住民は，単に数的に優越していただけではなかった．奴隷は農業や鉱業の労働力であっただけでなく，奴隷主家族の小間使いや料理人，さらに乳母としても働かされたため，白人の奴隷主層の人々の身近には常にアフリカ的要素があった．しかも，奴隷貿易が廃止されるまで奴隷の再生産にほとんど関心を示さなかったブラジルでは，アフリカから直接奴隷が常に輸入されており，これらアフリカ直来の黒人奴隷が奴隷主の食事を作り，奴隷主の子供を育てた．支配層の子供は「黒いお母さん（mãe preta）」と呼ばれる黒人女奴隷からアフリカ起源のおとぎ話や子守唄を聞き，アフリカ的な要素を身近に感じながら成長した．奴隷制度下のブラジルには，遺伝的にも文化的にもアフリカ的要素を含んだ社会が形成されていたのである．フランス大使としてブラジルに滞在した白人至上主義者のゴビノー伯（Joseph Arthur C. de Gobinear）は，こうしたブラジル社会をみるのも耐えがたい混血者のいる劣等な社会と評した（三田 1999）．

自国のアフリカ的な要素に対し強い劣等感を抱いたブラジルの知識人は，「脱アフリカ化」を目指してブラジルの住民を白人の身体的特徴に近づけて，住民の優生学的な改良を行おうとする「白人化イデオロギー」を作り出した．熱帯の気候が人間を精神的にも身体的にも不健康にするというヨーロッパの人種主義の影響を受けていた当時の知識人の1人であるシルヴィオ・ロメロ（Sílvio Romero）は，「ひどい気候」の中に置かれた「劣等な人種」が輝かしい未来を手にするには，アフリカ的な要素から解放されて「白人」になっていくことが必要であると考えた（Leite 1976）．すでに存在するアフリカ的要素を削除できない以上は，異種族混淆によってアフリカ的要素を減少させようとした．アフリカ系住民が優生学的には劣性である以上は，異種族混淆によってその遺伝的特質は消滅していくと考えられ，異種族混淆はブラジル社会を「救出する手段」であるとされた

(Skidmore 1994).

　住民を白人化するためにヨーロッパ移民の導入が図られ，奴隷の輸入と並行して誘致された．独立を果たす以前の1819年に，最初の外国移民としてスイス移民1790人を，その後，帝国として独立してからはドイツ移民を積極的に誘致した．熱帯という気候と奴隷制度に阻まれてヨーロッパ移民の誘致は当初順調には進まなかったが，奴隷貿易が禁止されるとヨーロッパ移民は促進された．1870〜1888年の20年足らずの間に，ドイツ，オーストリア，フランス，スペイン，イタリア，ポルトガルといったヨーロッパ諸国の移民約70万人が導入された（Carneiro 1950）．

　こうした移民を選別する姿勢は，奴隷制度廃止後の共和国新政府が発令した1890年の法令628号で明文化され，アジア・アフリカ生まれの者の入国は原則禁止とされた（ただし，国会の許可を得られれば入国できるものとされた）．有色人の入国を禁止してヨーロッパ移民を導入しようとする移民の選別はその後も続いた．1921年にアメリカ黒人のブラジルへの送出計画が取り沙汰されると，1921年と1923年にブラジルの下院議員は黒人の移民を禁止する法案を国会に提出し，新たな有色人の要素の入国を阻止しようとした（三田 2009）．白人化イデオロギーは日本移民にも及んだ．医学学会会長のミゲル・コウト（Miguel de Oliveira Couto）は，1924年に日本移民導入に反対して，「国家の最良の遺産は人であり，ブラジルは何よりもまず民族的形成を促進しなければならず，それは社会的選択に従ってなされるものである．（中略）優生学的および経済的法則はこうした［黄色人の］民族的要素がブラジルの領土に入ってくるのに反対するところである（［　］内は筆者）」（三田 2009）と下院議員として議会で所信を述べている．

　移民選別の結果，ブラジル住民に白人が占める割合は確実に拡大した．ヨーロッパ移民導入以前の1800年には，白人が占める割合は2割強にすぎなかったが，奴隷制度が廃止された1890年には4割強に，そして大量移民の時代が終了した1940年には6割を超えるまでになっている．

b.　白人のための奴隷制度廃止

　奴隷制度そのものが人種差別を基盤に構築されていた以上，ブラジルの植民地時代および帝政時代を通じて民主的な人種関係が存在してはいなかった．また奴隷制度廃止後に人種差別制度が誕生しなかったからといって，人種差別や偏見がなかったともいえない．

　奴隷制度の廃止は，旧コーヒー地帯の農園主とサンパウロ北西部の新コーヒー地帯の農園主との間に多少の対立をもたらしたが，内戦を伴うような暴力的な対立には至らなかった．新コーヒー地帯はすでに奴隷労働に依存していなかった．賃金労働者を用いて資本主義的な農園経営に乗り出していたサンパウロのコーヒー農園主は，ブラジルの輸出経済の担い手となり，その後のブラジルの経済活動の主役となった．

　奴隷廃止論者は元奴隷をブラジル社会に適応させる手段として教育の必要性を説きはしたが，それは賃金労働者として再訓練するためであり，元奴隷が雇用主になることは考えていなかった．奴隷制度下の人種的序列をそのまま階級社会に移行することを想定していた．常に他者のために労働を強いられてきた奴隷にとり，移民労働者のように労働の対価として賃金を手にし，それを生きるために自由に使うことができるという根本的な価値転換は容易なことではなかった．何ら保障も援助もなく資本主義社会に解放された奴隷は，農園労働者としても都市労働者としても，移民労働者との競争に勝利することはできなかった．多くの元奴隷は，自由の身分を確認するために都市に出たが，失業と貧困に直面し，その後も社会の底辺に位置づけられた．「奴隷は黒人，黒人は奴隷」という奴隷制度下の人種偏見に代わって，「黒人は貧乏，貧乏なのは黒人」という階級社会の偏見が作り出された．

　白人を頂点として混血者と黒人を社会の底辺に位置づけていた奴隷制時代の社会階層制度は奴隷制度廃止とともに消滅したのではない．奴隷制度廃止後も白人エリート層の利益は守られ，階層制度はそのまま維持された．奴隷制度廃止とともに起こった共和主義革命は「白人の革命」にすぎ

ず，奴隷である黒人の社会的経済的解放をもたらす改革はなされなかったのである（Fernandes 1970）．

c. ナショナリズムと人種民主主義

共和国樹立（1889年）後の混乱が収まると，共和国政府と州知事の間で相互に支援し合う州知事政治（Política dos Governadores）が成立し，国家より州の利害が優先された．現実には，経済力と人口を多数抱えるサンパウロ州とミナスジェライス州の知事が交代で大統領に就任する州知事政治が展開した．こうした州知事政治は各州の政治を大農園主が支えるオリガーキー支配体制を各州に成立させた．各州は国家に干渉されることなく，社会，政治，経済，文化活動を独自に展開することができ，それぞれの州が独立した共和国であるかのように振る舞う，まさに合州国（República dos Estados Unidos do Brasil）であった．ところが世界恐慌によってサンパウロ州の経済的優位性が揺らぐと，州知事政治を打倒して国家統合を目指す革命が1930年に勃発し，リオグランデドスル州知事であったヴァルガスが臨時大統領に就いた．

ヴァルガスは州より国家を優先させ，各州のオリガーキー家族に属しているブラジル住民のアイデンティティを「ブラジル国民」に変えようとした．イタリアのファシズムの影響を受けたヴァルガスは，1934年に新憲法を制定して大統領選挙を約束したが，1937年に再度クーデターを起こして新国家体制（Estado Novo）と呼ばれる独立体制を敷き，一民族一国家の「国民国家」の建設を目指した．

農業移民以外の入移民を制限して大量移民時代を収束させつつあったブラジルでは，当時，外国移民がそれぞれの出身国のアイデンティティを保ちながら生活していた．外国移民の半分以上を導入したサンパウロ州では，サンパウロ市内の労働者の2人に1人が外国人という状況であった．こうした住民を「国民」にしてブラジル社会に統合するために，同化政策である「ブラジル化キャンペーン（Campanha de Abrasiliamento）」が推進された．同じ出身国の外国人による共同体形成の禁止，外国語の使用禁止，14歳以下の者に外国語で教育することの禁止など，一連の同化政策がとられた．また「ブラジル化キャンペーン」を通じて，すでに存在しているアフリカ系住民には外国移民との混淆による身体的特徴の白人化が期待され，出身が異なる外国移民の間でも混淆が期待された．

こうした異種族混淆を通じて新しい人種のタイプ「ブラジル人」が形成され，一民族一国家の理念に応える近代国家がブラジルに出現するものと，当時の知識人や政治家たちは考えていたのである．したがって，同じ出身国の外国移民のみで共同体を形成して異種族混淆を進めない外国移民は非難の対象となった．当時，ブラジル社会に溶け込まない民族として非難されたのはドイツ移民と日本移民であった．

こうした国家統合のナショナリズムが高揚した時期に発表されたのが，20世紀のブラジルの名著とされるフレイレの『*Casa-grande & senzala*』（1933年）である（Freyre 1978）．フレイレは，ポルトガル人の白人奴隷主が黒人女奴隷との間に混血者を誕生させてきたのは，性の堕落ではなく，それは熱帯の気候に適した新しい「人種」を作り出すことに貢献したのだと，ブラジルの混血化を肯定的に捉えた．アメリカが政治民主主義の国として誇るならば，温情的な人種関係を異種族混淆を通じて形成したブラジルは，人種民主主義の国として誇ることができると主張した．ブラジルの社会，文化に関する多数の著作を世に送り出したフレイレは，国連のブラジル大使を務め，ブラジルを熱帯気候の適応に成功したヨーロッパ文化の地として人種民主主義とともに世界に紹介する役割も担った．植民地時代から広範に行われてきた混血化が温情的で調和のある人種関係を作り出してきたとする白人の支配層の主張は，異種族混淆によって「ブラジル人」という国民を形成しようとするナショナリズムと調和するものであった．ヴァルガス政権下でナショナリズムが高揚した時代に，人種民主主義はブラジル国民の誇りとなり，ブラジルには人種差別や偏見は存在しないものとされた．そして，異種族混淆を経て，すべてのブラジル人は1つの社会，1つの文化に統合

されていくと考えられた．

　1つの社会階級構造にすべてのブラジル人が散りばめられ，社会の底辺により多くの黒人が位置づけられているという現実は，階級の問題とされ，人種差別や偏見の結果ではないと了解された．フロレスタン・フェルナンデス（Florestan Fernandes）は，ブラジル人は身体的特徴や人種の問題はブラジルには何ら存在しないものとし，「人種偏見がないという偏見」を持っているのだと指摘した（Fernandes 1970）．したがって，偏見や差別と思える言動にブラジル人は敏感にかつ神経質に反応する．たとえば1951年，当時の首都リオデジャネイロの一流ホテルでアメリカの黒人女性歌手が宿泊を断られる事件が起った．すると直ちに国会議員のアフォンソ・アリノス（Afonso Arinos de Melo Franco）とフレイレは，人種や身体的特徴を理由とした公共の場での差別行為は刑罰の対象とする法案を連名で国会に提出した．法案は直ちに承認され，人種差別を禁止したブラジル初の法令アリノス法（法令1390/51）として世に知られることとなった．

4.5.2　人種調査とその限界

　人種差別や偏見は存在しないとしてきたブラジルでは，人種に関して十分に配慮した項目が用いられたセンサスが行われてきたわけではない．人種に関する項目を加えたセンサスが最初に行われたのは1940年で，「ブランコ（白人）」，「プレト（黒人）」，「パルド（混血者）」，「アマレーロ（黄色人）」の4カテゴリーで人種調査が行われたが，各人種の数と地域的分布が調査されたにすぎず，社会的指標との相関性は調査されなかった．1950年のセンサスでは社会的指標と人種の関係が調査され，就労，教育のチャンスに白人がより恵まれていることが明らかにされた．すでに経験的に感知されていたことが数量的に証明されたのである．住民の11%を占める黒人（約1400万人）のうち，雇用主の立場にあるのは全雇用主の0.9%，中等教育を受けた者は0.6%，大学教育では0.2%にすぎず，人口に占める黒人の割合が経済社会的側面にまったく反映されていないことが明らかとなった（Fernandes 1970）．

　同時期にユネスコがブラジルの人種関係の調査を行い，ブラジルには皮膚の色に対する偏見が存在しているという結論をもたらした．同調査に参加したフェルナンデス，カルドーゾ（Fernando Henrique Cardoso），イアンニ（Octavio Ianni），アゼヴェード（Thales de Azevedo），ワグレー（Charles Wagley），バスティード（Roger Bastide）といったブラジルやアメリカ，フランスの研究者たちは，その後ブラジルの人種関係の社会学的研究を継続して，フレイレの人種民主主義を超えようとした．

　フェルナンデスに代表されるマルクス主義的な研究者は，ブラジル社会の不平等を告発したが，ブラジル社会の左傾化を懸念した軍部が1964年にクーデターを起こして政権を掌握し（1964～1985年），言論統制を行ったために，不平等な社会制度に異を唱える人物は遠ざけられた．1968年以降，自由主義的あるいは左翼的な政治家や研究者，運動家は，職場を追われるか亡命を余儀なくされた．人種民主主義を批判したフェルナンデスやカルドーゾ，イアンニといったサンパウロ学派による研究調査は中断された．アフリカ系住民の共同体を支援していたアメリカの開発支援機関（Inter-American Foundation）は，人種民主主義のイメージを損なうものとしてブラジルから追放された（Skidmore 1994）．

　軍事政権は，1970年のセンサスでは人種に関する調査は行わないとした．その理由は，混血が進み，さまざまな身体的特徴を有する住民が多数を占めるブラジルには，人種に関する統一した定義がないために調査は不可能であるというものであった．さらに軍事政権は，ブラジルの誇りである人種民主主義のイメージを損なうすべての批判を検閲によって抹殺した．1980年のセンサスでも軍政府は人種に関する調査項目を削除しようしたが，経済が停滞した中で，研究者やメディアやアフリカ系軍人の抵抗を無視することができなかった．その結果1980年のセンサスでは人種に関する調査が実施されたが，限定的なものにとどまった．すなわち被調査者の4分の1に対してのみ人種に関する2項目（人種カテゴリーと職業）の

調査が許可されただけであった．過去のセンサスの分析結果からアフリカ系住民に対する明白な差別の実態が明らかになったが，それは1985年に再民主化されるまで公にされることはなかった（Skidmore 1994）．

1976年と1982年のサンプル調査（PNAD）では，人種が生活様式を決定する要因となっていることを統計資料によって明らかにしていたが（Abril, 1990），同様に軍事政権下では公にされなかった．

4.5.3 1988年——反人種主義の出発

奴隷制度廃止100周年にあたる1988年，再民主化されたブラジルで新憲法が発布され，反人種差別主義を謳う条項（第5条XLII「人種差別の行為は，保釈にも時効の対象にもならない犯罪である」）が憲法に初めて設けられた．また非識字者にも投票権が認められ，教育機会を奪われ貧困から逃れることが難しかったアフリカ系ブラジル人にも社会上昇の機会が与えられることになった．

さらに，現存する逃亡奴隷の共同体キロンボを文化的遺産として保護する条文（第216条V-5）を定め，その実行機関としてパルマレス文化財団（Fundação Cultural Palmares）を文化省に1988年に創設した．パルマレス文化財団はブラジルの多文化的状況を把握し，アフリカ系ブラジル住民としての意識啓発に乗り出した．全国に隠れた形で存在してきたキロンボの存在を確認し，その土地所有を保障する手段も講じた（コラム4参照）．

1988年を機に，アフリカ系住民の意識形成が促進された．アフリカ系ブラジル人の文学が発表され，アフリカ系住民を読者対象にした雑誌2誌（「*Raça*」および「*Black*」）が1990年代半ばに続いて創刊され，全国の書店に並んだ．テレビ番組にも，黒人が従来のように端役としてではなく主人公として登場するようになり，メディアでアフリカ系住民の存在が目立つようになった．

1990年のセンサス実施を前に，アフリカ系住民の運動家は，センサスには積極的に自分の皮膚の色を反映させた回答をしようと呼びかけた．これは，人種差別や偏見が隠蔽されてきたブラジルでは，皮膚の色に関する調査で被調査者が「プレト（黒人）」や「パルド（混血者）」と答えるのを躊躇し，このためにアフリカ系住民の現実を反映する調査となってこなかったと反省されたからである．ブラジル社会におけるアフリカ系住民の存在が拡大する背景には，中産階級のアフリカ系住民の拡大があった．アフリカ系住民の所得は1990年代に平均毎月10％上昇し，中産階級の3分の1を占めるまでに成長した．中産階級に属するアフリカ系住民の数は750万人を数え，企業にとっては魅力的な消費市場となっているのである（Abril 2000）．

1990年代以降，ブラジル社会の差別や不平等を人種関係から分析する研究成果が積極的に発表されるようになり，ブラジル社会の人種差別の実態が語られるようになった．たとえば2003年に16歳以上のブラジル人5003人（5行政地方の266市）を対象にした調査（Santos e da Silva 2005）によれば，被調査者（白人45％，パルド34％，黒人16％）の89％は「ブラジルは人種主義の国である」と認めたうえで，それぞれの皮膚の色という属性に対する社会の解釈や教育および所得と人種の相関性を調べると，いずれもアフリカ系住民と先住民が白人との関係において否定的な状況に位置づけられていることが明らかになった（図4.7，4.8）．

こうした人種民族間の教育と所得の差は，下水道の普及率や幼児死亡率といった保健衛生状況にも格差を生み出している．

人種が明らかに所得の不平等をもたらしている報告がある．2010年のIBGEの社会指標の分析によれば，12年間以上の高等教育を受けた白人の所得は，同じ12年間以上の教育を受けたネグロ（黒人とパルドの総称）の所得より31.7％も高い（Abril 2010）．こうした経済的指標と身体的特徴の相関性は，貧困層と富裕層にも不平等な分布をもたらしている．貧困人口10％のうち，白人が占める割合が25％であるのに対し，ネグロは74％になる．反対に，人口1％の富裕層をみると，白人が82％を占めるのに対し，ネグロは10％にしかなっていない（Abril 2010）．

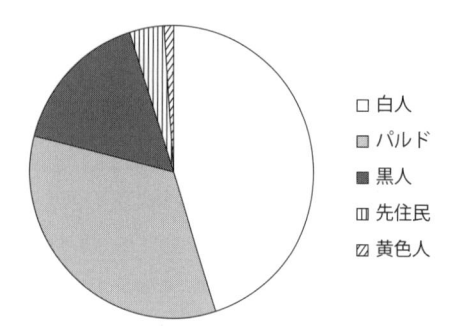

図4.7 自己申告による皮膚の色の分布
16歳以上のブラジル人5003人（5行政地方の266市）を対象にした2003年の調査による．
Santos e Silva（2005）より．

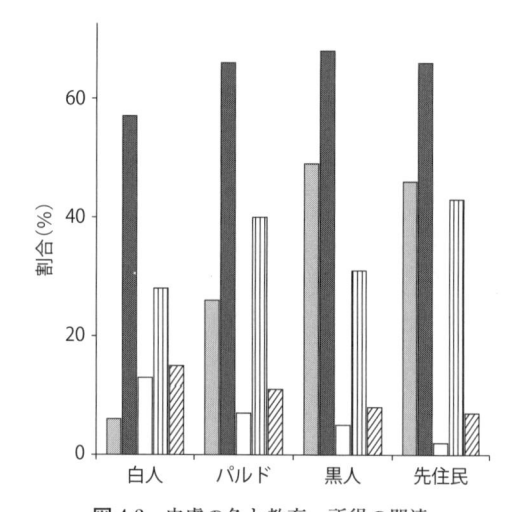

図4.8 皮膚の色と教育，所得の関連
□ 皮膚の色が否定的事柄と結びついていると回答した者，
■ 基礎教育のみの者，□ 12年以上の高等教育を受けた者，
▥ 所得が最低賃金の者，▨ 最低賃金の4倍以上の所得の者．
Santos e Silva（2005）より．

4.5.4 人種不平等を克服する手立てと限界

人種主義の行為を拘留の対象と憲法に定めたブラジルでは，人種差別を克服するための法が整えられると同時に，積極的差別撤廃措置（affirmative action）がとられるようになった．

2001年に南アフリカのダーバンで開催された第3回人種主義および人種民族差別廃止国連会議にブラジル政府は積極的に臨み，多数の参加者を送った．会議で提案された黒人割当て制度を貧困と人種問題を解決する手段とし，1988年憲法が保障する傷害者の雇用割当て条項を適用して，就労と教育の場にこの割当て制度の導入を図った．法令に基づき，多様な職種で働く公務員の職場に黒人割当て制度は直ちに導入された．しかし，非白人人口の占める割合が限られてきた高等教育への導入は段階的に行われた．

まず，リオデジャネイロ州が2000年の州法（3524/00号）で州内の公立高校（市立および州立高校）出身者に対し，州立大学2校の入学定員の50％を割り当てることを定め，2004年の入学試験で実施された．次にこの公立学校出身者に対する割当て法は，黒人あるいは混血の学生に適用され，州立大学入学定員の40％を当該学生に割り当てる法（37080/01号）を2001年に制定し，翌年に実施された．その後，ブラジリア連邦大学やバイア州立大学でも経済的あるいは人種的弱者に対する割当て制度が導入された．2002年にはこの割当て制度が連邦法に盛り込まれ，その運用も単に入学のみではなく，奨学金や賞金の付与にも適用されるようになった．公立の大学およびその他の高等教育機関278校（2011年現在）のうち107校がこの割当て制度を導入している．

2010年には人種の平等と民族の権利を保障する法令「人種平等条例」（法令12.288）が，人種，民族，ジェンダー差別を克服するための積極的差別撤廃措置アファーマティブアクションを推進することを目的に制定された．同条例はアフリカ系住民と先住民の教育と文化を保障することを具体的に定めている．すなわち，初等中等教育機関では「ネグロ」の歴史教育を義務化し，先住民には先住民言語と，その歴史の教育も希望すれば行えるものとした．これまでセンサスに用いられてきた人種カテゴリーの「プレト（黒人）」と「パルド（混血者）」の総称として「ネグロ」を用いることも明文化され，社会的マイノリティを一括して把握できるようにした．

他方，こうした人種割当て制度や人種平等条例に反対する声も上がっている．「すでにある人種差別主義をさらに深刻化することになる」，「誰がこの保障対象となるのか明確な基準がない」というものである．前者は，これまで人種差別はないとしてきたブラジルに差別の存在を気づかせ，公平な社会を実現するために何と戦わなければなら

ないかをはっきりさせたといえる．また後者は，ブラジルの曖昧な人種概念に問題を投げかけているのである．たとえば 2007 年にブラジリア大学の選抜試験で問題が持ち上がった．一卵性双生児の受験生の 1 人は「ネグロ」として合格し，もう 1 人は「ネグロ」と認められず不合格となった．これは，ブラジルには身体的特徴によって分類する多数の人種のカテゴリーがあり，しかも客観的指標が存在しないために起こった問題である．この事件を受けて「人種平等条例」では，マイノリティを一括した名称にして誰がマイノリティであるかをはっきりさせようとした．しかし，複数の人種のカテゴリーの利用は，依然として継続している．

2003 年に 5003 人を対象に行った先述のブラジルの人種主義の研究は，13 の人種カテゴリーを拾い出している（Santos e Silva 2005）．アフリカ系住民の人種カテゴリーだけでも「ムラト」，「モレノ」，「プレト」，「パルド」，「ネグロ」，「モレノ・クラロ」，「モレノ・エスクーロ」，「メスチソ」の 8 種が回答に用いられた．「ムラト」は「モレノ」ではないし，「プレト」でも「パルド」でもない．こうした多数の人種カテゴリーが，明確な基準がないままに，主観的あるいは習慣的に用いられているのがブラジル社会の現実である．

複数の人種カテゴリーの存在を考えると，ブラジリア大学の事件が提起した「誰がネグロなのか」という議論は，今後も続くことになろう．現実には，「ネグロ」カテゴリーの概念は整理されることなく，ネグロ割当て制度は運用されていくのであろう．割当て制度は，今のところブラジルの社会不平等を解決する具体的手段であり，人種間にまだ大きな差があるとはいえ，統計上はネグロ住民の社会上昇とつながっているのである．

しかし最近では，大学受験における人種割当て制度そのものが，法の前の平等を保障した憲法（第 5 条）に違反しているという声も上がっており，人種不平等の克服には今後も多様な展開が予想される． ［三田千代子］

引用文献

フレイレ，ギルベルト（山下 貢 訳）(1961)：『熱帯の新世界——現代ブラジル文化論』，農林水産業生産性向上会議．
三田千代子 (1989)：ブラジルの家父長家族の成立と展開——ジルベルト・フレイレの説論をめぐって．日本総合研究所 編『ラテンアメリカの家族構造と機能に関する研究』198-218，総合研究開発機構．
三田千代子 (1999)：ブラジルとヨーロッパ思想——悲観論からナショナル・アイデンティティの形成へ．蝋山道雄・中村雅治 編『新しいヨーロッパ像を求めて』164-184，同文館．
三田千代子 (2006)：『ブラジル社会論資料集』上智大学ポルトガル・ブラジル研究センター．
三田千代子 (2009)：『「出稼ぎ」から「デカセギ」へ——ブラジル移民 100 年にみる人と文化のダイナミズム』不二出版．
Abril (1990, 2000, 2010, 2012)：*Almanaque abril*, São Paulo：Ed.Abril.
Azevedo, Thales de (1966)：*Cultura e situação racial no Brasil*, Rio de Janeiro：Ed. Civilização Brasileira.
Carneiro, J. Fernando (1950)：*Imigração e colonização no Brasil* (publicação avulsa no.2), Rio de Janeiro：Universidade do Brasil.
Fernandes, Florestan (1970)："Beyond poverty：the negro and the mulatto in Brazil." *Universitas* (da Universidade Federal da Bahia), **6** (9)：379-395.
Freyre, Gilberto (1978)：*Casa-grande & senzala-formação da família brasileira sob a regime da economia patriarcal* (2 vols.19ª). Edição Brasileira, Rio de Janeiro：Livraria José Olympio (© 1993). (鈴木 茂 訳 (2005)：『大邸宅と奴隷小屋（上・下）』，日本経済評論社).
Ianni, Octavio (1979)：*Escravidão e racismo*, São Paulo：HUCITEC.
Leite, Dante Moreira (1976)：*O caráter nacional brasileiro*, São Paulo：Pioneiro.
Leite, Miriam Moreira (org.) (1984)：*A condição feminina no Rio de Janeiro século XIX* —— antologia de textos de viajantes estrangeiros, São Paulo：HUCITEC.
Ribeiro, Darcy (1995)：*O povo brasileiro：a formação e o sentido do Brasil* (2ª ed.), São Paulo：Companhia das Letras.
Skidmore, Thomas (1994)：*O Brasil visto de fora*, Rio de Janeiro：Paz e Terra.
Santos, Gevanilda e Maria P. da Silva (orgs.) (2005)：*Racismo no Brasil*：São Paulo：Fundação Perseu Abramo.
1988 年ブラジル連邦共和国憲法：http://www.planalto.gov.br/ccivil_03/Constituição（2013 年 7 月 18 日アクセス）．

コラム4　キロンボ・パルマレス

ブラジルの奴隷制度の歴史は，奴隷制度に対する反抗の歴史でもある．見知らぬ土地に奴隷として突然移植された黒人は，奴隷主の非人道的な扱いに多様な形で抵抗した．絶食したり土を食べたりして自殺を図り，また奴隷主（とその家族）や奴隷管理人の殺害，女奴隷による堕胎や嬰児殺し（女奴隷の子供は奴隷主の所有とされた）も行われた．集団蜂起やその他の多様な反乱にも参加して奴隷制度に抵抗した．こうした奴隷の抵抗のひとつに農園からの逃亡があった．

逃亡奴隷の捕獲引渡しを生業とする職業（capitão do mato）もあったほど，奴隷の逃亡は頻繁に行われていた．密林の奥深くに逃げ込んだ奴隷が，奴隷制社会の外で生き残るために仲間と共同して建設したのが逃亡奴隷の共同体キロンボ（quilombo）である．キロンボは奴隷制が導入された地域ではどこにでも建設され，北は今日のアマゾナス州から南はリオグランデドスル州にまで存在していたし，今日でもその存在は確認されている．キロンボは植民地統治を脅かし，独立後は国家安全の脅威であった．とりわけ，パラグアイ戦争（1864～1870年）以後のキロンボの増加は，1888年の奴隷制度廃止の大きな要因となった．数千に及ぶ多数のキロンボのなかで，その規模においても存続期間においても最大かつ最長だったのが，パルマレスのキロンボである．

キロンボ・パルマレスの萌芽は1590年頃に遡り，今日のアラゴアス州のバリガ山脈にあるヤシの木の森林地帯に逃げ込んだ奴隷が，生き残りをかけて助け合いながら生活を始めたのが最初とされる．1600年には45人の逃亡奴隷のキロンボとして確認されている．土地を共有して，農業と狩猟，漁業に従事し，ときには生産物を近隣の村落で武器，工具，布などと交換していた．最盛期にはその広さは，今日のアラゴアス州とペルナンブコ州に跨がる150 km×50 kmに及び，人口は2万を擁していたとされる．17世紀末のブラジルの総人口が24万～30万と推定されていることを考慮すると，パルマレスの存在が植民地政府にとって脅威だったことは十分理解できる．キロンボを形成していた住民は逃亡奴隷ばかりでなく，先住民やお尋ね者，貧しい白人，ユダヤ商人，イスラム教徒などがかなりの割合を占める多民族の共同体であった．

1694年にペルナンブコのドナタリオ（領主）が派遣したバンデイランテ（bandeirante, 奥地探検隊）によって壊滅させられるまで，オランダ人，ポルトガル人による討伐が何度も繰り返された．パルマレスを率いて最後のリーダーとなったズンビ（Zumbi）は，パルマレス生まれの逃亡奴隷の子で，幼い頃に逃亡奴隷捕獲部隊に誘拐され，司祭に預けられ，識字教育を受けて育った人物である．司祭のもとでミサの手伝いをしていたズンビは，15歳のときに逃げ出してパルマレスに戻った．1678～1692年まで通算16回の討伐隊反撃の指揮をとっている．1694年の襲撃でパルマレスの首都マカコが陥落するとズンビは逃れた．しかし翌1695年11月20日には捕えられて殺害され，その首はみせしめのために公共広場にさらされた．

パルマレスを率いたズンビは，20世紀半ば以降の反人種主義の黒人運動のシンボルとなり，1997年にブラジリアの国家英雄殿堂にその名が刻まれた．ズンビが死亡した日は「黒人意識の日」として国の記念日となっている．現憲法は今日まで存続してきた各地のキロンボの土地所有を認め，その実行機関としてパルマレス文化財団が創設された．1998年に同財団はブラジル国内に672カ所のキロンボを確認していたが，その後も新たにキロンボが名乗りを上げており，総数1886カ所が2012年に認定されている．現在3000カ所以上の存在が確認されており，キロンボ在住の人口は250万になると推定されている．これらキロンボの7割以上は，バイア州とマラニョン州を中心に北東部地方に集中している．これに続くのは南東部のミナスジェライス州とサンパウロ州で，ブラジルの奴隷労働力導入の歴史が反映されている．

［三田千代子］

写真1　サルヴァドルのシダーデ・アルタ（山の手）に立つズンビ像（2011年，丸山浩明撮影）

5 宗教の多様性と宗教風土の変容

　ブラジルはポルトガルの「剣と十字架」によって征服された歴史を持つことから，カトリック教国というイメージがある．しかし実際には，国家形成のプロセスに，先住民，アフリカ人，ヨーロッパや日本からの移民が関わっており，多様で豊かな宗教風土が広がる国である．すなわち，ブラジルで実践・信仰されている宗教風土のありようには，いくつかのカトリシズムの重層性が認められる．奴隷として連れてこられたアフリカ人たちの宗教は，カトリシズム，先住民の宗教，ヨーロッパの心霊主義とも混淆し，アフロ・ブラジリアン宗教と呼ばれている．日本移民がもたらした宗教もブラジル社会で受容されている．本章では，これらの宗教風土のありようを変容という観点から考察する．

5.1 カトリック教会の布教とその特徴

5.1.1 戦闘的カトリシズム

　植民地期のポルトガル人には，植民地化は聖なる事業だという確信がある．ポルトガル王ジョアン3世は最初のブラジル総督トメ・デ・ソウザに，「植民地化は，かの地の人々をカトリックに改宗させるためである」と述べる．アメリカ大陸への航海を十字軍に見立て，先住民たちを改宗すべき野蛮人とみなし，先住民征服を聖戦と位置づけたのである．アラビア人支配に打ち勝ったイベリア人のレコンキスタ（再征服）という「良き伝統」が植民事業における新たな征服に継承されたといえる．カトリック教会の布教にみられるこのような植民地主義的特徴は，戦闘的カトリシズムと呼ばれる（Hoornaert 1991）．

　戦闘的カトリシズムにおいて，植民事業は聖戦として正当化された．1500年4月末，バイア州南部沿岸に到着したポルトガル人たちは，その土地を「ベラクルス島（真実の十字架の島）」または「ベラクルスの大地」と名づけ，キリストの名において土地を獲得した証拠として十字架を立て，最初のミサを挙げた．その後，植民事業が進められた土地には教会が建設され，支配の正当性を主張する指標になった．教会はまた，先住民や逃亡奴隷，さらにはポルトガル人と競合するフランス人やオランダ人から身を守るための要塞としても機能した．

　大西洋の荒ぶる波にさらされて大陸を目指したポルトガル人たちは，彼らの乗ったカラベル船に「希望の聖母」，「恵みの聖母」，「無原罪の聖母」などと名づけて安全を願った．また，植民地化に抵抗する先住民を征服した際にも，「勝利の聖母教会」を建造し，ポルトガル人を危険から守った聖母を讃えた．さらに，1656年に北東部ペルナンブコ州でオランダ人を追放した際には「喜びの聖母教会」が建てられたように，聖母マリアは戦闘的なイメージに結び付けられていた（写真5.1）．

　ここで，ブラジルのみならず南北アメリカにおける植民地期のキリスト教化がヨーロッパの異端審問の時代に進められたことを思い起こしておくのがよいだろう．当時，カトリック教会の教えを受け入れ実践することは人々の義務であり当然のこととされた．スペイン人が植民地化した地域と異なり，ブラジルでは一度も宗教裁判が行われなかったが，容疑者はリスボンに送られることもあった．リスボンの広場では1540年から1765年まで焼死刑が行われていた．当時の人々には宗教裁判への恐怖から，カトリック信仰が強いられたということもあった．

　さて，1549年にブラジルの土地を踏んだイエズス会士はブラジルの奥地に分け入り，先住民をキリスト教化するためのミッション（教化村）を

写真 5.1　無原罪の聖母像に巡礼する人々（1999 年撮影）

開いていった．先住民の部族組織を温存しつつ，コレジオと呼ばれる学校や病院が設立された．イエズス会のミッションは一定の成果を上げ，「国家の中の国家」とみなされる勢力を持つまでになったため，修道会の政治・経済的影響力の強化を恐れたポルトガルのポンバル侯爵（Sebastião José de Carvalho e Melo, Marquês de Pombal）は，1759 年にポルトガルおよびその植民地からイエズス会を追放するに至った．これによってミッションは潰えることになったが，実はすでに17 世紀頃から，先住民を奴隷化しようとする，おもにサンパウロ住民によるバンデイランテスと呼ばれる遠征隊の標的になっていた．バンデイランテスは海岸線からミッションが開かれていた奥地へと分け入り，結果として内陸部に新たな町を生み出すことになった．

植民地では初期の頃からコンフラリーヤやイルマンダーデと呼ばれる信徒組織や世俗修道会が形成され，あらゆる社会的サービスが提供された．たとえばバイア州サルヴァドル市の信徒組織サンタカザ（憐みの聖なる家）は，礼拝堂，病院，孤児院，花嫁学校，薬学校，薬局，芸術家支援の場所，葬儀所の機能を備え，農場経営を行う貸付銀行でもあった．近年，日本で話題になった赤ちゃんポストも，すでにこの頃からサンタカザに設置されていた．

5.1.2　家父長的カトリシズム

スペイン語圏のカトリック教会が中央集権的な組織展開を示したのに対して，ブラジルでは奴隷制度における農園主のローカルな権威のもとで教会組織が形成されたといわれる．大農園（エンジェーニョ）は政治・経済的に完結した村のようであり，農園主の権威は絶大であった．農園主に対する反論は受け付けられず，大農園に付設された教会の神父でさえ彼の主導権下にあった．このような環境下において発展し，農園主の温情主義と奴隷の服従や忠誠が神聖化される信仰のあり方を，家父長的カトリシズムとして理解することができる（Hoornaert 1991）．

奴隷にとって農園主は絶対的な存在で，生活を庇護してくれるありがたい存在として位置づけられた．農園主は，大げさにいえばポルトガル王室に比肩する存在ともいえる．王室はパドロアード（ブラジルの植民事業を進める際にローマ教皇が与えた布教保護権）により 10 分の 1 税を徴収し，聖職者を任命する権利を獲得し，同時にカトリックの布教と教会維持の義務が課された．同様に農園主は，奴隷労働力を搾取する権利を持ち，彼らの生命維持とカトリックへの教化の義務を負った．大農園の教会司祭を養うことも当然の義務とされた．大農園の教会司祭は，宗教儀礼を司ることはもちろんだが，農園主子弟の教育係や家族の

相談係であり家族の一員とみなされた．こうした関係の中で，カトリシズムの家父長主義や家族主義が醸成されていったのである．植民地期，イエズス会士などの修道司祭らは農園主から自立していた．このことは，イエズス会が植民地権力による後ろ盾を持たないことを意味した．

　大農園での過酷な労働に喘ぐ奴隷たちにとって，祭りは魂の渇きを癒すものだった．大農園主らはアフリカ人たちが同盟を結び反乱することを恐れたため，歌や踊りという固有の伝統を許すことで部族間の差異を維持したとされる．またヨーロッパの人々にとって，黒人の歌や踊りは単に伝統的な生活文化だという認識しかなかったともいわれる．祭りは人種や社会階層，すなわち黒人，白人，ムラト（黒人と白人の混血），富裕者，貧困者，軍人，商売人などによって分けられた信徒組織が別々に企画した．黒人の信徒組織は，出身部族（ナッソン，ネーションの意味）を単位に形成された．祭りではカトリック暦に従ってカトリック聖人が讃えられていたが，それらは後述するようにアフリカの神々と習合していた．こうした環境において，奴隷の宗教文化はヨーロッパ文化による完璧な破壊を逃れ，シンクレティズム（syncretism）としてのアフロブラジリアン宗教が生み出されていったのである（Barreto 1989）．

　カトリック教会は魔法やアニミズムを迷信であり排除すべきものとみなしていたが，そもそもそうした教会規定が，自立した大農園の中には及ばなかった．大農園という閉ざされた環境は，奴隷のみならずポルトガル人や先住民の素朴な信仰を温存させる場所でもあった．現在でも6月に行われているサンジョアン祭は，元来ポルトガルの民衆の祭りであり，イベリア半島の故事に従い焚火に火を灯して聖ヨハネの誕生を祝っている．

　ところで，ポルトガル国王ジョアン5世は信仰心が篤かったといわれる．彼の時代（在位1706～1750年）には，ブラジルの鉱山開発で獲得した財貨の多くがポルトガルの教会や修道院の建設に費やされるようになった．ブラジルでも国王にならって副王や領主らが，特にミナスジェライス州で豪華絢爛な宗教建造物を建てるようになった．同州では金採掘が進められており，住人らは国税官の下で中央集権的なシステムにより監視されていた．カトリック教会は，大農園では司祭が農園主に従属していたが，鉱山地域ではポルトガル王権の監視下に置かれた．たとえば，イエズス会のような「国家の中の国家」が形成されることを恐れたポルトガル本国は，同州での新たな修道会結成を禁止し，先住民語での布教を禁じてミッションを開くことも認めなかった．そのため，鉱山地域のカトリック教会と人々の信仰は，その意味でポルトガル的だった．また，鉱山開発で得た利益は当地に投資することが禁じられたため，華やかで贅沢な祭りによって消費された．今でもミナス地方の人々が伝統的で信仰熱心だといわれるのは，こうした歴史的背景によるといえよう．

5.1.3　民衆のカトリシズム

　ブラジルの征服事業は，神や諸聖人の恩寵を乞い願う祈りや祭りと結びつけられていた．それは個人の願いは神の思召しによって叶うものだと理解する態度から生まれており，恩寵主義と呼びうるものである．現在でも多くの人が日常的に「神の思召しのままに」，「神が望まれるなら」と表現する．ときとしてそれは順応主義的で受動的な態度と理解される．予期せぬ災難は神による罰であると理解して，その状況を受け止めるからである．しかし同時に，奇跡を願い，新たな環境に立ち向かう勇気を与えてくれるものでもある．諸聖人にプロメッサし（請願を立て），願いが叶った暁には巡礼を行いプロメッサを支払う（返礼する）．贈与と反対贈与の関係に根差した信仰態度といえ，中世イベリア半島の信仰の残滓ともいわれる．司祭が説く難しい神学的議論というよりも，民衆が日常の中で実践していたカトリシズムだったのである（写真5.2）．

　植民地時代，先住民や黒人が生き残るには，逃亡，自殺，そして宗教という3つの方法しかなかったといわれる．カトリシズムを受容することは他者への服従を意味したが，服従は家父長的カトリシズムの枠組みでは美徳とされるものだった．また，カトリシズムはヨーロッパ人による抑圧の下で人間としての威厳を死守するために必要な砦

写真5.2 巡礼の日，無原罪の聖母像に祈りをささげる人々（1999年撮影）

ともなり，彼らは戦闘的カトリシズムという鎧を身にまとったのである．先住民や黒人に受容されたカトリシズムは，このような家父長的かつ戦闘的な性格を持つものであったと同時に，ここでいう奇跡を願う民衆のカトリシズムでもあった．

そもそも先住民や黒人が持っていた宗教的世界観は，民衆のカトリシズムの世界観と通底するところがあった．先住民は霊的世界を信じ，超自然的な力や諸霊が生活に影響を与えると理解する．黒人の場合も，人間は日常生活に影響を及ぼすマナ的力が偏在する世界の中で生きており，自然現象は霊的な力であるオリシャと呼ばれる神々と彼らの祖先神によって統御されていると信じている．両者の信仰は，カトリシズムの恩寵主義に容易に翻訳され，シンクレティズムを生む要因の1つになったのである．

ところで，大農園から逃亡した奴隷たち（逃亡奴隷）はキロンボという独自の集落を作った．キロンボについて記された文献は少ないが，そこではカトリシズムが実践されていたようである（コラム4参照）．というのも，奴隷たちは大農園の家父長的な環境のなかで，たとえ表面上であったとしてもカトリック的な慣習を身に着けており，さまざまな地域から逃亡してきた人々が1つのキロンボでまとまるためには，個々の宗教伝統を前面に出すよりもカトリックの慣習に従ったほうが都合がよかったからである．キロンボでは，逃亡奴隷たちが誘拐してきた司祭や黒人の司祭が，洗礼や結婚の儀礼などを取り仕切っていたとされる（Hoornaert 1991）．キロンボで熱心なクリスチャンになった黒人奴隷もいたという．大農園主の子供たちはマンイ・プレッタと呼ばれる黒人奴隷の乳母に育てられたが，その際，黒人奴隷が白人子弟の宗教教育を担っていた場合もあった．

5.2 混淆する憑依宗教

5.2.1 アフロブラジリアン宗教

アフロブラジリアン宗教研究の碩学ロジャー・バスティードは，ブラジルではアフリカの宗教が，ヨーロッパ的なものを優勢とみなす偏見やエスノセントリズムにさらされてきたと指摘する．そのうえで，アフロブラジリアン宗教はアフリカ由来の宗教ではあるが，黒人のためだけの宗教ではなく，ブラジル国内のムラトや白人，そして国外の人々にも受容されているとして，肌の色と宗教を切り離して考える必要があると述べている（Basitde 2001）．

アフロブラジリアン宗教とは，奴隷制時代にアフリカからブラジルに持ち込まれた宗教実践を直接的あるいは間接的な起源として持ち，主としてカトリック教会の儀礼と聖人信仰，さらに先住民の宗教やヨーロッパの心霊主義と混淆することで形成され発展した宗教である．このような宗教はブラジル全域でみられ，地域によって呼び名は異なるが，カンドンブレとウンバンダが代表的な呼称として用いられることが多い．ウンバンダの場合，フランスから伝えられブラジルで広く受容されている心霊主義（カルデシズム）の影響を受けており，アフロブラジリアン宗教の中でもよりブラジル色が強いという特徴がある（写真5.3）．

彼らの宗教は，歴史的な経緯から蔑視され差別されることが多かった．今日でも差別的な評価がなくなったわけではないが，バスティードが指摘するように，低所得者層のみならず中産層にも信奉者が広がっており，国民の宗教文化の中にしっかり組み込まれている．統計上はカトリック信者であると表明しながらもアフロブラジリアン宗教の集会に参加している者もいる．

アフロブラジリアン宗教が社会的に認知される

写真5.3 無原罪の聖母への巡礼の日，イエマンジャへの祈りが捧げられるウンバンダの集会場
壁には十字架のイエス像が掲げられている（1999年撮影）．

ようになった背景はさまざまだが，その1つには1960年代という時代の潮流があったことが考えられる．アメリカでベトナム反戦運動が起こり，カウンターカルチャー（既成の体制や文化に対する「異議申立て」）が世界各国の若者に広がっていった．ブラジルの文脈ではアフリカ性の再評価が起こり，アフリカ系の音楽や宗教が肯定的に受容されるようになっていった（Jensen 1999）．また，カトリック教会がバチカン公会議（1962～1965年）において他宗教との対話路線に歩み出すようになり，「宗教＝カトリック」という一元的理解から，他の宗教も容認される多元的理解に変化していったことも，アフロブラジリアン宗教の社会的認知を後押ししたといえる．

さらに，1960年代のブラジルは，外国資本の導入による工業化・都市化のさなかにあり，近代化に伴う都市住環境の悪化が居住者の不安材料となり，宗教的な救いを求めるムードがそれまで以上に人々の間で共有されるようになったともいえる．このような社会環境の変化は，アフロブラジリアン宗教のみならず，次節で述べる日本の新宗教やプロテスタント教会を受容させる土壌を培っている．

ウンバンダは，カンドンブレと共通する要素を持ちつつも，アフリカ的な要素を「白人化」しているという理解がある．ブラジルの国家統合が始まった1930年代のリオデジャネイロやサンパウロを中心とする南東部で，カルデシズムの世界観を取り入れて形成されたためである．カルデシズムは，霊界において死者の霊が進化するという観念を持ち，その促進のためにこの世における慈善活動を奨励する．それはウンバンダにも引き継がれている．地域や集会場によって儀礼は異なるものの，カンドンブレでみられる流血を伴う動物の生贄，ものものしい身体表現などは排除され，中産階級にアピールしやすい洗練された宗教というイメージを生んでいることも理由として挙げられる．カトリック，先住民，アフリカの3つの出自の神格を併せ持つことや，カルデシズムの世界観を取り入れているところに，ウンバンダがまさに混淆的なブラジル文化を代表する宗教だとみなすこともできる（口絵4参照）．

5.2.2 アフロブラジリアン宗教の特徴

アフロブラジリアン宗教は，オリシャと呼ばれるさまざまな神格を崇め，神格が信者に憑依して儀礼を行なうという憑依宗教である．特徴を以下にまとめる．

a. 神 格

最高神オシャラが存在し，オリシャたちはそれに従うものとされる．オシャラはキリスト教ではイエスとして現れていると説明され，アフロブラジリアン宗教でもイエスは最高神として位置づけられている．オリシャは，宗教儀礼が行われる集会場によって祀り方が異なり，カンドンブレではオリシャが宿るとされるこぶし大の石や水瓶，ウンバンダではカトリック教会の聖人像を通して崇められる．さらにウンバンダでは先住民宗教起源のインディオであるカボクロ，黒人の聖人とされるプレット・ヴェーリョ，子供の霊とされるクリアンサ，海の女神イエマンジャ，娼婦の霊ポンジャジーラなどが祀られる．しかし，カンドンブレ

とウンバンダともに至高神オロルンへの儀礼は存在しない．

b．カトリック信仰との連続性・共通性

神々は，ブラジルのカトリック的な宗教文化においてイエスおよびさまざまな聖人たちと習合しており，キリスト教の暦に従ってオリシャの祭りが行われるというシンクレティズムがみられる．集会の最初にカトリック教会のロザリオの祈りが唱えられることもあり，信者は自らをカトリック信者でもあると理解していることが多い．ウンバンダの集会場ではさまざまな聖人像が祀られているが，カトリック教会の聖堂内でも多数の聖人像が置かれているように，多神教的な信仰のあり方は，アフロブラジリアン宗教とカトリシズムに共通している．

c．憑　依

テヘイロ（集会場）では，オリシャの憑依が誰にでも起こるのではなく，イニシエーションを受けた信者に限られる．イニシエーションは，信者が自由に受けられるというものではなく，多くの場合，突然心の乱れを感じるようになるといった予兆がみられた信者に対してなされる．テヘイロのリーダーであるパイ・デ・サント（守護聖人の父．女性の場合はマンイ・デ・サント）がイニシエーションを始めるべきか否かを見極め，時間をかけて指導を行うことになる．イニシエーションが終わった信者は，フィリョ・デ・サント（守護聖人の子．女性の場合はフィリャ・デ・サント）と呼ばれるテヘイロでの宗教儀礼の中心的メンバーになる（写真5.4）．

d．ブラジル文化としての魅力

多くの信者や訪問客にとって，音楽と料理が供される儀礼の楽しさとオリシャに憑依した信者たちが身にまとう衣装の華やかさは魅力である．この宗教は，ブラジルにおけるアフリカ文化維持のための防波堤であり，踊りと音楽がカーニバルに流用されているように，ブラジル文化の重要な構成要素でもある（第6章参照）．

5.2.3　カンドンブレの宗教儀礼

カンドンブレはナッソンと呼ばれる部族ごとに，それぞれの儀礼がある．ナッソンを1つの単

写真5.4　イエマンジャに憑依した女性（1999年撮影）

位としてエスニックアイデンティティが保持されており，儀礼で使われる言語，太鼓のたたき方，音楽，歌，服装，オリシャの呼称などに違いがみられる．ここではバスティードの記述を参考に，宗教儀礼と世界観について確認しよう（Bastide 2001）．

日没後，太鼓のリズムに合わせた歌で集会が始まる．まず，祭場の秩序を乱すとされる悪霊を入れないようデスパショ（追払い）の儀礼が行われる．この儀礼はエシュの儀礼とも呼ばれ，人間界と超自然界をとりなすメッセンジャーであるエシュが，他のオリシャたちを人間界に呼び寄せる働きをすると理解されている．太鼓は聖水，デンデヤシの油，鶏の生血などで清められており，聖なる楽器として降霊を促す．

オリシャたちが降霊する順番はテヘイロによって異なる．しかし，通常は若くて荒々しいオリシャから老年で大人しくなったオリシャの順である．歌とダンスが始まると，「カヴァロ（馬）」と呼ばれるイニシエーションを受けた人々が次々と降霊し始める．歌とダンスはオリシャにまつわる神話を象徴する内容になっており，次第にリズムが速くなって集会の場は熱気と霊的な雰囲気に満たされていく．

集会では1つのオリシャで数人のカヴァロが憑依されることもあり，多くは体が震えて痙攣を起こす．彼らはオリシャたちが宿るとされるたくさんの握りこぶし大の石が置かれたペジーと呼ばれる別室に移り，オリシャを象徴する服装に着替えて再度祭場に登場する．戦争の神オグンは怒りに

輝く炎を，愛情と美しさの守護神オシュンは性的な欲求を踊りで表現する．彼らは人間界に舞い降りた神々として祭場に居合わせた信者や訪問者の悩みを聞き助言を与え将来を占う．このとき，儀礼は最高潮を迎える．やがて，オリシャたちは彼らの世界に帰っていく．このときも歌が歌われ，降霊したときとは逆の順番でカヴァロたちが憑依から目覚めていくのである．

5.2.4 神々の習合

ここでは，アフリカの神々とカトリック聖人の習合の例をいくつか紹介しておきたい．たとえば先にも登場したオグンは，カトリック教会の聖ゲオルギオスとみなされている．この聖人は竜を倒した戦士でキリスト教の殉死者として崇められている．馬に跨り王旗を掲げる姿はアメリカ大陸の征服者たちの守護神とみなされたが，植民地期ブラジルでその信仰を継承したのはポルトガル人ではなく，アフリカ人奴隷だった．彼らは自分たちの冶金の神オグン，あるいは狩りの神オショシをゲオルギオスであると理解した．そして，オグンは武器を製造する復讐の神，オショシは攻撃を仕掛ける戦いの神として再解釈され，信仰されているのである．

天然痘の神オモルは，皮膚病を治すとされる聖ラザロや皮膚病の守護神聖ロクス，魔法を「食べ」口から炎を吐いたとされる女性神イアンサンは，稲妻や火事から守ってくれる砲兵の守護神聖女バルバラというように，神々の習合はそもそも2つの異なる文化が持っていた神話世界の共通項が関連づけられた結果であった（Bastide 1971）．

5.3 日系社会の宗教

5.3.1 日本に置いてきた宗教

日本人の農業移民がブラジルに初めて渡ったのは1908年である．それ以降，南東部に広がるコーヒー農園で働く労働者として，約25万人が移住したといわれる．現在，彼らの子孫は150万人を超え，日系人以外との婚姻も進んでいる．コショウ栽培で一時期栄えたトメアス植民地のあるアマゾン地域にも日系人が居住しているが，依然，その多くはサンパウロ州やパラナ州，マットグロッソドスル州などに住んでいる．

農業移民は家族単位で移住することが要請されたとはいえ，戦前移民のほとんどは錦の御旗を掲げて故郷に凱旋することを夢見る，いわゆる出稼ぎ労働者であった．家族といってもにわか作りの擬制的「構成家族」だった場合も多く，彼らは強固なイエ意識に結ばれて骨を埋める覚悟を共有していたわけではなかった．日本人にとって宗教といえば墓参りと先祖祭祀という伝統的な習俗を意味することが多い．そのため，出稼ぎであるという意識は，「宗教は日本に置いてきた」という意識に容易に結びついた（前山1996）．また，1930年代にヴァルガス大統領のもとで顕在化したナショナリズムの高揚は，排日運動や新移民法の実施（1938年）に伴う外国語での教育，出版物，結社の禁止などをもたらしたため，日本人の自由な宗教活動は難しかったともいえる．

日本人移住者の信仰生活がおおむね日常化するようになったのは第二次世界大戦以降のことである．戦後，日本人は帰国の途を絶たれたと感じ，それまでに生活基盤を整えてきた者たちは，徐々にブラジルでの定住を選択するようになった．1950年代には次第に永住心が定着し，移住地での墓づくりを考えるようになった（前山1997）．故郷日本のイエから独立して，ブラジルにイエを構える気持ちが生まれるようになったのである．

初期の移住者たちには移転が多かった．家族ごとに数〜十数回移転したというケースもあり，実入りのよい出稼ぎ先を求めて長距離移動することは厭わなかった（前山1997）．誰かが亡くなると墓に葬られることもあったが，山中で茶毘に付されることもあった．仮に市営墓地に埋葬したとしても，数年後に骨は掘り返されて共同墓地に入れられるため，先祖としての個性は失われた．また，開拓地を去った移住者家族は二度とその墓に戻らないことが多かった．文化人類学者の前山隆は，少なくとも新大陸においては，墓というものをついに持たずに終わった状況が多かったと指摘する．そのような日本移民にとって，墓の代わりになったのが位牌であった．手製の位牌を手に移転し，正規の墓に合祀されるようになるまで

「ポータブルな墓」を祀っていたのである（前山 1997）．

5.3.2 カトリシズムと日系新宗教

定住を決意した戦後の日本移民には，カトリックに入信する人がみられるようになった．「ブラジル社会で認められるために必要だと感じた」とか，「ブラジルにお世話になっているのだからカトリックに入信するのが当たり前だ」という動機が挙げられてきた．1958年の調査結果では，日系人社会のカトリック人口が次第に増加し，日本人1世から2世，3世へと進むにつれて，日本の宗教よりもカトリック信者の割合が高くなっていることがわかる（表5.1）．ただし，この時代の日系カトリック信者らは，個人の宗教としてカトリシズムを受け入れながらも，イエの宗教として先祖祭祀の行事を行う仏教的な活動に参加していた．

第二次世界大戦以前，カトリシズムがいわば「国教」のような地位を占める中，仏教は半僧半俗のリーダーのもとで草の根的に維持された（中牧 2012）．1930年代には天理教，大本教，生長の家などの新宗教がブラジルで布教を開始した．戦後になると東西の本願寺を初めとする仏教諸派が，本山の主導によりブラジルに進出し始める．また新宗教教団では，世界救世教，パーフェクトリバティー教団，創価学会が，1950～1960年代の間に開教ないし布教の活発化を図っている（写真5.5）．

ブラジル地理統計院（IBGE）の2000年度の調査によれば，日系人を中心とする東洋人の宗教別人口比率は，カトリック64％，プロテスタント7％，仏教11％，東洋の新宗教3％，無宗教11％，その他4％である．このうち最も名の知れた東洋の新宗教といえば，生長の家と世界救世教（ブラジルでの呼称はメシアニカ）であろう．これらの新宗教では，信者の90％以上を非日系人が占めている．教団の拠点はブラジル全土に広がり，宗教文化に巧みに溶け込んでいるといっても過言ではない．

生長の家と世界救世教が広く受容されるようになったのは，いずれも心霊主義的な教義をベースにしつつ，そこにキリスト教の聖書を取り込んで教えを展開していることが最大の理由だと考えられる．ブラジルの心霊主義はアフリカ系とヨーロッパ系に大別されるが，これら2つの日本の新宗教も心霊主義の枠組みの中で位置づけられることがあり，広く人々の関心を引いている．生長の家は「宗教ではなく人生哲学だ」と称して入信への垣根を低くしており，集会に参加している人の中には自らをカトリック信者だと考えている人が少なくない．「地上天国」を謳う世界救世教では，教義で美を説き，それを実践する華道教室が中産層以上の人々にとって魅力的な要素になっている（写真5.6）．

5.3.3 ブラジルの「神道」

日本移民の宗教生活に占める仏教や新宗教の位置と比べると，神道が重要性を持つことはあまりなかった．その理由は，神道では鎮守の神様を祀って村落共同体（地縁）の結束を願い，仏教ではイエ（血縁）の先祖祭祀を行うというように，両者が棲み分けをして日本の宗教風土を育んできたことに求められるだろう．戦後，永住者としてブラジルにイエを構える決意をした移住者らは，先祖祭祀を通じて家族の幸せを祈るようになったが，いくつかの例外を除いて，共同体としての日系社会またはブラジル社会の結束を強く願うまでには至らなかったのである．

戦前の入植地では，移民の手で神社が建立され，いわば村落共同体の「氏神」を祀った歴史がある．たとえば，サンパウロ州内陸のカフェランジアでは，1917年頃に伊勢神宮の神を勧進した東京植民地神宮の小さな祠が建立された．また，

表5.1 ブラジル日系人の世代別宗教人口（1958年）

宗　教	日本生まれ	ブラジル生まれ	
		2世	3世
伝統的日本宗教	70.6	29.2	19.0
カトリック	15.5	58.7	70.0
その他	12.9	12.1	11.1
合　計	100.0	100.0	100.0

出典：前山（1996）をもとに作成．
単位（％）．

写真5.5　盆踊り当日のロンドリーナ西本願寺（2011年撮影）

養蚕業が行われたバストスでは，1938年に蚕祖神社が建立され，蚕の神としてのみならず産土神としても祀られた．移住当初から永住（定住）意識が高かった戦後移民も，移住地に小さな神社を建立したが，それらの規模が大きくなることはなかった．植民地の結束力が強かったバストスの蚕祖神社が例外的に持続したものの，そのほかは永くは繁栄しなかった（前山1997）．前述したとおり移住者は移転が多く，特に戦後になると向都離村の傾向が強くなったことと無関係ではないだろう．

植民地の「氏神」を祀る小さな祠はやがて衰退していったが，戦後になって日本から進出した神社もある．靖国講が戦死者を供養するようになり，伊勢神宮の系統をひく南米大神宮が日系商工会の後援を得て神事を行い，サンパウロ市の香川県人会館には金刀比羅神社が祀られて祭典が行われている（中牧1989）．

以上は，いわば日本のエスニシティを祀る宗教としての神道だが，ここで1966年に建立された神乃家厳戸神社ブラジル大神宮の事例を紹介しておきたい．サンパウロ市近郊のアルジャー市に建てられたこの神社は，伊勢神宮のあり方を1つの範としながらも，本殿にはキリスト教の「三位一体」を想起させる宇宙三神と称される神々が祀られている．また，祖霊殿と呼ばれる社殿には，死者の霊とともにイエス像，聖母像，イエマンジャーなどが祀られている．さらに，氏神様と呼ばれる社殿近くには，ブラジルの産土神としてイエス像とアパレシーダの聖母像が鎮座する（前山1997）．ブラジルと日本の諸宗教の神々が神道の地縁的な機能によって習合し，ブラジルの異種混淆的な「神道」が生まれたのである．

5.3.4　来日ブラジル人と宗教

1980年代半ばに始まったデカセギブームで来日したブラジル人たち（第10章参照）の多くは，来日当初からカトリック教会やプロテスタント教

写真5.6　サンパウロ州イビウナにある生長の家宝蔵神社前で研修する若者たち（1999年撮影）

会を訪れていた．カトリック教会では，ブームの初期からポルトガル語でミサが行われるところがあった．ポルトガル語が話せる日本人神父やスペイン語圏出身の神父が，そのような対応を可能にしたのである．また，プロテスタント教会では外国籍の牧師や英語圏に留学した経験のある牧師らが，マイノリティで心許ない思いをしているブラジル人たちに寄り添っていた．

　ブラジル人が集住する浜松市のカトリック教会では，1995年に日系ブラジル人の神父が来日した．また，三重県下のカトリック教会でも同年にペルー人神父が，また2008年にはブラジル人神父が来日し，ポルトガル語で対応するようになった．通常，日本人対象のミサとは別の時間にポルトガル語のミサが行われている．信徒らはギターなどの楽器を弾き，ブラジルの賑やかで明るい雰囲気を演出している．ブラジル人の集住度が高い町にある教会では月に4回，それ以外の地域では月に1回程度のミサを行うところが多い．

　プロテスタント教会では，1990年代初頭からブラジル人信者が中心になって自分たちのプロテスタント教会を開くようになっている．最初は日本人の集会に参加していたが，祈りが激しく賑やかすぎるという理由で自立を余儀なくされたケースが多い．個人宅や公共の集会場，そして日本人のプロテスタント教会などを間借りして集会を開始するが，次第に規模が大きくなると商店街の空き店舗，元銀行の建物，廃工場などを借りて教会に改装している．このような場所に教会が設立されることは日本では珍しいことだが，ブラジルでは極めて日常的な風景である．

　日本の新宗教についても，ブラジル在住中にすでに信者として活動に参加していた者が日本で教団の集会に参加していることが多い．生長の家や創価学会では，信者の自立的な活動が続けられ，教団のネットワークがブラジル人信者のサポートネットワークになっている．また日本で出版されているポルトガル語のエスニックメディアにも，新宗教やプロテスタント教会の集会を呼び掛ける宣伝が掲載されている．現代社会の流動的な人の移動に対する宗教の柔軟な対応がみてとれる．

5.4 宗教風土の変容

5.4.1 世俗化と私事化

　宗教研究には，近代化は社会的にも個人の精神的レベルにおいても必然的に宗教の衰退を導くと予測する世俗化論がある．ブラジルの宗教人口比率をみると，長らく国民の9割を占めていたとされるカトリック人口が1980年代から急激に減少して2010年には7割を切り，他方でプロテスタント信者と無宗教者の割合が増加している．このことは，ブラジルにおける宗教の衰退を示唆するかのようだが，必ずしもそうではない．「特定の宗教を持たない」と答えても，神の存在を信じて否定することがない人が多いからである．無神論者（単に神を信じない人といってもよい）を意味する「アテウ（ateu）」というポルトガル語は，「人間ではない」というコノテーションを持ち，他者を侮辱するときにも使われる．無宗教者の増加は，必ずしも人々の信仰心の薄れを意味するものではない．

　この問題は私事化という用語で説明できる．私事化とは，近代化によって導かれるとされる宗教の周縁化状況，あるいは宗教が私的な役割に限定される状況をいう．ブライアン・ウィルソンはこれを個人化，あるいは集団を統合する機能の後退と理解し（Wilson 1966），トーマス・ルックマンは公共空間からの撤退とした（Luckmann 1967）．いうなれば私事化とは，集団を結びつける役割を担っていた宗教が個人の内面の問題に収斂することと捉えてもいいだろう．日本では大型書店に「精神世界」と呼ばれるコーナーをみかけるが，ブラジルでは「自助（アウトアジューダ）」がそれに相当する．そこに置かれたスピリチュアルな世界や自己啓発に関連する書籍に，宗教の私事化の事例を見出すことができる．

　私事化が進む一方で，宗教の再活性化現象も起こっている．たとえばホセ・カサノバは，近代世界における世俗化に抗う運動の1つの事例としてブラジルの解放の神学を取り上げた．「宗教が私的領域の中に割り当てられた場所を放棄して，論争や討議による正当化や，境界線の引きなおしな

ど，進行中のプロセスに参加するため，市民社会の未分化な公的領域に入っていく」(Casanova 1994) といい，そのような現象を近代宗教の「脱私事化」と呼ぶ．

ラテンアメリカでは1970年代末から1980年代初頭にかけて，解放の神学に基づく生活基礎共同体が多くの地域に開かれた．これは，第2バチカン公会議の結果を受けて開かれたメデジン（1968年）とプエブラ（1979年）の両会議において，カトリック教会が民衆のための教会として自らを位置づけ，社会正義の実現にむけて積極的に活動することを目指したものである．生活基礎共同体は，1964年にクーデターを起こした軍部独裁という不正義に対抗できなかった民衆の声なき声を，カトリック教会が代弁しようとするものでもあった．その意味で，解放の神学は政治的運動であったが，今日では下火になっている．それに代わるものとして登場したのが，後述するカリスマ刷新運動である．実はこの運動も私事化の範疇にある．

5.4.2 プロテスタント教会の伸展

ブラジル地理統計院の調査データをもとに，ブラジルの宗教別人口比率をみると，1980年以降プロテスタント教会の伸展が顕著である（表5.2）．中でもペンテコステ派と呼ばれる諸教会の活動が注目される．ペンテコステ派の信者数は，1980年にはプロテスタント諸教会全体の約50％，2000年には約70％を占めるまでに至っており，プロテスタント教会の伸展の要因が彼らの活動にあることがわかる．ペンテコステ派は，聖霊がイエスの復活と昇天に続くユダヤ教の祝祭日（ペンテコステ）に降臨したとされる体験に立ち返ろうとする．信仰活動では異言や神癒力が聖霊に導かれた賜物として与えられ，イエスの名において悪霊を追い祓い，病人は癒され奇跡が起こると信じられている．

ペンテコステ派は，20世紀初頭にアメリカからブラジル北部に伝えられた．最大の教団はアッセンブリーズオブゴッド教団系で，アセンブレイアデデウスと称される．アセンブレイア系にはいくつかの系統が生まれ，ブラジルの教団として全国規模で広がっており，信者の多くが低所得者層だという特徴がある．一方，ブラジル南部にはルター派の教会が点在している．こちらはドイツ系移民のエスニックチャーチとして機能しており，信者数が限られ中産階級の信者が多い点でペンテコステ派とは大きく異なっている（写真5.7）．

1980年代以降，信者を爆発的に増やしたペンテコステ派の教団にユニバーサル教会がある（山田2007）．1977年にリオデジャネイロ市で生まれ，着実に信者を獲得していった．テレビ宣教に多額の資金を投じ，ブラジルで第5位のテレビ局を1989年に買収して毎日独自の宣教番組を放映している．同テレビ局は，デカセギブラジル人を追うかのように日本にも進出し，CS放送チャンネルを購入して日本版宣教番組をポルトガル語で放映している．ブラジルの政界では，教団創設10年後に連邦議員，リオデジャネイロ州議会議員，リオデジャネイロ市会議員を選出させるな

表5.2 ブラジルの宗教別人口比率

宗　教	1980年	1991年	2000年
カトリック	89.0	83.3	73.5
プロテスタント	6.6	9.0	15.4
心霊主義	1.3	1.6	1.6
東洋の宗教	0.2	0.3	0.2
無宗教	1.6	4.7	7.4

出典：Características gerais da população e instituição, Censo demográfico 1980, Censo demográfico 1991, IBGE, Rio de Janeiro. より作成．
単位（％）

写真5.7 南部サンタカタリーナ州にあるルター派の教会（2003年撮影）

ど，他教団の追随を許さない勢いがある．

多くの信者にとって，同教団の魅力は悪魔祓いによる救済と繁栄の神学にある．集会では，アフロブラジリアン宗教の諸霊をすべての悪の根源だとみなし，悪魔に位置づけてイエスの名において追い祓う．アフロブラジリアン宗教の集会場で人生相談をしてみたが解決しなかったためにこの教会に行くようになったという人は少なくない．同教団の伸展はアフロブラジリアン宗教なくしては生まれなかったとも考えられる．また集会では，献金によって神が人間に約束した豊かさがもたらされると強調する．これは繁栄の神学と呼ばれ，低所得者層の魅力になっている．

5.4.3 カトリック教会の応答

カトリック教会は，ブラジルがポルトガルから独立した際に制定された1824年憲法により国教に定められた．その後，帝政から共和政に移行し，1890年に政教が分離したとはいえ，カトリックに対する人々の国教的認識は変わらなかった．ブラジル地理統計院の1980年の調査でも国民の9割近くがカトリック信者だと答えている．それだけにその後30年間にみられる「カトリック離れ」は，カトリック教会の危機として受け止められている．

これまでの記述でも明らかなように，カトリック信者だと称しながらもアフロブラジリアン宗教やカルデシズムの活動に参加している人は，数値にこそ表れないが決して少なくはなく，さらに日系の新宗教のメンバーでもあるという自称カトリック信者もいる．また，「私はカトリック信者だ．しかし，プラチカンテ（実践者）ではない」という表現もよく耳にする．名目上の信者という意味である．こうした状況を勘案すれば，いわゆる熱心なカトリック信者は信者数全体の3分の1くらいと推察される．つまり，2010年の調査では国民の約20％に相当する．一方，プロテスタント教会の場合，自称信者はおおむねプラチカンテとみなすことができ，熱心なカトリック信者と同程度の割合を占めるようになっていることがわかる．

こうした中，「カトリック離れ」の危機に対する切り札としてカリスマ刷新運動が登場した（山田 2008）．これはカトリックのペンテコステ運動ともいわれ，1967年にアメリカの新旧両教の大学生が諸宗教間の対話を促す活動として始めたものである．2年後にはブラジルに伝えられ，1980年代に全国に広がった．

カリスマ刷新運動では，ミサに参集する人々がバンドの音楽に合わせて神・イエス・聖霊を讃える歌を大合唱し，ときには涙を流しながら両手を天にかざして懇願する．このようなスタイルはプロテスタント的だとみなされることが多く，伝統的なカトリック教会の静かな祈りを求める人々は違和感や抵抗感を覚えてきた．この運動の牽引者であるマルセロ・ホッシ（Marcelo Rossi）神父は，1990年代にサンパウロ市の教区教会で歌って踊る陽気なミサを行ない，たくさんの信者を集めた人である．さまざまなテレビ番組にも出演し，子供向けの有名な全国放送の番組にも登場する．数々のヒットを生み出すCDもあり，さまざまな世代に受け入れられカトリック界のポップスターになった．1994年，ブラジル司教協議会はこの運動を公認した（写真5.8）．

解放の神学では，農地改革，土地所有の問題，人権など，社会問題を解決することを救済と捉えた．それは人的努力によって共同体レベルで勝ち取るものとされ，苦難の原因は構造的な社会的要因に求められた．しかしカリスマ刷新運動では，精神的・霊的苦悩や生活苦といった個人の内面を，イエスや聖霊の働きで救い上げようとする．

写真5.8 聖体顕示台を掲げて信者の中を進むマルセロ神父（1999年撮影）

その意味において，カリスマ刷新運動は私事化したカトリシズムである．

このように，ブラジルの宗教風土はカトリシズムを基盤としながらも，さまざまな宗教が混淆し現在も変容し続けていることが理解できる．それは移動する人々によって形成された国家の歴史の一側面であり，その意味において極めて今日的でグローバルな多様性と共通性を内包しているのである．

[山田政信]

引用文献

中牧弘允（1989）：『日本宗教と日系宗教の研究』刀水書房．

中牧弘允（2012）：アメリカスにおける日系宗教の棲み分けとエピデミック化．中牧弘允・ウェンディ・スミス編『グローバル化するアジア系宗教』386-404，東方出版．

前山隆（1996）：『エスニシティとブラジル人』御茶の水書房．

前山隆（1997）：『異邦に「日本」を祀る——ブラジル日系人の宗教とエスニシティ』御茶の水書房．

山田政信（2007）：ブラジル・ユニバーサル教会の取り込み戦略——取り込まれたプロテスタント信者．石黒馨・上谷博編『グローバル化とローカルの共振 ラテンアメリカのマルチチュード』142-163，人文書院．

山田政信（2008）：カリスマ刷新運動——プロテスタントの伸展に抗うブラジル・カトリック教会．ラテンアメリカ・カリブ研究 **15**：37-46．

Bastide, Roger (1971): *As Religiões Africanas no Brasil, Segundo Volume*, São Paulo：Livraria Pioneira Editora.

Bastide, Roger (2001): *O Candomblé da Bahia*, São Paulo：Companhia das Letras.

Barreto, Maria Amália Pereira (1989)：Cultos Afro-Brasileiros：O Problema da Clientela. *Cadernos do ISER*, **22**：87-105.

Casanova, José (1994)：*Public Religions in the Modern World*, Illinois：University of Chicago Press（カサノヴァ・ホセ（津城寛文 訳）（1997）：『近代世界の公共宗教』玉川大学出版部）．

Hoornaert, Eduardo (1991)：*Formação do Catolicismo Brasileiro 1550-1800*. Petrópolis：Editora Vozes.

Jensen, Tina Gudrun (1999)：Discourses on Afro-Brazilian religion：From de-Africanization to re-Africanization. In *Latin American Religion in Motion* (Christian Smith and Joshua Prokopy eds.), 275-294, New York：Routledge.

Luckmann, Thomas (1967)：*The Invisible Religion：The Problem of Religion in Modern Society*, New York：Macmillan.

Wilson, Bryan (1966)：*Religion in Secular Society*, London：Watts.

コラム5　土地なし農民運動と解放の神学

　土地なし農民運動（Movimento Sem Terra, MST）は，1984年に始まったブラジルで最大規模のコミュナルな草の根運動である．憲法の条文を根拠に，土地を持たない人々が遊閑農地を占拠して，生活全般の向上を図っている．

　ブラジルでは1964〜1985年にかけて軍政が敷かれた．政府は経済改革を実施し，1970年代初頭に高度経済成長を経験した．都市部では工業化を背景に都市化が進んだが，地方から流出した人々が貧民窟を増加させ，かたや農村地帯では輸出用作物栽培の機械化などによって，多くの零細農家が土地と職を失うことになった．

　カトリック教会では，第2バチカン公会議（1962〜1965年）の精神を受け継いで，「貧者の優先的選択」というスローガンのもと，社会・経済的に抑圧された人々の「解放」を目指すようになった．

　解放の神学は，このような社会状況において生まれた．マルクス主義的な階級闘争の思想とも関連が深く，労働党（1980年）や労働者組合（1983年）の創設にも影響を与えた．ペルー人司祭グスタボ・グティエレス（Gustavo Gutiérrez Merino）が理論化し，カトリック教会では進歩的な立場に立つ．

　彼らの精神がMSTに結びつくことは容易に想像できる．ブラジルでは農地所有者のわずか1％にあたる大農場主が全国の43％の農地を所有しているが，すべてが有効活用されているわけではない（Secretaria Nacional do MST 2010）．1988年憲法で合理的かつ適切な天然資源の利用と環境の保護が謳われていることから，MSTはそのような有閑農地を占拠し，国立植民地農地改革院（INCRA）が合法的にその使用を認めている．

　運動が始まって約30年が過ぎ，MSTはブラジル全土に約130万人以上を入植させた．一夜にして黒いビニールシート小屋を建てて土地を占拠する姿は，「不法侵入者」として批判される．しかし，新たなコミュニティでは，再生地で有機農法が行われ，生産協同組合が作られ学校も建てられている．新自由主義に抗うそのようなオルタナティブな生き方は，政治的に無力とされる人々が結集することで力を得るマルチチュード（多様性を持つ群衆）として評価されてもいる．

［山田政信］

引用文献

Secretaria Nacional do MST (2010)：*MST : Lutas e Conquistas*., São Paulo : MST.

写真1　MSTに占拠されたカンポグランデ郊外の農場（1997年，丸山浩明撮影）短時間で組み立てられる粗末なテントの前には，MSTのシンボルである大鎌（foice）を携えたメンバーが座っている．

6 ブラジル音楽の多様性とその文化的背景

　ブラジル音楽には，多様な美的感覚，感情表現，生活や人生のスタイルといったものが混在したり，融合したりしている．しかも，その混在や融合の形も一様ではない．さらにブラジルでは，音楽は時とともに変化・発展を続け，他のものと混じり合い，ときには原点の姿がみえないほどである．この国は，いろいろな面で「人間を食う（antropófago）」と，冗談半分にいわれる．自国人だろうが，外国人だろうが，何でもみんな食べて自分の栄養にしてしまい，消化吸収して自分のものを作るという意味である．それでは，ブラジル音楽はいったい何を食べてきたのか？　まずはその原点をさぐってみよう．

6.1　ブラジル音楽の多様性——基盤は3民族

　ブラジル音楽の基盤は，先住民，ポルトガル人，アフリカ人という3つの民族の美意識や思想，文化などの混在・融合からできている．本節では，各民族ごとに音楽の歴史や独自の楽器について説明しよう．

6.1.1　先住民

　南アメリカ大陸の先住民（口絵3参照）を，たとえ同じ地域に住んでいるにしても，1つのタイプにまとめてしまうことは適切ではない．

　しかし先住民の，多くは宗教儀式（自然の精霊たちとの交感）に関連した音楽は，はっきりした姿はみえないかもしれないが，今日までブラジル音楽の底流の1つになっている．先住民の宗教儀式は，後述するアフリカ人のそれと融合してしまったので，音楽要素を「これは先住民のもの，これはアフリカ人のもの」と確定するのは，ほとんど不可能になっている．けれども，先住民の歌のメロディ感覚は，ブラジル音楽のどこかに生き続けている．

　先住民の楽器では，マラカ（maracá，乾燥したヒョウタンの実の中に草の実などの小片を入れて振って鳴らすもので，儀式用には羽毛飾りが付いている），ピファノ（pífano，竹や葦の仲間を管として使った横笛．写真6.1）などが，今日の民衆音楽にも使われている．

写真6.1　ピファノ（右の2人）と太鼓のグループ

6.1.2 ポルトガル人

ポルトガル人が，約500年ほど前にこの土地の支配者になって以来，ポルトガルの，そしてポルトガルを経由したヨーロッパの学術や文化がブラジルの土地にもたらされた．カトリックの宣教師（最初はイエズス会）たちは，ルネサンス時代の16世紀半ばから，先住民への布教活動の重要な部門として，いわゆる西洋音楽を教え浸透させ，ピアノの前身であるクラヴサン（clavecin，チェンバロ）などの楽器がこの頃にもたらされた．当時の首都サルヴァドルは，音楽においても中心地であった．

植民地経営が安定すると，ポルトガルの王侯貴族や富裕な階級層，そして普通の人々もブラジルに移り住むようになり，それぞれのお気に入りの音楽や舞踊もブラジルに根を下ろした．やがてそれらは，混血による表現感覚の変化によって，ポルトガルに原点があっても「ブラジルならではの」独自の音楽になっていく．もちろん，ポルトガルの民衆・民俗音楽自体も，北アフリカ経由でアラブ世界などからの大きな影響を受けて，すでに純粋な原型はわからなくなっていた．人々の混血やさまざまな交流が，民衆・民俗の音楽を豊かにする重要な要素となってきた．

ポルトガル人がブラジルにもたらした民謡や舞曲，そして楽器は，あまりにもその数が多い．その中でも特記すべきは，マンドリンやギターの仲間である弦楽器の伝統である．ヴィオラ（viola，複弦のギター），ヴィオラン（violão，世界中で一般的な6本弦ギター），カヴァキーニョ（cavaquinho，4本弦の小型ギターで，ハワイではウクレレの名がついた），バンドリン（bandolim，マンドリン）は，ポルトガル人がブラジルにもたらした重要な楽器である．

6.1.3 アフリカ人

ポルトガルは，フランスやイギリス，オランダなどのヨーロッパ諸国とともに当初より大西洋奴隷貿易に携わっており，ブラジルへはおもに北東部でのサトウキビ栽培の労働力としてアフリカ人を輸出した．1798年の統計では，ブラジルの総人口が325万で，白人が101万，インディオが25万，解放された黒人が40.6万，混血の奴隷が22.1万，黒人奴隷が136.1万であった（Nina Rodrigues 1932）．アフリカ人との混血者の比率は，その後さらに高くなり，ブラジル人の人間性やさまざまの感覚，文化などの形成にアフリカの影響が強く及ぶこととなった．

もちろん，ひとくちにアフリカ人といっても，実際にはアフリカのさまざまな地域から，さまざまな宗教や習慣，文化的伝統を持った人々がやって来ているので，総括的な議論は問題かもしれない．しかしそれを承知であえて述べるなら，音楽はアフリカ人の命・人生・生活のよりどころである宗教儀式や祭りと密接に結びつき，ほとんど宗教そのものともいえる．非常に重要で最高の価値を与えられた文化である．

そしてアフリカの音楽は，先住民の音楽を吸収し，ヨーロッパの音楽を変形させた．美学・芸術批評家で作家，民俗音楽研究者，文化・社会活動家でもあったマリオ・デ・アンドラーデ（1893-1945）は，かねてからブラジル音楽にジャズと共通するものがあったことに関し，次のように記している．「その曲にある，ジャズの和音とリズムのさまざまなプロセスが，不思議なことに，その曲の性格をまったく損なっていない．それは，本物のブラジル音楽になっている．たしかに，先祖は同じだったし……」（Andrade 1972）．

アフリカからブラジルにもたらされた楽器の中では，特に各種の打楽器が特筆される．アタバケ（atabaque，写真6.2）は，神（精霊）が宿る重要な楽器で，長い（50cm〜2m）木の筒の片側に革が張られ，手または棒で叩く．もう片側は，やや先すぼまりの形になっていて，何も張ってない．アタバケは，長さの違う，したがって音程も違う3本の太鼓で1組になっていて，地面に支えて立てて演奏する．

タンボリン（tamborim）は，より小さい携帯用とも呼べるような太鼓で，丸い木枠に片面だけ革が張られている．それを片手で持ち，もう一方の手に持った棒で叩き演奏する．広くポピュラー音楽で使われている．

アゴゴ（ヨルバ語でagogô，バントゥ語ではン

写真 6.2　アタバケ

ゴンゲ ngonge）は，宗教儀式にもポピュラー音楽にも使われる．サイズや音程が異なる金属の平たい筒状の鐘を2～3個，U字形の金属棒を溶接してつないだ楽器で，そのU字部分を握って，別の金属棒で叩き音を出す．

ビリンバウ（berimbau）は，狩猟用の弓が原型であろう．木の弓に張った弦を棒で叩く．弓の一端に1個の乾燥させたヒョウタンの実をつけ，その実を演奏者の腹に密着させて共鳴体にする．打楽器であると同時に弦楽器でもある．カポエイラでも楽器として使用される（口絵5参照）．

6.2　代表的な音楽形式（スタイル）

どの音楽ジャンル（あるいはスタイル）も，それ1つでブラジル全体を代表することはできない．どのジャンルも豊かな変種を含んで，それぞれの音楽世界を確立している．ここでは，より広く知られ，外国でも親しまれているショーロ，サンバ，地方の音楽，ボサノヴァ，MPBを紹介しよう．

これらの音楽ジャンルが生まれる前にブラジルで流れていた音楽は，ポルトガル各地から伝来した民謡とフォークダンス，上流階級が愛好し民衆にも深く浸透したヨーロッパ舞曲（ワルツやポルカなど），ポルトガルでも同様に愛好されたセンチメンタルな歌曲（貴族的サロンの歌も民衆的なものも総称してモジーニャmodinha），アフリカの宗教儀式とそれに付随した娯楽のための歌と踊り，アフリカから（一部はポルトガル経由で）伝えられた民衆のパーティでのダンス音楽ルンドゥー（lundu）などであった．

6.2.1　ショーロ

ショーロ（choro）というのは，リズムや形式ではなく，演奏スタイルの名前である．広く認められている説によれば，リオの街角でセンチメンタルな音楽を演奏しているグループの楽士が，民衆のユーモアでショラン（chorão，泣き虫）と呼ばれ，そのスタイルがショーロ（泣くこと）と命名されたとのことである．この名称は本質をついている．というのは，この演奏スタイルは，人に聴かせてお金をもらうよりも，音楽家自身が陶酔して，自ら「泣いて」楽しむためのものだからである．

ショーロは民衆の，つまりポピュラーなクラシック音楽といえる．本来はダンスや歌は付かない．純粋に楽器演奏だけの音楽である．南アメリカ大陸のポピュラー音楽で，演奏だけを聴かせる，最初の，そしてほとんど唯一の存在である（アルゼンチンやウルグアイのタンゴは，ダンスの伴奏音楽だった）．

a.　ショーロの特徴と楽器

ショーロ演奏の特徴は，既成の曲であっても，編曲と演奏が同時進行で，すべて即興で表現されるところにある．いろいろな発展や変化はあったが，ショーロ演奏の根本は3つの楽器利用に集約される．

① フルート（flauta）： メロディの主役で，細かい装飾音，技巧的な速いパッセージ，逆にゆったりと繊細な歌いぶりなどの名人芸を発揮する．フルートの代わりに，ヴァイオリン（violino）でもよかった．また，クラリネット

(clarinete), カヴァキーニョ, バンドリンなどの名手も, この役割を担うようになった.
② カヴァキーニョ: 和音を刻み, リズムを躍動させる.
③ ギター: 低音弦で, 土台となる対旋律を感じさせ, メロディのつなぎのフレーズを弾く. 後年になって, 低音の弦を増やしたギターが導入された.

これら3つの楽器が, 呼吸を合わせながらもぶつかり合い, 即興のスリルを楽しみながら演奏するのがショーロの原点である. この原点から出発して, 後にはピアノやギターの独奏から, ジャズのビッグバンド, 管弦楽団まで, どんな楽器編成のもとでもショーロが演奏されてきた. リオデジャネイロで生まれたスタイルではあるが, ブラジル全国のすべての演奏家にとって, ショーロは絶対的な規範になっている.

ショーロのスタイルで演奏される曲は, 初期にはヨーロッパ伝来のさまざまなダンス曲 (特に好まれたのはポルカ polca) と, 抒情的な歌のメロディ (ワルツ valsa やモジーニャ) だった. しかしやがて, 後述するサンバのリズムでも, ショーロスタイルで演奏するようになった. 多くの場合, 打楽器はパンデイロ (pandeiro, タンバリン) が参加した.

また, ショーロという言葉が, 一種のリズム名としても定着した. それは2拍子で, 簡単にいってしまうとポルカとサンバの融合である. 速いテンポで細かい音が連続した, 楽しいスタイルはショリーニョ (chorinho) と呼ばれる.

b. ショーロの音楽家たち

「ショーロの父」と呼ばれ, その創始者とまでいわれる初期の最も有名な音楽家が, ポルトガル人とアフリカ系の混血であるジョアキン・カラード (Joaquim Callado, 1848-1880) である. 父親はバンダ (banda, 吹奏楽を中心にしたオーケストラ) の指揮者で音楽教師だった. ジョアキンは, ピアノ, フルート, および作曲法の正式な教育を受け, 10代の頃からフルート奏者として貴族や上流階級の音楽界や舞踏会, そして民衆のダンスパーティで演奏し, 人気者だった. 作曲家としても成功した. クラシック音楽の世界でも名声が高かったので, 1979年には帝国から最高位の勲章を授与されたが, その翌年に病気で死去した. 死後に発表された遺作『愛にあふれた花 (Flor amorosa)』は, 今日でもよく演奏され, 愛されている曲の1つである.

ピシンギーニャ (Pixinguinha, 1897-1973) は, 単にショーロのジャンルだけでなく, ブラジル音楽のすべての最高・最大の創造者の1人だといえる. 彼の父親は, 郵便局に勤めるアマチュアのショーロ音楽家であった. 初期のショーロ演奏家には, 公務員やそれに準じる仕事を生業にしていた人がかなり多い. 勤務時間が決まっていて, しかも比較的短く, 夜の演奏が自由にできるからである. ピシンギーニャの家族は兄弟姉妹が16人という大家族で, その中にはプロの歌手・演奏家もいた. 経済的に少しは余裕があったので, 家は広く, 毎晩のようにショーロ界のプロやアマチュアの音楽家たちが集まって来て, 仲間内の即興演奏を楽しんでいた. お金がない音楽家は, 宿泊や食事もさせてもらった. ショーロは, いつの時代も家族・親友の集まりの中で発展してきた音楽である.

このような最高の家庭環境と生来の才能とにより, ピシンギーニャは少年時代からフルートの名手として, 後年は呼吸器に負担の少ないサックス奏者として, さらにバンドリーダー, 編曲指揮者, 作曲家として, 巨大な足跡をブラジル音楽界に残した. 海外でも有名な『カリニョーゾ (Carinhoso, 愛情深く)』,『ラメント (Lamento)』のほかにも, 数百曲にのぼるたくさんの作品群が, ブラジル音楽家たちの宝物になっている.

このほかにも, ショーロの傑出した音楽家たちはたくさんいる. スターではないが, 最高峰の巨匠をさらに2人紹介しよう.

7弦ギターのジノ (Dino Sete Cordas) と呼ばれるオロンジーノ・デ・シルヴァ (Horondino de Silva, 1918-2006) は, ギター低音の美学・技法を完成させた創造者で, 長い間, そして死後もショーロを裏側からしっかりと支える, 大きな影響を残した人である.

ラファエル・ラベロ（Raphael Rabello, 1962-1995）は，母方の祖父がショーロ楽士だった音楽一家の出身で，子供の頃からジノたちショーロ奏者のレコードを完全にコピーできる耳と，超絶技巧を持ったギタリストだった．14歳でショーログループのリーダーとして活躍し，後にはギター独奏者として，ショーロを超えてブラジルのすべての音楽の真髄を表現する巨大なアーティストに成長した．不慮の病による死がなかったら，彼は21世紀のブラジル音楽の出発点になっていたであろう．

6.2.2 サンバ

一般的に，世界中でブラジル音楽の代表はサンバ（samba）とされている．それでは視野が狭すぎるが，サンバなくしてブラジル音楽を語れないことも確かである．「サンバ」という言葉は，アフリカから来たことは確かだが，語源はわからない．

19世紀前半に北東部（ノルデステ）の各地で，アフリカあるいはその混血の人々の集まりで娯楽として踊られるダンスが「サンバ」と呼ばれ始めた．それは音楽ジャンルではなく，そういうパーティの呼び名だったらしい．小型の打楽器類と手拍子を伴奏に，ソロやコーラスで歌われていた．遠い起源はアフリカにあるのだろうが，われわれが知っているサンバの直接の原型は，ブラジル北東部の奴隷たちの自由時間のダンスなのである．

a. リオのサンバ誕生

ブラジルの奴隷制廃止は1888年のことであった．この後，北東部のバイアから，アフリカ系および混血の人々が大挙して首都のリオデジャネイロに流れ込んできた．この国内移民によって，バイア経由のアフリカ文化がリオデジャネイロに根を下ろした．リオデジャネイロの港の近くには，「小アフリカ（Pequena África）」と呼ばれる地域ができて，そこはバイア人の国のような存在であった．

アフリカの文化や人生哲学の根底には宗教儀式があったが，当時のリオデジャネイロではそれが禁止されていて，厳しく警察から取り締まられたが，人々の心の中に生きているものを外から消してしまうことはできなかった．バイアではカンドンブレ（candomblé，5.2.3項参照）と総称されたアフリカの宗教儀式は，リオデジャネイロでは一般的にマクンバ（macumba）と呼ばれるようになった．『アフロ・ブラジル信仰辞典』によると，「マクンバは，アフリカ＝ブラジルのいろいろな信仰の総合的な呼び名．ヨルバ地域（現在のナイジェリアほか）から派生し，アンゴラ＝コンゴ地域，先住民，カトリック教，西洋交霊術の影響を受けて変化したもの」とある（Cacciatore 1977）．

カンドンブレでは，人間と神々・精霊の仲介役である女性の存在が重要であった．バイアからやってきたそのような女性は若くても「チア（tia, おば）」という敬称で呼ばれ，アフリカ系コミュニティの代表者のような存在であった．その中で一番有名な女性が，チア・シアータ（Tia Ciata, 1854-1924）である．彼女は22歳のときにバイアからリオデジャネイロにやって来て，郷土のお菓子や料理の屋台を出し，アフリカ系ではない人々にも愛されていた．その一方で，彼女は自宅で催すマクンバの儀式のリーダーでもあった．当時これは違法行為であったが，彼女は薬草と呪術でブラジル大統領の病気を治したことがあるので，官憲からは大目にみられていたかもしれない．

儀式の集まりにはパーティが付き物で，そこでは料理名人の「シアータおば」が作った郷土料理とカシャーサ（サトウキビの蒸留酒）で，マランドロ（malandro，一般社会からのあぶれ者）や普通の人々が歌ったり踊ったりして，日常のつらさを忘れる時間があった．このようなパーティはシアータ家のほかにもあり，そんなパーティから「サンバ」と総称される（ソロとコーラスが交代する）歌とダンスのジャンルが，いつの間にか生まれた．シアータ家の常連たちで，最初のサンバアーティストとなったおもな人々を次に紹介しよう．

シニョ（Sinhô, 1888-1930）は，プロのピアニスト（楽譜は読めなかった）で，ダンス場や，後にはレビュー劇場で演奏した．リズムに乗った歌でも人気者だった．たくさんの作詞・作曲をし

た，自称「サンバの王様」である．曲には，街角で耳にしたことを流用・盗用したものもかなりあった．そのことを非難されたシニョは，「サンバ（の歌）は小鳥のように空気の中を飛んでいるんだよ．つかまえた人間のものになる」と答えた．

ジョアン・ダ・バイアナ（João da Bahiana, 1887-1974）の母親は「チア」だった．彼は生まれつきリズム感覚が優れ，それまでサロンのオーケストラでしか使われていなかったパンデイロ（タンバリン）を，サンバに使った最初の人物である．それも，何と8歳のときだった．また，バイア発祥の食器を使うパーカッション「皿とナイフ（prato com faca）」の名手としても有名になった．ダンス，歌，バイア料理が融合した，初期サンバの世界を絵に描いたような人であった．

ドンガ（Donga, 1890-1974）の母親も「チア」だった．他の人たちと同様に，いろいろな楽器を見よう見真似で弾けたが，ギタリストと歌手として一番才能を発揮した．ショーロの項（6.2.1項）で記したピシンギーニャと幼なじみで，後に長い間共演した．

そのピシンギーニャも，シアータおばのパーティに必ず来る常連だった．その他，さまざまな人が，即興的にパーティで歌っていたいろいろな曲（民謡も交じっていた）をつなぎ合わせて，「サンバ」という形式名で歌った．『電話で（Pelo telefone）』というタイトル曲のレコードが出たのが1916年の末のことで，これが広く有名になったサンバ曲の第1号である．当時の警察署長が，このようなパーティを取り締まるときには，まず電話で通告してから取締りを実施する指令を出したのを皮肉った歌詞が曲に歌われていた．

しかしこの時点では，まだ「サンバのリズム」は確立していなかった．『電話で』は，社交ダンスであるマシシ（maxixe）の2拍子のリズムで録音されており，後のサンバより単純なリズムだった．

b． サンバとカーニバル

ポルトガルの首都リスボンのカーニバルのお祭り騒ぎはヨーロッパ屈指の爆発ぶりだったそうだ．その伝統を受けて，ブラジル各地でもカーニバルは最高の楽しいイベント，お祭りになった．農牧地帯の民俗衣装の女性たちのダンスパレード（口絵8参照）と，コーラスとギター類などの合奏の音楽，そこにサンバの人々も加わるようになった．やがてサンバを一般社会に認知させるための権威づけとして「エスコーラ・デ・サンバ（escola de samba，サンバの学校）」と名乗る団体が発足した．最初の学校は，1982年に労働者の町エスタシオ地区（現在はティジュカ区に編入）に誕生した．

サンバ学校はその後，各所に次々と開校された．カーニバルには，それぞれのグループが町内をパレードし，ときには他の地区にまで遠征して，歌と演奏，ダンスの総合的な芸術ともいえるサンバを競い合うようになった．

1932年に新聞の「ムンド・エスポルチーヴォ（Mundo Esportivo，スポーツの世界）」が，サッカーファン以外の読者層を拡大するために，各所にあるサンバ学校のパレードのコンクールを主催した．場所は，「小アフリカ」のプラザ・オンジ（11番広場）というところだった．当時，そこの住人はバイア人だけではなく，ユダヤ人やイタリア人などヨーロッパ各地からの移民も多かった．

エスコーラ・デ・サンバのパレードコンクールが，その後リオデジャネイロ観光局が主催する巨大な規模に発展したのは，ご存じのとおりである．ここではその発展については触れないが，音楽的に1つ特記しておきたいのは，サンバ学校での研究・実践によって，数種類の打楽器のパターンが複合された，「サンバのリズム」が確立したことである．

これはもちろん，ただ1人の功績とはいえないが，ビジ（Bidi, 1902-1975）の名前を挙げておきたい．彼は最初のサンバ学校の音楽監督で，いわばパーカッションの編曲指揮者だった．彼はタンボリンに，サンバに不可欠のリズム楽器という地位を与えた．また，低音の，遠くまで音が届くリズムの土台として，スルド（surdo）と呼ぶ大型の太鼓を発明した．最初は，業務用の大きなバター缶に革を張ったものだったようだ．本職が靴つくりだったので，大きな革が容易に入手でき

た．なお，ビジは単にリズムの専門家ではなく，美しい失恋の歌『今は灰（*Agora é cinza*）』を，仲間のパーカッション奏者マルサル（Marçal, 1902-1942）と1933年に合作している．

そのほかには，クイーカ（cuíca）という楽器が，カーニバルのパレード用としてサンバに使われるようになった．これは，太鼓の革面の真ん中に木の棒を通し，その棒をしごくように布でこすって音を鳴らす．ヨーロッパにもアフリカにも起源を持つ（写真6.3）．

c. サンバのさまざまな流れ

サンバはパーティの即興の歌として生まれ，やがてカーニバルの街角を流れる歌になった．そして，貧しい黒人の歌であるという偏見はかなり長い間残っていたものの，より広い民衆層に愛され，楽しまれる大きな音楽ジャンルになった．

サンバのリズムを持ったいわゆる歌謡曲は，1920年代の末頃から徐々にブラジルポピュラー音楽の主流になってきた．その普及場所は，レビュー劇場，キャバレー，劇場でのコンサート・ショーであったが，やがてラジオ放送やレコードにより広がっていった．

（1）代表的なサンバ歌手

サンバを大衆に広めるのに大きく貢献した有名作詞作曲家，人気歌手はあまりにも数が多い．ここではまったく性格が異なる3人だけを紹介しよう．

アリ・バローゾ（Ary Barroso, 1903-1964）は，ミナズジェライス州出身のピアニストで，ダンスオーケストラのメンバーから指揮者となり，やがてレビューのための作詞作曲，歌とピアノのソロアーティストとして幅広く活躍した．後にはラジオやテレビのアマチュアコンクールの意地悪な司会者兼審査員としても有名になり，サッカー中継のラジオパーソナリティとしても人気者だったという，特異なカリスマの持ち主だった．

彼が1939年に作詞作曲した『ナ・バイイシャ・ド・サパテイロ（*Na Baixa do Sapateiro*，バイアの通りの名前）』と『ブラジルの水彩画（*Aquarela do Brasil*）』は，1942年にディズニー社制作のブラジル紹介アニメ映画で国際的に有名になった．それぞれ『バイア』，『ブラジル』と簡単にしたタイトルで，世界的に一番有名なサンバになった．彼はこのほかにも，センティメンタルで美しい『枯葉（*Folhas mortas*）』（1955年），ユーモアと皮肉たっぷりの『黄色いシャツ（*Camisa amarela*）』（1939年）など，非常に多くのヒット曲を生んだ．あるサンバ学校が，カーニバルで彼を讃えるパレードを始める直前に亡くなった．

写真 6.3 サンバで用いられる楽器
左から，カヴァキーニョ，パンデイロ，クイーカ，スルド．

ドリヴァル・カイーミ（Dorival Caymmi, 1914-2008）は，バイア出身．海の匂いがする深い声で，今日でいうシンガーソングライターとして，ラジオ放送とコンサート・ショーで全国的な人気者になった．「サンバの嫌いな人は，まともな人間じゃない．頭がおかしいか，足の病気か，どっちかだ」という名文句が入った『わが故郷のサンバ（Samba da minha terra）』（1940年）は，バイアの伝統的なスタイルに根ざしている．このほかに，率直でロマンティックな恋歌のサンバ『マリーナ（Marina）』（1947年），サンバのリズムではなくバイア男の感情をうたった『海で死ぬことは甘くやさしい（É doce morrer no mar）』（1954年）など，数多くのヒット曲があり，今日も愛され続けている．彼の娘・息子たちは，歌手や演奏家としてブラジル音楽界の中心で活動してきた．

ノエル・ローザ（Noel Rosa, 1910-1937）は，アフリカの血を持っていない．「サンバの王様」シニオのファンで，自らも作詞作曲し，グループに入ってショーやラジオに出演した．また，ソロ歌手として録音もしている．少年時代から肺が悪かったのに，酒場やキャバレーで毎晩，夜明けまで飲み続けるボヘミアンだった．その人生や生活に密着したサンバ曲を作り，人々の共感を呼んだ．彼が作詞作曲した『（ダンスパーティに）何を着て行くの？（Com que roupa？）』（1930年），『あのキャバレーのご婦人（Dama do cabaré）』（1936年），そしてサンパウロ出身のイタリア人2世のピアニストであるヴァジコ（Vadico, 1910-1962）のメロディに作詞した『最後の望み（O último desejo）』（1934年），『酒場のおしゃべり（Conversa de botequim）』（1935年）などは，時代を超えて愛され続けている．

(2) 日常の人生歌

エスコーラ・デ・サンバで，カーニバルの音楽のために情熱を注いでいた人たちは，音楽以外の仕事で生計を立てていた．ときには歌謡界のスターたちに曲を提供したり，また脇役としてステージや放送・レコードで活動することもあったけれど，一般社会には名前を知られていなかった．貧しい共同体の中だけで，しっかりと音楽に生きていたのである．そんな人たちの作ったサンバには，感情が率直に表現された詩と，おどろくほど洗練された感覚のメロディがある．日常の人生の奥に隠れた，人間性の深さが短い曲の中に浮き彫りにされている．

脚光を浴びることがなかったそんな人たちは，1960年代に若者たちに再発見されて，思いがけず有名人になった．隠れていたサンバの巨匠たちの一部を次に紹介する．

イズマエル・シルヴァ（Ismael Silva, 1905-1978）は，1928年の最初のエスコーラ・デ・サンバのリーダーである．その頃，スター歌手が歌うヒット曲の作者にもなったが，1940年代にはまったくサンバとは無縁の生活をしていた（サンバでは食べられなかった）．彼が1950年に作ったサンバ『アントニコ（Antonico）』は，その名で呼ばれるサンバアーティストを経済的に援助してほしいと訴える手紙スタイルの歌詞で，「アントニコは，たいへんな苦境にあります．まるでサーカスの綱を渡って踊っているようです．あの彼ですよ．エスコーラ・デ・サンバでクイーカを鳴らし，スルドも叩ける，タンボリンも叩ける……」と，まるで自分のことを歌っているようである．

カルトラ（Cartola, 1908-1980）も，エスコーラ・デ・サンバの最初の頃からの重要人物だった．やはり10年あまりサンバを離れていたが，ガレージの洗車係をしているのを偶然通りかかったジャーナリストに発見され，ラジオ出演などを始めた．1960年に州政府から家をもらい，そこで「ジカルトーラ」という名のレストランを開業した．奥さんジカ（Dica）の作るフェジョアーダ（ウズラ豆と肉・ソーセージ類の煮込み料理）が名物だった．このレストランでは演奏も可能で，埋もれていたサンバアーティストたちと，後述するボサノヴァの若者たちが共演するライヴステージが話題を呼んだ．65歳で初めてソロ歌手としてアルバムを録音し，1970年に発表した．長い間，他人には聞かせなかったサンバ『バラたちは話さない（As rosas não falam）』，『世界は粉挽き工場（O mundo é moínho）』などの曲は，今日もブラジル音楽の宝物のように尊重されている．

ネルソン・カヴァキーニョ（Nelson Cavaquinho, 1911-1986）は，生まれつきのボヘミアンだった．右手の親指と人差し指だけでカヴァキーニョ（後にギター）を弾く，独創的なサンバのリズムの発明者である．彼は「（サンバに限らず）音楽はすべて悲しみそのものだ」という名言を残した．1950年代に，時計職人で画家でもあるギリェルメ・デ・ブリト（Guilherme de Brito, 1922-2006）と親友になり，毎晩バーで飲み明かしながらサンバを作った．2人の合作には，いつできたのか本人たちも覚えていないが，1957年発表の『花とトゲ（*A flor e o espinho*）』，1964年発表の『詩人の涙（*Pranto de poeta*）』などがある．これらは，美しい悲しみがサンバのリズムの強さと融合した名作として，多くの人々を泣かせてきた．ネルソンは，1960年代から旧友カルトラの店で出演し，広く知られるアーティストになった．

ドナ・イヴォニ・ララ（Dona Ivone Lara, 1921-）は，女性でエスコーラ・デ・サンバの作曲家だった唯一の存在である．長く看護婦として精神病院に勤めていて，定年後の1977年に本格的に歌手活動を始めた．1978年に男性歌手デルシオ・デ・カルヴァーリョ（Délcio de Carvalho, 1943-）と合作した『わたしの夢（*Sonho meu*）』がスーパーヒットした．2012年現在，サンバやアフリカ文化のイベントに参加する現役のアーティストである．

（3）サンバ・カンソン

1940年代の半ばから，外国音楽（特にアメリカのジャズソング）のスタイルに影響を受けた，サンバのリズムの歌謡曲が多く作られるようになった．それらに，レコード会社あるいは楽譜出版社は「サンバ・カンソン（samba canção）」というジャンル名をつけた．

「カンソン」とは単に「歌（曲）」という意味である．実はこの名前は1920年代の末からあり，そのときはブラジルの伝統的な抒情歌のスタイルとサンバを合体させたものだった．

第二次世界大戦後のサンバ・カンソンは，ほぼすべてが失恋の嘆きの歌で，ブラジルならではの歌詞・メロディの特徴はあっても，外国人にも違和感なく受け入れられるような，しゃれたムードを持っていた．サンバのリズムは淡く付いている感じで，実際に外国ではスペイン語訳詩で，タンゴやボレーロのリズムに直してヒットした曲もあった．

一般の歌のサンバとの区別は，はっきりしない曲も多い．もともとイメージ的な命名だったのだから仕方がないが，サンバ・カンソンと名乗る曲からたくさんのヒットが生まれて，ブラジル音楽史を飾る数々の傑作が残った．それらを厳選して年代順にまとめたものが表6.1である．しかし1960年代に入ると新しい音楽感覚の台頭により，サンバ・カンソンという名前は捨てられた．

6.2.3 地方の音楽

ブラジルの大部分の地方では，サンバは歌謡曲化したものを除き，自分たちの音楽として認められていない．それぞれの地方に独自の音楽伝統が発達してきたからである．それらを，便宜的に3つに分類して紹介しよう．

a. バイアとペルナンブコ

ブラジルには北東部（ノルデステ）という地域区分があるが，「北東部音楽」とはいわない．そ

表6.1 サンバ・カンソンの傑作

年	曲名
1945	ドーラ *Dora*（ドリヴァル・カイーミ Dorival Caymmi）
1948	歩いて行こう *Caminhemos*（エリヴェウト・マルチンス Herivelto Martins）
1951	復讐 *Vingança*（ルピシーニオ・ロドリーゲス Lupicínio Rodrigues）
1952	だれもわたしを愛していない *Ninguém me ama*（アントニーオ・マリーア Antônio Maria とフェルナンド・ロボ Fernando Lobo）
1957	聞いて *Ouça*（マイーザ Maysa）／ あなたのせいで *Por causa de você*（トム・ジョビン Tom Jobim とドローリス・ドゥラン Dolores Duran）／ みんなが，あなたと同じようだったら *Se todos fossem iguais a você*（トム・ジョビンとヴィニシウス・ジ・モライス Vinicius de Moraes）
1958	わたしの世界は倒れた *Meu mundo caiu*（マイーザ）
1959	わたしの幸せの夜 *A noite do meu bem*（ドーリス・ドゥラン）／ ジンジ *Dindi*（トム・ジョビンとアロイージオ・ジ・オリヴェイラ Aloysio de Oliveira）／ わたしはあなたを愛しつづけるだろうと知っている *Eu sei que vou te amar*（トム・ジョビンとヴィニシウス・ジ・モライス）

れは1つにまとめられないからである．まず北東部の中で大西洋に面した都市の音楽を紹介する．ムラト（mulato，アフリカ人とヨーロッパ人の混血）の文化から生まれた音楽である．

バイアは16世紀初めにポルトガル人による植民が始まったところで，長くブラジルの首都であった．アフリカから労働力を輸入し，国の経済を支えていたサトウキビ産業の中心地として栄えた．さまざまな人間の邂逅の歴史から，その文化も多様で色彩にあふれ，しかも混合して熟成された独自の個性を確立している．

リオデジャネイロのサンバの原型となったサンバ・デ・ロダ（Samba de roda，輪のサンバ）は，輪になって踊るアフリカのダンスで，即興的なソロ歌手と，それを支えるコーラスと手拍子の，単純な構成だがいつも新鮮な生命を宿すことができるスタイルである．

バイアを代表する音楽家（作詞作曲家，歌手）のドリヴァル・カイーミは，先にサンバの項（6.2.2項）で紹介した『わが故郷のサンバ』のほかに，バイア風俗の賛歌『バイア女は，何を持ってる？（O que é que a baiana tem？）』，漁師の人生を謳った『海で死ぬのは，甘美なこと（É doce morrer no mar）』など，さまざまなスタイルとテーマで，しかし常にバイア人の魂を持った多くの歌を作り，広く愛され続けている．

バイアの大地には，アフリカが深く強く根づいたと同時に，新しいものも飲み込んでしまうエネルギーがある．トリオ・エレトリコ（trio elétrico）というスタイルは，ロックを全面的に吸収したバイア音楽で，大型トレーラーに乗った演奏で，バイアのカーニバル・パレードの原動力だ．近年では，ジャマイカのレゲエもバイア音楽に吸収して，新しいスタイルが生まれ，アフリカの根を持ったバイアのアイデンティティの代表となっている．

ペルナンブコは，バイアと近いにも関わらず，また独自の音楽を持っている．ここのカーニバルは，サンバともトリオ・エレトリコとも関係がなく，フレーヴォ（frevo）という音楽・ダンスのパレード一色である．音楽は基本的にブラスバンドで，ときには曲芸のようにテンポが速くなる．パラソルを使った華やかな群舞が特徴である．

b． セルトンの音楽

セルトン（sertão）とは，北東部の内陸に位置し，常に干ばつに悩まされ続けてきた広大で貧しい土地を指す．この土地から生まれた，そしてブラジル音楽の中で世界的に最も知られた曲の1つである『アザブランカ（Asa branca，小鳥の種類）』は，小鳥も土地を見捨てて旅立ったと語る．「遠くまで目のとどくかぎり，大地は夏の火祭りのときのように燃え上がっていた．私は空の神様に尋ねた，ああ，どうしてこんな過酷な苦難に遭うのか．……いま私は，はるか遠くで，悲しい孤独の中にいる．私は，ふたたび雨が降ることを待っている，私のセルトンに帰る日が来ることを」．

この曲の作者は，ペルナンブコ州出身のアコーディオン奏者で歌手のルイス・ゴンザーガ（Luiz Gonzaga, 1912-1989）と，セアラ州出身の弁護士で後に連邦代議士としても活動するウンベルト・テイシェイラ（Humberto Teixeira, 1915-1979）である．彼らは1940年代半ばに，この地方のフォルクローレの舞曲（ヨーロッパ起源のリズムが多い）を，サンフォーナ（sanfona，アコーディオンの仲間で，一番素朴で小さいもの），ザブンバ（zabumba，大太鼓），西洋楽器のトライアングル（triángulo）の3種で演奏するスタイルを定着させた（写真6.4）．また，バイヨン（baião）というリズムパターンも定着させた．これは世界的には「バイオン」と呼ばれ，ラテンのダンスリズムの1種として，ヨーロッパやアメリカで一時的ではあったが大流行した．

このバイヨンも含むセルトンのダンスは，フォホ（forró）と総称される．この土地からは大量の国内移民が出て，ブラジル各地の都市で働くようになった．そのため，1970年代からフォホ専門のダンスホールが各地にできて，若者のダンス音楽として確固たる地位を築いている．また，他の楽器や異なる音楽感覚も吸収して，今日大きな発展を遂げている．

セルトンに根を持つアーティストで，全国的に高く評価される，あるいは人気スターになった者

写真 6.4 バイヨン
サンフォーナ（左），ザブンバ（中央），トライアングル（右）の3種の楽器で演奏する．

も多いが，ただ1人その名を挙げるならば，エルメト・パスコアル（Hermeto Pascoal, 1930−）である．彼はアラゴアス州出身で，アコーディオン，フルート，サックス，キーボードなどの名手である．原始的なものと現代音楽が混在する特異な創造活動で，常に聴くものに驚きと感動を与え続けている．

c. カイピーラの音楽

この音楽は，前述の音楽と区別しにくい場合が多く，実際に区別しない人もいる．カイピーラとは田舎者のことで，一般にサンパウロ州などの農牧羊地帯の住人を指す．そのルーツは，ポルトガルなどのヨーロッパ出身の父親と先住民の母親にあり，昔のポルトガル語から発生したかなり特殊な方言を持っている．

カイピーラの音楽は，多くは男性2人，ときに男女，まれに女性だけのデュエットで，恋歌（失恋も含む）をロマンティックに，あるいは感傷的に謳うのが代表的なスタイルである．その原点はポルトガルの民謡にある．しかし隣接するパラグアイやアルゼンチン北東部，ウルグアイといった国や地域の音楽から強い影響を受けているほか，アメリカのカントリー，メキシコの地方的な歌謡，国籍に関係のない世界のポピュラーソングなど外国の音楽との混交もあって，音楽的には定義ができない．

カイピーラの音楽史上最高のアイドルは，スペイン移民の両親のもとにサンパウロ州に生まれた兄弟のデュエット，トニーコ（Tonico, 1917−1994）とチノーコ（Tinoco, 1920−2012）である．

6.2.4 ボサノヴァからMPBへ

1960年代は，世界的に政治・社会の状況が大変動した．ポピュラー音楽の世界でも，各地の伝統的なものはほとんど力を失い，全世界がほぼロック一辺倒になった．そんな時代に，ブラジルが，ブラジルにしかできない新しい音楽を創り出したことが世界中で注目された．ブラジル音楽の真価が世界に認められたのは，これが最初だった．そしてブラジル音楽は今日の最先端を行くものとして，世界のポピュラー音楽に大きな影響を与えるようになった．ここでは，ブラジル国内でのポピュラー音楽の動きだけを追っていこう．

a. ボサノヴァとは？

ボサノヴァ（bossa nova）とは，「新しい，ちょっとヒネったやりかた，独特の表現法」といった意味の，以前からある口語の言葉使いである．

この言葉が新しい音楽に最初に使われた頃は，「ボサノヴァの」つまり「今までとちょっと違った新しい感覚の」若者たちのコンサートというような，音楽をやる人の感性の形容として用いられたものであった．

　それが次第に新しい感覚の演奏スタイルそのものを指すようになり，外国では「ボサノヴァのリズム」として，特定のリズムパターンの名前にまでなった．ただし，このリズムは単に軽いサンバなので，ブラジルでは特別に「ボサノヴァのリズム」という分類や表現はしない．

　ボサノヴァという感覚・スタイルの出発点ははっきりわかっているが，その時点ではまだボサノヴァという名前はなかった．

　1958年には，ブラジルの民衆音楽の伝統に新しい芸術的な洗練を加えた創作歌曲アルバムが，クラシック音楽のレコード会社で企画・制作された．全曲が，詩人ヴィニシウス・デ・モライス（Vinicius de Moraes, 1913-1980）と作曲家・編曲指揮者トム・ジョビン（Tom Jobim：本名アントニオ・カルロス・ジョビン Antônio Carlos Jobim, 1927-1994）の共同作品で，表現者には女性歌手のエリゼッチ・カルドーゾ（Elizeth Cardoso, 1920-1990）が選ばれた．その中の1曲『シェガ・デ・サウダーデ（Chega de saudade）』は，「悲しい思い出なんか，もうたくさん」という意味で，日本語の題名には『想いあふれて』など数種がある．

　「行け，私の悲しみ．そして彼女に言っておくれ——彼女なしには，何もありえないと．言っておくれ，祈りながら，彼女が戻ってくるようにと．なぜなら私は，もうこれ以上苦しむことはできないから．サウダーデ（悲しい思い出）なんかもうたくさんだ．……でも，もし彼女が帰ってきたら，なんとすてきなことだろう！　頭がおかしくなるほどすばらしいこと！　海に泳いでいる魚たちの数よりも，もっとたくさんのキスを，私は彼女にあげるだろう」．

　このような，実に新鮮で若々しい歌詞を書いたヴィニシウスは，現代ブラジル文学の担い手の1人として高く評価される詩人である一方で，外務省に勤務し，映画評論家でもあった．ギターを習ってポピュラー音楽のバンドに入っていたこともある．彼が，美しい文学的表現と，若者のロマンティックな感性をミックスさせて，素朴だが驚きに満ちた言葉使いで書いた歌詞は，ブラジルのポピュラー音楽に革命をもたらした．彼自身に音楽家の魂があったので，どんなメロディにも，作曲者が思いもよらなかった魅力を付け加える歌詞を創作することができた．

　この歌詞を生ませたのは，伝統的なサンバの歌心を洗練し，さらに豊かに発展させたトム・ジョビンの踊るように歌うメロディと，独創的なハーモニーであった．ジョビンはクラシックの正規の教育を受けたピアニストで，リオデジャネイロの小さなバーやクラブで演奏していた．後に彼は，作曲・編曲指揮で偉大な足跡を残した．先に紹介したピシンギーニャとともに，ブラジル音楽の最高・最大の創造者である．ジョビンは自ら作詞もした．個性的な詩人の魂を持った音楽家だった．

　ジョビン＝ヴィニシウス作品の的確な表現者となったエリゼッチは，さまざまなスタイルのサンバを中心に歌い，ラジオ・ナイトクラブなどで活動してきた，音楽性を高く評価される歌手であった．このアルバム『シェガ・デ・サウダーデ』では，ジョビン編曲指揮のオーケストラをバックに歌った．そのメンバーの1人であるギタリストのジョアン・ジルベルト（João Gilberto, 1931-）の刻むリズムが，ブラジル中の音楽少年・青年たちを驚かせて，魅了した．ただの伴奏ギターがブラジル音楽に革命をもたらしたのである．

　ジルベルトは，おもにジャズ風のフィーリングで，小さなバーで歌う歌手だったが，歌手としてはほとんど人気はなかった．しかしジョビンが，彼の弾くギターの個性的なリズム感覚やギターによる和音の作り方のセンスに注目して，彼を伴奏者としてスカウトしてきたのである．ジルベルトはその後，やはりジョビンのプロデュースで，歌とギターのソロアーティストとなり，メロディ，ハーモニー，リズム（本質的にはサンバそのもの）が，1人の中で反発し合いながら，微妙に重なったりズレたりしつつも全体には調和した，世

界のどこにもない個性的で神秘的な芸術を確立した.「本当の純粋なボサノヴァは,ジルベルト以外の人にはできない」とまで言い切る人もいる.

1960 年に初めて「ボサノヴァ全国フェスティバル」が開かれ,この言葉は「新しい時代のブラジル音楽」といった総合的な意味で使われるようになった.

1963 年,ジョビン=ヴィニシウスのコンビが以前に合作していた『イパネマの娘(*Garota de Ipanema*)』がアメリカで録音され,やがて全世界にヒットした.各国で「ボサノヴァのブーム」と話題になった.その後,ブラジル音楽はどんどん進展して,ボサノヴァという呼び方は古くさくなり使われなくなった.その枠に収まらない新しい音楽の流れが次々と出てきたからである.

b. 新たな若者たちの改革

ジョアン・ジルベルトのボサノヴァ(歌とギターによる新しいサンバの表現)は,ラジオやレコードを通じて,ブラジル全国の若者に新鮮なショックを与え,彼らの心を虜にした.若者たちは,皆ギターで一生懸命にジルベルトの真似をして練習した.しかし才能ある若者たちは,そのような表面的な模倣ではなく,「ブラジルの伝統の上に,革命的な今日の音楽が作れる」というジルベルトの精神に感動し,ボサノヴァとはまったく違う音楽の創造に向かった.

女性歌手ナラ・レオン(Nara Leão, 1942–1989)は,外国でも「ボサノヴァのミューズ」として有名になった.ギターを習うアマチュアの音楽ファンだった彼女の家のサロンには,ジルベルトや他の新しい感覚を持った若者たちがいつも集まり,音楽パーティを開いていた.彼女自身は,プロになってからはほとんどボサノヴァのレパートリーは歌わなかった.プロになるまでは,アフリカ系の社会だけでしか知られていなかった,カルトラやネルソン・カヴァキーニョなどの曲を「発掘」して広く世に知らせ,やがて北東部の貧しい民衆の立場から社会に反抗する曲を歌った.彼女の芸歴のほとんどは,ボサノヴァから離れていた.

ナラの反抗の歌を受け継いで,バイア出身の女性歌手たち,すなわちマリア・ベターニア(Maria Bethânia, 1946–)や,ガル・コスタ(Gal Costa, 1945–)が,リオデジャネイロに出てきて活動を開始する.また,やはりバイア出身で,マリア・ベターニアの兄であるカエターノ・ヴェローゾ(Caetano Veloso, 1942–)や,彼の親友であるジルベルト・ジル(Gilberto Gil, 1942–)が,シンガーソングライターとして,ブラジル音楽の強力な大きな波を作った.この 2 人は個性やスタイルがまったく違うが,ともにリオデジャネイロのサンバではなくバイアの伝統に根ざしている.また,ビートルズに代表される世界の若いポピュラー音楽とも合体した,新しい豊かな感性の持ち主である.もちろん偶然であろうが,ボサノヴァの創造者ジルベルトもバイア州の出身であった.

ボサノヴァ直後のブラジルでは,既成のポピュラー音楽の枠を打ち破ることが創作につながった.音楽にも社会情勢が反映されていたのであろう.

c. MPB(ブラジルポピュラー音楽)

MPB(エンペーベーと発音する)とは,ブラジルポピュラー音楽(*Música Popular Brasileira*)の略称である.1965 年にコンクール形式の歌謡祭である全国ブラジルポピュラー音楽フェスティバルがサンパウロで開催された.ショーロ,サンバ,ボサノヴァなどと区別していられない時代になってきたからであろう.しかし名前が長すぎるため,いつしか略称で呼ばれるようになり,今日では定着してジャンル名にまでなっている.昔のスタイルも全部含めた便利な言い方である.

第 1 回の MPB フェスティバルの優勝曲は,北東部の漁師をテーマにした『アラスタン(*Arrastão*, 地引網)』であった.作者は 2 人ともリオデジャネイロ生まれで,歌手のエドゥ・ロボ(Edu Lobo, 1943–)と,ボサノヴァの詩人ヴィニシウスであった.

この曲を歌ったポルトアレグレ出身の女性,エリス・レジーナ(Elis Regina, 1945–1982)は,その後も地方出身の新しい作者たちの曲を積極的に歌い,MPB の最良・最大の表現者になったといえる.

この時期の最も傑出したシンガーソングライターは，近年は小説家として名を馳せ，今日のブラジル音楽を代表する1人になったシコ・ブアルキ（Chico Buarque, 1944–）である．

すべてがMPBの名のもとに統合されてしまった以後のブラジル音楽は，系統的に流れを分析・紹介できなくなってしまった．しかし今日，伝統的といわれる古くからの音楽感覚・スタイルは，以前にもまして根強く，広く愛され発展している．次々と起こる変化の中で，それがどのように歴史に残るのか誰にも予測がつかない．いつも貪欲に新しいものを吸収して膨れ上がってきたブラジル音楽の未来が一体どうなるのかはわからない．知的な判断の限界をはるかに超えたところまでブラジル音楽は広がってきた．ただ聴いて感性で受け止めることしかできない．

でも，サウダーデ（悲しい，さびしい思い出，説明できない郷愁）は，ブラジル音楽の底にいつも流れている．それを，生きることへの活力につなげてきたのがブラジル音楽だと思う．

［高場将美］

謝　辞
第6章およびコラム6の写真はすべて株式会社ラティーナより提供いただいた．

引用文献
Andrade, Mário de (1972)：*Ensaio Sobre a Música Brasileira*, São Paulo：Livraria Martins Editora S. A.
Cacciatore, Olga Gudolle. (1977)：*Dicionário de Cultos Afro-Brasileiros*, Rio de Janeiro：Editora Forense Universitária.
Nina Rodrigues, Raimondo (1932)：*Os Africanos no Brasil*, Brasília：UnB.

=== コラム6　ブラジルの輝くスターたち ===

たくさんのスターたちの中から，ここでは最高の声をもっていた2人と，異彩を放つ2人を紹介しよう．

シルヴィオ・カルダス（Sílvio Caldas, 1908–1998）の全盛期の声は，世界中で比較できる人がいなかったといわれる．父親はピアノ調律師で，彼は5歳のときからカーニバルのパレードで歌っていた．ラジオに出演し，やがてレコードで大ヒットした．どこへ行ってもファンに包囲され，「群集の歌い手（O Cantor das Multidões）」と呼ばれた．女性たちは彼の声で失神し，自殺者も出たという噂もある．水晶のように澄んだテノールの声の絶頂は短く，1935〜1942年くらいである．しかし1950年代には，貧しい家の屋根に開いた穴から床に射す光の中でサンバを踊る『星たちのフロア（Chão de estrelas）』をしみじみと歌って，大きな感動を呼んだ．詩人オレステス・バルボーザ（Orestes Barbosa）の美しい詩にシルヴィオが作曲した．

ダルヴァ・デ・オリヴェイラ（Dalva de Oliveira, 1917–1972）は，アルトからソプラノまでの広い声域を持っていた．「黄金の声（A Voz de Ouro）」という称号は平凡すぎるかもしれない．生まれつきの美声を磨くために，彼女は声楽の先生についた．オペラ歌手になりたかったが，家が貧しかったのでクラシックのキャリアは断念した．まずはラジオに出演し，その後で劇場レビュー，そしてレコードを録音してポピュラー音楽のアーティストになった．最大のヒットは，1942年の『貧しい丘のアヴェ・マリア（Ave Maria no morro）』である．これは当時の夫で共演者エリヴェルト・マルチンス（Heliverto Martins）が作ったサンバ・カンソンだ．この2人の息子ペリー・リベイロ（Pery Ribeiro）は，一角のスター歌手になった．

写真1　ダルヴァ・デ・オリヴェイラ

マイーザ（Mayza, 1936-1977）は，裕福な家庭の，文化的にも豊かな環境で育ったお嬢さんだった．18歳のときに，彼女より20歳年上の大財閥の息子と結婚した．相手の家はイタリア伯爵の流れを引くブラジル最高ランクの大金持ちで，彼女が歌で収入を得ることを禁じた．マイーザは，男の子を出産直後に，8曲すべて自作自演のアルバム（彼女が12歳のときの曲も含む）を録音し，特に『返事してください（*Resposta*）』が大ヒットしたが，その直後に離婚した．1956年，彼女は20歳だった．うつ病からアルコールびたりの毎日で，数々の男性との交際がマスコミの餌食になった．しかし彼女はずっと歌い続けた．かなり多くのレコードを残したが，どの曲にも本当に歌に命を懸けている真剣さがあふれている．1977年，自ら運転を誤って自動車事故で亡くなった．作詞作曲家としても一流で，『私の世界はくずれた（*Meu mundo caiu*）』ほか，悲しく美しい数々の曲が私たちに残されている．

写真2　マイーザ

　ネイ・マトグロッソ（Ney Matogrosso, 1941-）は軍人の家に生まれ，自分も空軍に入ろうとしていたようだが25歳のとき俳優を志し，リオデジャネイロに出てきてヒッピーになった．30歳でサンパウロに移り，特異な歌声（男性なのにソプラノの声域）を生かして歌手になる．1年間トレーニングして，1973年に「セコス・イ・モリャードス（Secos e Molhados, 雑貨屋）」という3人組を結成してデビューした．ネイはそのソロ歌手で看板であり，顔にペイントを塗り，常識を破壊する衣装で登場した．いわゆるパンクロックなどは世界のどこにもなかった時代である．

写真3　ネイ・マトグロッソ

　このグループは1年くらいしか存続しなかったが，反響はすさまじく，若者たちに大きな影響を与え，共感を呼んだ．ヴィニシウスの詩にメンバーの1人が作曲した『ヒロシマのバラの花たち（*As rosas de Hiroshima*）』が代表作である．その後，ネイは厳しく自己トレーニングした（と推察される）声と肉体をもって，練り上げられた舞台効果・照明・演出などがすべて一体となった独自のショーを，常に新しいスタイルで展開して今日に至っている．近年は，よりシンプルな姿で深みを追及しているようだ．そして歌そのものは，視覚効果の多彩さに反していつも正統的で，むしろクラシックの声楽家のようである．なおネイは，私生活についてはまったく公表していない．

［高場将美］

7 アグリビジネスの発展と課題
——大豆・バイオ燃料生産の事例

　今日，熱帯の農村地域では，大規模なモノカルチャー経済や急速なアグリビジネスの進展に伴い，さまざまな環境問題や経済社会問題が顕在化している．このような熱帯農村が直面する諸問題の分析にあたっては，ローカルな生態的視点とグローバルな政治経済的視点を重層的に援用する視角が必要である．それは第三世界の脆弱性論やポリティカルエコロジー論にも相通じる視角である．ここではブラジルの農村地域で顕著な発展をみせる大豆・バイオ燃料生産を事例に，アグリビジネスの発展とその課題について検討する．

7.1 セラード開発と大豆生産の発展

7.1.1 セラード開発

　セラード（cerrado）とは，ブラジル中央高原を中心とする内陸部に発達した広大な熱帯草原（サバンナ）の地域名称である．一般に，イネ科の草本を優占種とする群落内に，背丈の低いねじ曲がった灌木類が混在する独特な相観を示す（図1.7，第2章参照）．樹木の厚い葉や樹皮は，生育地に広がる酸性の貧栄養土壌であるラトソル（latosol）の影響で発達した形質ともいわれ，厳しい乾季に備えて水や養分を地中に蓄える肥大根などとともに，セラード植生に特有な生活型をみせている（丸山 2011b）．

　セラードの分布域は，日本の面積の約 5.4 倍にあたる 204 万 km² ともいわれる．貧栄養の酸性土壌の分布や乾季の厳しい乾燥などのため，長い間農業には向かない「不毛の大地」とみなされてきた．しかし1970年代に大豆生産がここに導入されると，その状況は一変した．ブラジルの農業フロンティアはセラードを北上し続け，1990年代後半には農地がセラードを越えて法定アマゾン（Amazônia legal，北部7州に中西部マットグロッソ州と北東部マラニョン州の一部を加えた範囲）の南部や東部へと侵入して，熱帯林を蚕食しつつ「森林破壊の弓状地帯」を形成するようになった（西沢ほか 2005）．その巨大な原動力となったのが，1980年以降に進展した大豆生産の拡大と発展であった．

　ブラジルの大豆生産は，1930年代後半にリオグランデドスル州で本格的な栽培が始まり，その後小麦の裏作で機械をそのまま利用できる利点を活かして，1950年代にはブラジル南部で生産が増大した．そのため，1970年代前半までのブラジルにおける大豆の主産地は，南部や南東部諸州であった．しかし1970年代後半以降，それまで原野だった広大なセラードで農地造成が急速に進展し，1980～1990年代にはマットグロッソ州を中心とする中西部にも大豆の主産地が出現した（図7.1）．

　こうした大豆生産の急速な発展の背景には，地元で生産される大量の石灰などを利用した土壌改良技術の確立により，比較的平坦で広大なセラードが「不毛の大地」から大規模機械化農業に適した「有望な農地」へと変貌したことがある．そこでは，とりわけスケールメリットが大きい薄利多売型作物の大豆やトウモロコシ，小麦などの穀物生産が有利であった．また，1973年の世界穀物市況の暴騰（アメリカの大豆禁輸措置）を契機に，大豆の安定確保に向けて輸入相手国の多角化を目論む日本などの食料輸入国の思惑，潤沢な資金を背景に北半球の端境期に南半球で大豆生産や販路拡大を実現したい国際的な穀物メジャー（穀物専門商社）の思惑，そして農業フロンティアの拡大による食料増産と外貨獲得を実現したいブラジルの思惑の3つが合致したことも，大豆生産が急成長した重要な要因であった（丸山 2007）．

　ブラジル政府は，1975年にセラード拠点開発

1978年に始まった本事業により，合計21の入植地が7州（ミナスジェライス，マットグロッソ，マットグロッソドスル，ゴイアス，マラニョン，トカンチンス，バイア）に造成され，日系人や南部からの移住者，現地住民など合計717農家が入植した．その総面積は34.5万haで，1戸当たりの平均耕地面積は481haと，大豆栽培のスケールメリットが活かせる約500ha以上の大規模農家の育成が目指された．1979～2001年の22年間に日本がこの事業に投入した資金総額は684億円に達した（国際協力事業団2002）．

7.1.2 大豆生産の発展

1970年代後半以降の急速な農地造成により，それまで未開墾だった広大なセラードは，わずか四半世紀のうちに世界屈指の大豆産地へと変貌した．ブラジルの大豆生産量は1970年にはわずか151万tであったが，セラード農業開発が始まる1975年には989万t，「日伯セラード農業開発協力事業」が動き出す1980年には1516万t，1985年には1828万tへと順調に増加した．1990年には一時的に1540万tに微減したものの，生産量はその後も増加基調で推移し，1995年には2568万t，2000年には3269万t，2005年には5270万t，そして2010年には6852万tと世界全体の大豆生産量の26.2%を占めるまでに成長した．これは同年のアメリカ（9061万t，34.6%）に次ぐ世界第2位の生産量である．

大豆生産量の増加に伴い，1990年代後半からは大豆輸出量も急増しており，1995年には349万t（世界全体の大豆輸出量の10.9%）であったものが，2010年には2586万t（27.7%）にも増大した．これは同年のアメリカ（4235万t，45.4%）に次ぐ世界第2位の輸出量で，これら上位2カ国で世界の大豆輸出量全体の73.1%を占有している．両国の大豆輸出量は，その後もますます拮抗しつつ増加基調にあり，国際市場における食料供給基地として不動の地位と信頼を獲得している．ブラジルは大豆グレイン（粒大豆）のほかにも大豆油や飼料用の大豆かすを輸出しており，大豆関連の輸出品はブラジルにおけるアグリビジネスの中核をなしている．

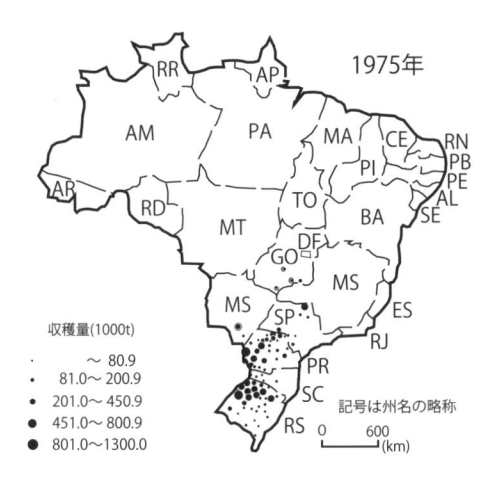

図7.1 大豆収穫量の地域差とその変遷
IBGE（2000）より作成．

計画（POLOCENTRO）を発表し，またブラジル農牧研究公社（EMBRAPA）の一機関としてセラード農牧研究所（CPAC）を設立して，セラードの農業開発とインフラ整備に資金・技術両面から積極的に関与する体制を整えた．また，全国農業信用システム（SNCR）を強化して，ブラジル中央銀行経由の金利の低い農業融資を増大させ，農地の拡大や大型機械化の推進，流通部門の整備などによる経営の近代化や農業生産性向上への積極的な支援を行った．こうして，セラードを舞台に大豆を中心とするアグリビジネスが急速な発展をみせた．その際，セラード農業の可能性と有望性を世界に知らしめ，大規模農業開発のインセンティブとしてその牽引役を果たしたのが，「日伯セラード農業開発協力事業（PRODECER）」であった（本郷・細野2012）．

日伯両国のナショナルプロジェクトとして

写真 7.1 アマゾンに建設されたカーギル社の大豆ターミナル（2011 年撮影）
ロンドニア州ポルトヴェーリョの工場に大型トラックで集められた大豆は，ここで船に積み換えられてサンタレンの穀物ターミナルへ運ばれた後，海外へと輸出される．

出荷される大豆の多くは，アメリカ系の ADM (Archer Daniels Midland) 社やカーギル (Cargill) 社，オランダ系のブンゲ (Bunge) 社，フランス系のルイスドレイファス (Louis Dreyfus) 社といった，欧米系の穀物メジャー4 社を中心とする寡占体制のもとで世界中へ出荷されている（写真 7.1）．これら欧米系穀物メジャーのブラジルでの市場占有率は，2002 年度には 50 %で，系列企業分まで加算すると 74 %であったが，その後ブラジル企業のアマギー (Amaggi) 社や日本の商社などの積極的な市場参入もあり，現在の市場占有率は 60 %程度だという（本郷・細野 2012）．

大豆生産の急速な増大の背景には，世界的な穀物需要の増大，とりわけ中国における大豆需要の急増がある．かつて中国は大豆の主要な輸出国であったが，1997 年に世界最大の大豆輸入国（563 万 t，世界全体の 15.0 %）に転じて以来，輸入量は激増を続けており，2000 年には 1272 万 t (26.3 %)，2010 年には 5701 万 t (59.6 %)と同年世界第 2 位のメキシコ（377 万 t，3.9 %）を大きく離して一国でほぼ独占状態にある．ブラジルから中国への粒大豆輸出量も，2010 年度には総輸出量の 65.5 %にあたる 1900 万 t に達しているという（本郷・細野 2012）．大豆獲得をめぐり，日本を含む輸入各国がブラジルを舞台にしのぎを削っている．

大豆生産は生育地の自然環境と密接な関わりを有するため，その主要産地には共通の自然環境基盤が認められる．すなわち，大豆生産の卓越地域は，気候・植生的には乾季が 3～5 カ月間のセラード（サバナ）から落葉・半落葉熱帯季節林地帯，地形・地質的には大規模な機械化農業を可能にする比較的平坦な堆積岩地帯（地質的な堆積盆地）に対応している（松本ほか 2010）．

表 7.1 は，2011 年の州別にみた大豆の収穫面積，生産量，平均収量である．ブラジル全体の大豆生産量は約 7483 万 t であった．このうち生産量が最も多かったのはマットグロッソ州の約 2080 万 t（ブラジル全体の 27.8 %）で，第 2 位のパラナ州（約 1544 万 t，20.6 %），第 3 位のリオグランデドスル州（約 1162 万 t，15.5 %）を合わせると，上位 3 州でブラジル全体の約 64 %を占める．このことは，大豆の新興産地である中西部と伝統的産地である南部に，それぞれ栽培の核心地域があることを示している．

しかしブラジル全体でみれば，北部の 2 州（ロンドニア州・パラ州）とサンパウロ州以南の 4 州を除く合計 8 州と 1 連邦直轄区は，いずれも潜在的なセラードに属する大豆の新興産地といえる．これら 8 州＋1 連邦直轄区の大豆生産量は合計約 4404 万 t に上り，ブラジル全体の約 59 %を占めている．

1 ha 当たりの平均収量が最も多いのは，パラナ州の 3374 kg（約 56 袋）である．一方，最も少ないのはサンパウロ州の 2800 kg（約 47 袋）で，両者には 574 kg/ha の収量差が認められる．広大なブラジルでは，多雨や寡雨（乾燥）といった生育期の気象条件や，病気・害虫の発生などにより，収穫量に顕著な年変動や地域差が現れるのが一般的である．

現在，ブラジルで最も大豆生産が盛んなマットグロッソ州における大豆栽培面積と生産量は，セラード農業開発がまだ緒に就いたばかりの 1980 年にはそれぞれ 5.7 万 ha，8.9 万 t にすぎなかったが，1985 年には 82.3 万 ha，161.1 万 t，1995 年には 110.1 万 ha，239.3 万 t，そして 1999 年に

表7.1 大豆の州別収穫面積・生産量・平均収量（2011年）

地方	州名（略号）	収穫面積 (ha)	生産量 (t)	（比率）(%)	平均収量 (kg/ha)	（袋）
北部	ロンドニア（RO）	132300	419522	0.6	3171	53
	パラ（PA）	105888	317093	0.4	2995	50
	*トカンチンス（TO）	373592	1125833	1.5	3014	50
北東部	*マラニョン（MA）	530539	1571418	2.1	2962	49
	*ピアウイ（PI）	383618	1144033	1.5	2982	50
	*バイア（BA）	1046070	3514713	4.7	3360	56
中西部	*マットグロッソドスル（MT）	1738091	5079581	6.8	2923	49
	*マットグロッソ（MT）	6454331	20800544	27.8	3223	54
	*ゴイアス（GO）	2561320	7684757	10.3	3000	50
連邦直轄区	*連邦直轄区（DF）	54852	175526	0.2	3200	53
南東部	*ミナスジェライス（MG）	1014429	2940857	3.9	2899	48
	サンパウロ（SP）	537600	1505280	2.0	2800	47
南部	パラナ（PR）	4575939	15438375	20.6	3374	56
	サンタカタリーナ（SC）	457422	1490551	2.0	3259	54
	リオグランデドスル（RS）	4084240	11621300	15.5	2845	47
計		24050231	74829383	100.0	3111	52

IBGE（2012）: *Anuário Estatístico do Brasil 2011* より作成．
＊：大豆栽培地の多くがセラードに対応する州．大豆1袋は60kgで計算．

は259.9万ha，747.2万tと，ともに顕著な増加を示している．2000年代に入ると大豆生産はさらに急速な発展を遂げ，2004年には528万ha，1451.8万t，2011年には645.6万ha，2080万tに達している．大豆の栽培面積と生産量の増加率は，それぞれ1980～1995年が1832％，2589％，1995～2011年が486％，769％で，時期的に顕著な差が認められるが，1980～2011年の32年間では1万1226％，2万3271％にも達して，その著しい発展と地域変貌を裏づけている．

7.2 大豆生産の課題

「大豆栽培は博打のようだ」とよくいわれる．大豆農家の不安定な農業経営を称したものだが，その背景には予知しがたい干ばつや多雨などの天候不順による被害，病気や害虫の発生による減収，農薬・肥料・燃料などの生産資材の高騰といった問題がある．

表7.2は，2005年のマットグロッソ州における大豆生産コストの内訳と収益である．普通大豆の場合，1ha当たりの生産コストは約1267レアル（6万3350円）で，その約74％を肥料や土壌改良材，種子，薬剤（除草・殺虫・殺菌剤）などの生産資材費が占めている．整地や播種，薬剤散布，収穫などの作業にかかる費用は全体の約10％で，残りの16％は収穫された大豆の輸送費や乾燥・貯蔵費，雇用者の給与，検査費などが占める．ちなみに遺伝子組換え大豆の場合は，雑草発芽後の除草剤費が少ない半面，種子と処理剤に費用がかさむため，生産コストは普通大豆とほとんど変わらない（丸山2007）．

一方，1ha当たりの収穫量は50袋で，普通大豆の場合には1袋当たりの生産コストが約25.34レアル（1267円）となる．1袋の平均販売価格は28レアル（1400円）なので，利益は1袋当たり2.66レアル（133円），1ha当たり133レアル（6650円）と，オレンジ，コーヒー，サトウキビなどの作物と比べても低い．遺伝子組換え大豆の場合もほぼ同様である（表7.2）．しかも50袋/haの収穫量は作柄が比較的良好な状態であり，実際には収穫量が50袋/haを下回ることも多い．大豆農家は大規模経営でないと成り立たない．

他方で，多くの大豆農家が穀物メジャーなどから多額の運転資金を「青田貸付金（soja verde）」として前借りしており，収穫後の大豆は契約に基づく企業の強制的な買付けを通じて国際市場へ出

表7.2 普通大豆・遺伝子組換え大豆別にみた
1ha当たりの生産コストと利益（2005年）

費　目	普通大豆	遺伝子組換え大豆
生産資材（投入物）	932.60	935.65
肥料と土壌改良剤[1]	474.00	474.00
種子と処理剤[2]	100.00	125.00
技術税[3]	0.00	25.00
除草剤（播種前）[4]	64.00	64.00
除草剤（雑草発芽後）	102.95	56.00
殺虫剤	84.80	84.80
殺菌剤	106.85	106.85
作業	135.77	133.83
整地と播種	52.80	52.80
除草・殺虫・殺菌剤散布	67.88	65.94
収穫	15.09	15.09
その他の費用[5]	198.56	198.56
費用合計	1266.93	1268.04
生産性（袋/ha）	50.00	50.00
生産コスト（レアル/袋）	25.34	25.36
平均価格（レアル/袋）	28.00	28.00
利益（レアル/ha）	133.07	131.96

丸山（2007）より．
単位はレアル．2005年12月末時点で，1レアル≒50円．
1) 土壌のpH（酸性を中性に変える）やアルミ調整に利用．
2) 根粒菌による窒素固定をよくするために微量元素を種子に追加．
3) 遺伝子組換え大豆の使用にかかる金．
4) 冬にエン麦などを植え土壌を保護した畑に大豆を直接播種する場合には，枯葉剤が使用されることもある．
5) 収穫物の輸送費や乾燥・貯蔵費，雇用者の給与，検査費など．

荷される．そのため，これらの農家には取引き相手を選択する余地がなく，結果的に企業に買い叩かれる．前借りした運転資金は収穫された大豆で精算されるが，販売価格が低く抑えられるために毎年借金が膨らみ，それを返済するための自転車操業が続くこともめずらしくないという．ちなみに販売価格が28レアル/袋の場合，収穫量が45袋/haを下回ると経営は赤字に転落し，その負債額は経営規模が大きいほどかさむことになる．

販売価格の上昇が期待できない場合には，利益の増大は生産性の向上にかかっている．しかし，現実には大幅な減収に直結する病害虫被害が発生して大豆農家を脅かしている．とりわけ2001年にパラグアイで発生したサビ病（focos da ferrugem asiática）のブラジルでの拡大は深刻であった．大豆研究所の調査では，サビ病による減収量と被害総額はそれぞれ2001年度が57万t，125.5百万ドル，2002年度が335.1万t，1285百万ドル，2003年度が459.2万t，2285.8百万ドルで，年を追うごとに急速に病気が蔓延して被害が拡大したことがわかる（Cosmos Agrícola Produção e Serviços Rurais 2004）．

一般にサビ病の被害は，高温乾燥下では抑制されるものの，雨が多い高温多湿下では病原菌が蔓延して拡大をみせる．マットグロッソ州やゴイアス州のセラード地帯では，高温多湿となった2002年度にサビ病が大発生して，農家は殺菌剤の2回散布を強いられた．その際，大規模農家では除草剤や枯葉剤，殺虫剤の散布に利用してきた農業用の小型飛行機をサビ病の殺菌剤散布にも利用したため，生産コストのさらなる上昇を招いた．一方で，殺菌剤不足で十分な防除が行えなかった農家では，こぼれ落ちた種子から発芽した大豆が再び病原菌に感染して，2003年度にはセラード地帯全域でサビ病の被害が拡大した．このように，サビ病の蔓延は生産コストや農作業の増大，減収などを通じて農家に大きな被害を及ぼしている（丸山2007）．

こうした中，栽培管理が容易で除草剤耐性や害虫抵抗性を備えた遺伝子組換え大豆が急増している．ブラジルでは1999年以降，遺伝子組換え大豆の商業的な栽培と販売が禁止されてきたが，アルゼンチンなどから不法に持ち込まれた遺伝子組換え大豆を栽培する農家が急増したため，政府は2003年にその栽培を承認する暫定措置令を出した．2003年度の遺伝子組換え大豆の栽培面積は，大豆栽培面積全体の13.1％にあたる約278万ha（生産量全体の8.2％）で，その93％（259万ha）がリオグランデドスル州に集中していた．

しかし2005年にその栽培が合法化されると，遺伝子組換え大豆は南部のみならず中西部のセラード地帯でも急増した．その結果，2009年には大豆の約7割が遺伝子組換え大豆に変わり，現在はその比率が約85％にも達するといわれる．遺伝子組換え大豆は，おもに家畜の飼料，大豆油，バイオ燃料用に栽培されているが，その急増により植物生態系の攪乱（遺伝子資源汚染），除草剤

の多量散布による環境汚染や健康被害などが懸念されている．また，遺伝子組換え大豆の種子の特許権使用料をめぐり，企業と農家の間で訴訟も起きている．

7.3 バイオ燃料生産の発展

7.3.1 バイオ燃料生産の世界的動向

地球温暖化問題の解決に不可欠な温室効果ガスの排出量削減には，石炭や石油などの化石燃料の消費を抑制する必要がある．現在，その代替エネルギーとして注目を集めているのが，自然界に由来し枯渇せず永続的利用が見込まれる太陽光や太陽熱，水力，風力，地熱などの再生可能エネルギー（renewable energy）である．生物由来の有機性資源であるバイオマス（biomass）を原料として生産されるバイオ燃料（biofuel）も，世界が注目する再生可能エネルギーの1つで，ガソリンの代替燃料となるバイオエタノールと，軽油の代替燃料となるバイオディーゼルがその代表である（丸山 2011a, 2012）．

2008年現在，バイオ燃料の主要な生産国はアメリカ，ブラジル，ドイツで，世界全体で生産される液体バイオ燃料の83%をこれら3国が占めている．世界のバイオエタノール生産量は，2000年には約170億L，2005年には約310億Lであったが，2010年には約868億Lまで急増している．このうち約500億L（世界全体の約58%）がアメリカ，約249億L（約29%）がブラジルの生産量であり，これら2カ国で世界全体の約9割に達している．

バイオエタノールの生産に用いる原料は，おもにアメリカがトウモロコシ，ブラジルがサトウキビである．トウモロコシと違いサトウキビは茎に糖分を約20%も含有するため，収穫後に手間や資金をかけずに発酵させることができ，1 haの畑からトウモロコシの2倍以上のバイオエタノールが生産できる利点がある．エタノール1L当たりの生産コストも，アメリカが約0.3〜0.35ドル，ヨーロッパ（原料はビート）が約0.45〜0.55ドルなのに対して，ブラジルは約0.22〜0.28ドルと低い（小池 2008）．

バイオエタノールの輸出量は，これまでブラジルが世界最大であり，アメリカ，韓国，日本，オランダ，ジャマイカなど世界各国に広く輸出されてきた（松本 2012）．これに対し世界最大の生産国であるアメリカは，バイオエタノールの純輸入国であったが，2010年には輸出国に転じて，過去最大の13億Lのエタノール燃料を，おもにカナダ，ジャマイカ，オランダ，アラブ首長国連邦，ブラジルに輸出した．その結果，ブラジルは国際市場でのシェアを下げてアメリカに追い抜かれた（REN21 2011）．

一方，世界のバイオディーゼル生産量をみると，こちらも2000年の約8億Lから2005年の約37億L，そして2010年の約190億Lへと急激な増加をみせている．2010年に世界最大の生産量をあげたのはドイツ（約29億L，世界全体の約15%）で，次いでブラジル（23億L，約12%），アルゼンチン（21億L，約11%）と南アメリカ諸国が続いた．バイオエタノールに比べてバイオディーゼルは，生産国がより世界各地に分散しており，上位10カ国をとっても2010年の全生産量の75%をわずかに下回る程度である．

しかし全体的にみればバイオディーゼル生産の中心地はドイツ，フランスを中心とするEUであり，2010年には約100億Lを生産して世界全体の約53%を占めた．近年はブラジルやアルゼンチン（南アメリカ），カナダやアメリカ（北アメリカ），インドネシアやタイ（アジア）など，EU域外でのバイオディーゼル生産が急増をみせている（REN21 2011）．

7.3.2 バイオ燃料生産の歴史

ブラジルにおけるバイオエタノール生産の歴史は古く，1925年にエタノール混合ガソリンを使った車の走行試験が実施されている．しかしバイオエタノールがすぐに燃料として普及することはなく，海外から輸入される石油に大きく依存したエネルギー政策が長く実施されてきた．ところが，1973年にOPECが原油価格を突然引き上げ第一次オイルショックが世界中を急襲すると，当時国内石油消費量の約75%を輸入に頼っていたブラジルは大きな打撃を被り，大胆なエネルギー

政策の見直しを迫られる結果となった．

そして大統領エルネスト・ガイゼル（Ernesto Geisel）のもとで，石油の輸入抑制を目的とするエネルギー転換が企図され，1975年に大統領令22789号により「プロアルコール計画（PROÁLCOOL）」が実施された．このプロジェクトは，輸入に依存するガソリン燃料から国産のバイオエタノール燃料への本格的な転換を目指すもので，具体的には，①バイオエタノールを増産するために，その生産を担う近代的製糖工場（usina，ウジーナ）の新設に多額の補助金を融資する，②バイオエタノール燃料の全国的な普及を実現するために，ブラジル石油公社ペトロブラス（PETROBRAS）を通じてバイオエタノールの給油スタンドを全国に設置する，③バイオエタノールだけで走行できる国産車の生産を奨励し，優遇税制を通じてその普及を図る，といった諸施策が実施された．

その結果，ガソリンには無水エタノールを20％混合し，1979年には含水エタノールを100％燃料とするアルコール車（ブラジルではエタノール車を最近までアルコール車と呼んでいた）が販売された．ガソリンよりも安いバイオエタノールを燃料とし，エンジン出力も大きいアルコール車は好評を博し，1980年代に急増した．1985年には，販売された新車の9割強がアルコール車となり，バイオエタノールの生産量も年間100億Lに達して，自動車燃料の約半分を賄うまでに発展した（西島2004）．この当時，ブラジルの都市にはアルコール車が溢れて，車から排出される排気ガスの甘い香りが町中に漂っていた．

しかし1990年代初めには原油価格が国際的に下落するとともに，ブラジルでは産油量が増大してガソリン価格が下がった．加えて経済自由化の下で高性能なガソリン車の輸入が増大した．こうした中，「プロアルコール計画」は廃止され，バイオエタノールに対する政府の補助政策が段階的に打ち切られた．その一方で，砂糖の国際価格が上昇に転じてサトウキビが製糖用に回されたため，バイオエタノールの供給不足から給油スタンドでは燃料を求める長蛇の車列ができ，結果的に国民のアルコール車離れが加速化した．1990年代後半には，アルコール車はブラジルからほとんど姿を消してしまった．

ところが，2000年代に入り原油価格の上昇や地球温暖化問題が顕在化すると，再びバイオエタノール燃料が見直されるようになった．ただし，国民は1990年代の苦い教訓からアルコール車への乗換えには極めて慎重であった．このとき大きな注目を集めたのが，かつてのアルコール（バイオエタノール）専用車ではなく，ガソリン，バイオエタノール，そしてそれらの任意の混合比率の燃料に対しても最適な空燃比と点火時期を自動調整して走行ができるフレックス燃料車（FFV：flexible fuel vehicle）であった（写真7.2）．

ブラジル政府が，車両取得税や自動車重量税に該当する税金の軽減措置を打ち出してその普及に努めたことや，2003年にフォルクスワーゲン社がサッカー王国ブラジルにちなんで，「ゴール（GOL）」という名の国産低価格車を販売したことなどから，フレックス燃料車は国内の自動車販売市場で爆発的な人気を博すようになった．2006年には，国内で販売された乗用車182万4266台（輸入車も含む）の78％がフレックス燃料車となった．その比率はその後も上昇を続け，2010年

写真7.2 給油スタンドの燃料価格表示板（2011年，Kojima, A. 撮影）
左上から順にハイオクガソリン，レギュラーガソリン，スーパーガソリン（エンジン洗浄剤入り），エタノール（アルコール），ディーゼル，天然ガス．州や地域による燃料の価格差は大きい．

には国内の新車販売台数の85.6％がフレックス燃料車となった．現在ブラジルでは，トヨタ社やホンダ社といった日本企業も含めて，世界の主要な自動車メーカーがフレックス燃料車の生産と販売にしのぎを削っている．

7.3.3 バイオ燃料生産を促す法令の整備

バイオエタノールの生産と普及を促した最初の契機は，1975年の「プロアルコール計画」の実施であり，ガソリンとバイオエタノールの混合燃料の市場導入や，バイオエタノールを100％燃料とするアルコール車の普及が図られた．1993年には法令8723号によりガソリンへのバイオエタノール混合が義務づけられ，フレックス燃料車の販売が始まった2003年には，農務省令554号によりガソリンへのバイオエタノール混合率が25％に設定された．しかし2010年後半には豪雨の影響などでサトウキビの収穫量が減少してバイオエタノール価格が上昇し，2011年にはバイオエタノールの混合率が一時的に20％に引き下げられるなど，天候により変動するサトウキビの需給関係に影響されて混合率は20〜25％で推移している．

一方，バイオエタノールに比べて法令の整備が遅れたバイオディーゼルは，2003に燃料規格が定められ，2004年の暫定措置令214号により国家石油庁（ANP）がその規格や生産の監督にあたることになった．そして，2005年1月に提出された法令11097号により，「国家バイオディーゼル生産・利用計画（PNPB）」が実施され，軽油に対するバイオディーゼルの最低混合率が定められた．また，同法により国家石油庁が改名されてできた国家石油・天然ガス・バイオ燃料庁（ANP：Agência Nacional do Petróleo, Gás Natural e Biocombustiveis）が，新燃料の市場導入を監視することになった．

本法令の具体的内容は，2005〜2007年の3年間は石油由来の軽油にバイオディーゼルを2％混合することを許可し，2008〜2012年にはその2％混合，さらに2013年以降はその5％混合を義務化するというものであった．この法令により，バイオディーゼル燃料の継続的な需要が保証されることになり，2％義務化後には年間約10億L，5％義務化後には年間約24億Lの国内需要が生まれると試算された．

しかし，実際には2008年7月から3％混合，2009年7月から4％混合，2010年1月から5％混合が義務化されるなど，法令11097号を反故に大きく前倒しの形で混合率の引上げが実施されてきた．将来的にはバイオディーゼルの混合率をさらに10％まで引き上げる検討もなされているといい，法令による混合率の引上げによりバイオディーゼルの生産量が今後さらに増加を続けると予想される．

バイオエタノールの生産が，経済的に豊かな南東部や南部の大規模農場や企業を中心に展開されているのとは異なり，バイオディーゼル導入の背景には，経済的に恵まれないブラジルの後開発地域である北部，北東部，半乾燥地域での新規雇用の創出や，小規模農家への経済的支援が目的として掲げられていることを見逃してはならない．すなわち，バイオディーゼル工場の設置や燃料の生産・販売にあたっては，国家石油・天然ガス・バイオ燃料庁の認可が必要とされ，認可を受けた企業が国から税制の優遇措置を受けるためには「社会的燃料認可証（selo combustivel social）」を取得しなければならない（小園2007）．

企業が「社会的燃料認可証」を取得するための条件は，① 北東部・半乾燥地域で50％，北部・中西部で10％，南東部・南部で30％以上の原料を小規模農家から購入すること，② 小規模農家と契約を結び，その契約内容は農家グループ（組合）が適切と判断して同意したものであること，③ 企業は契約農家に対して適切な技術支援を行うことの3つである．つまり，政府は税の優遇措置を餌にして，企業に対し小規模農家からの安定的なバイオディーゼル原料の買取りを誘導しているのである．

バイオディーゼルの連邦税に関わる2005年の法令11116号では，連邦燃料税（CIDE）と社会福祉関連連邦税（PIS/PASEP & Cofins）を合算した通常の課税額が1m³当たり218レアルなのに対して，原料が北部・北東部・半乾燥地域で生

産されたトウゴマ（ひまし油）やデンデヤシ（パーム油）で，その生産者が小規模農家なら課税はなし（100％の減税），小規模農家以外なら151レアル/m^3（30.7％の減税），上記指定地域以外の小規模農家が生産したすべての原料は70レアル/m^3（67.9％の減税）と設定され，「社会的燃料認可証」を受けた場合の大きな減税のメリットがアピールされている．さらに「国家家族農業強化計画（PRONAF）」により，バイオディーゼルの原料となる作物を栽培する小規模農家に対する低金利融資が実施されており，企業から入る安定的な現金収入と相俟って，ブラジル奥地の農村部でバイオディーゼル用の農地開発が加熱している．

7.3.4 バイオ燃料生産の実態

ブラジルでは16世紀後半～17世紀にかけて，北東部（ノルデステ）の沿岸部を中心に製糖用のサトウキビ栽培が発展した．沿岸部に分布する肥沃な腐植土（マサッペ）や奴隷労働力の存在に支えられて，北東部のサトウキビ栽培と砂糖産業は約150年間にわたり世界の砂糖市場を席巻した（口絵7参照）．そして18世紀以降，金やコーヒーといった他の産物に主役の座を譲った後もブラジルの代表的な農作物として栽培が続けられ，現在はバイオエタノールの主要な原料として生産が大きく拡大している．

図7.2は，2007年のブラジルにおける製糖・バイオエタノール工場の分布である．16世紀後半～17世紀に砂糖産業が隆盛を極めたペルナンブコ州やアラゴアス州を中心とする北東部の沿岸域には，かねてより砂糖を生産する大規模なウジーナ（近代的製糖工場）が集積していた．ところが近年のバイオエタノールブームにより，ウジーナでも製糖のかたわらバイオエタノールが生産されるようになった．また，ブラジル最大の工業地帯である南東部のサンパウロ州やミナスジェライス州から南部のパラナ州にかけての地域には，ウジーナのほかにバイオエタノールを専門に精製するレフィナリア（refinaria）と呼ばれるバイオエタノール工場が多数建設されており，結果的に原料であるサトウキビもこれらの地域で急速に栽培面積を拡大している．近年では，さらにゴイアス州やマットグロッソ州など中西部でもサトウキビ栽培が拡大をみせている．

2007年における製糖・バイオエタノール工場の分布を地域別にみると，北部・北東部が合計79工場なのに対して，南東部・南部・中西部は

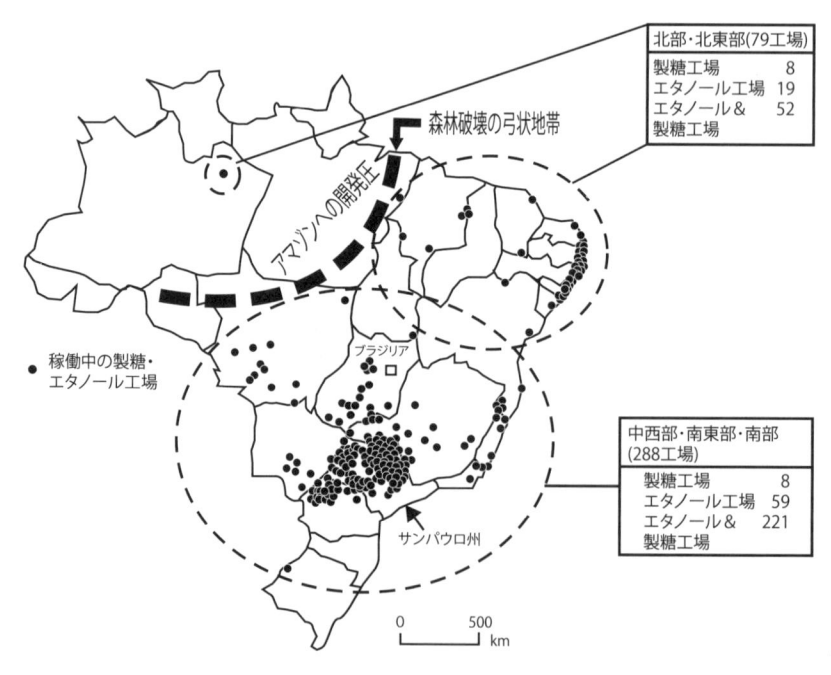

図7.2 製糖・バイオエタノール工場の分布（2007年）
鉱山エネルギー省ほかの資料をもとに作成．

合計288工場で，その数は3.6倍にも達している．こうしたバイオ燃料工場分布の偏在に加え，サンパウロ州などには世界屈指の生産能力を誇る巨大なウジーナやレフィナリアが多数立地する（写真7.3）．そのため，バイオエタノールの生産量は工場分布以上に地域的偏在が大きく，国内総生産量の91％を南東部・南部・中西部が生み出している（丸山2012）．

中でもサンパウロ州は，ブラジルで最も製糖・バイオエタノール工場の集積が顕著なところで，特にチエテ川に沿って燃料工場やサトウキビ畑が増加している．現在，サンパウロ州は名実ともにブラジルの砂糖・燃料産業の核心地域である．サンパウロ州における2009年度のサトウキビ，砂糖，バイオエタノールの生産量は，それぞれ3億6400万t，2070万t，155億Lである．この値はブラジル全体のそれぞれ58％，63％，56％に相当する．

砂糖やバイオエタノールの生産量や価格は，原料であるサトウキビの収穫量がその年の天候や収穫期に大きく左右されるため変動が大きい．2011年度には，乾燥の影響によりサトウキビの収穫量が71〜72 t/haと平年（約85 t/ha）より大きく減少した．そのためバイオエタノールの生産量も220億Lにとどまり，前年度の274億Lより約20％も減少した（日本ブラジル中央協会2011）．同様に砂糖の生産量も2010年度の3800万tから2011年度は3500万tに減少した．こうした中，ブラジルではサトウキビの搾汁液からだけではなく，その搾り滓であるバガス（bagaço）からもバイオエタノールを精製する研究が進められている．

一方，バイオディーゼル工場の設置にあたっては，国家石油・天然ガス・バイオ燃料庁の認可が必要である．鉱山エネルギー省の調査によると，2007年12月現在，バイオディーゼル工場は合計46工場（このうち国家石油・天然ガス・バイオ燃料庁の認可工場が19，認可申請中の工場が22，建設中が5）で，工場全体の生産能力は年間約20億Lであった．このほかに，新規計画工場が19（年間生産能力は合計9.48億L）あった．バイオディーゼルの生産量と工場数は，ともにその後も増加を続けている．

バイオディーゼルの原料となる油料作物は，EUでは菜種，ヒマワリ，大豆，東南アジアではヤシ類（パーム油）などが中心だが，ブラジルではヤシ類，大豆，綿，ヒマワリ，トウゴマ（ヒマ），ジャトロファ，ベニバナ，菜種など多様な油料作物が利用されており，現在試験栽培中の期待の作物も多い（写真7.4）．2010年現在，バイオディーゼルの原料として最も多く使われているのは大豆（75.2％）で，次いで牛脂（17.6％），綿実油（5.1％），その他（2.1％）と続く（IBGE 2010）．

図7.3は，2008年のブラジルにおけるバイオデ

写真7.3 ウジーナ・サンマルティーニョ（2008年撮影）
サンパウロ州リベイランプレートにあるこの工場は，世界最大級の砂糖・バイオエタノール生産量を誇る．工場周辺には広大なサトウキビ畑が広がっている．

写真7.4 バイオディーゼルを生産するプロドゥソージャ社（2008年撮影）
マットグロッソドスル州にあるこの企業には，油料作物の実験農場（写真手前はベニバナ，奥はソルゴー）と大豆貯蔵用の垂直サイロが4基ある．1基当たりの貯蔵能力は4500 t．

ィーゼル生産量の分布図である．燃料としての生産と実用化の歴史が古いバイオエタノールに比べると，バイオディーゼルは工場数，生産量ともに未だ小規模である．生産量の分布はバイオエタノール同様，南東部・南部・中西部で卓越するが，原料となる油料作物の栽培地に引きつけられるように，北東部やセラード地帯の内陸奥地でも生産が認められ，より広域的に工場が分散立地している特徴がうかがえる．

7.4 バイオ燃料生産の課題

7.4.1 困難な「カーボンニュートラル」

バイオ燃料は再生可能なうえに，原料の植物が光合成により二酸化炭素を吸収するため，燃焼させても二酸化炭素は増加しない「カーボンニュートラル（carbon neutral）」な燃料として期待が高い．しかし実際には農地の造成，原料となる農作物の栽培，工場での燃料製造，原料や生産物の輸送など，バイオ燃料が消費者に届くまでの一連のサイクル全体でみれば，今のところ温室効果ガスの排出が十分に抑制されているとはいいがたい．

バイオエタノールを事例にみれば，サトウキビ畑を造成するための大規模な森林伐採と焼却（焼

図7.3 バイオディーゼル燃料生産量の分布（2008年）
鉱山エネルギー省，IBGEほかの資料をもとに作成．

畑），化石燃料から作られた化学肥料や農薬類の畑への投与，サトウキビの収穫作業を容易にするための畑への火入れによる煤煙の大量排出（温室効果ガスのメタンや亜酸化窒素が含まれる），化石燃料から生産されたガソリンや軽油で動くトラクターなどの農機具や輸送トラックの利用，燃料の製造過程で利用される化石燃料由来の電力使用など，原料のサトウキビ栽培から燃料が市場に出

荷されるまでのサイクル全体における温室効果ガスの排出量は未だに大きく，「カーボンニュートラル」の実現に向けた課題は山積している．

7.4.2 農業労働者の過酷な労働環境

広大なサトウキビ畑で収穫作業にあたる労働者は，よりよい賃金を求めて農村を渡り歩く，農民の中でも土地を持たない最下層の農業労働者たちである．ブラジルでは，危険なヘビを退治するとともに，不要な葉を取り除いてサトウキビの茎を刈りやすくするために，収穫に先立って畑を焼き払うのが一般的である．そのため，農業労働者たちは熱帯の酷暑の中で，膝より下はゴム製の長い脚絆で覆い，厚手の手袋や首筋まで覆うフード付きの帽子を着用して，顔以外は体中が完全防備の状態で，真っ黒なススと汗にまみれてサトウキビの刈取り作業に従事している．その過酷な労働と，煤煙に含まれる有害物質の大量吸引がもたらす健康被害が懸念されている．

また，バイオエタノール需要の急増に伴うサトウキビ畑の拡大は，企業側に収穫作業の機械化によるいっそうの生産性向上を促しており，将来的にはこうした農業労働者の雇用喪失や賃金の減少といった問題も危惧される．

7.4.3 食料・飼料供給に及ぼす悪影響

本来は食料や飼料であるトウモロコシ，大豆，サトウキビなどの農作物を，バイオ燃料生産の原料に利用することに対しては世界的に根強い批判がある．すなわち，世界にはまだ飢餓に直面して生死をさまよう人々がいるのに，彼らを救える食料を燃料生産に回すことは人道主義にもとる行為であるという理念的な批判がまず存在する．また，本来食料や飼料として流通すべき農作物が燃料用の原料となることで品不足となり，国際市場での価格高騰を通じて食料・飼料の安定供給が大きく脅かされて経済的混乱が生じるという，より現実的な批判もある．

実際，トウモロコシ由来のバイオエタノールブームに沸いた2000年代後半のアメリカでは，バイオエタノール工場が買い取る燃料用のトウモロコシ価格が高騰して，農家は競ってトウモロコシへと作付転換を図った．その結果，食料や飼料用の大豆や小麦の生産量が減少して市場での価格高騰が進み，それらを原料とするさまざまな食品類にまで品不足や値上げが生じて，経済的混乱が世界各地を襲ったことは記憶に新しい．

ブラジルの場合，バイオエタノール生産の主原料は穀物ではなく，おもに調味料や酒に加工されるサトウキビであるため，アメリカのトウモロコシ栽培のように，食料・飼料供給を圧迫する元凶としての批判を真正面から受けずに済んできたきらいがある．しかし，ガソリンへのバイオエタノール混合に加えて，軽油へのバイオディーゼル混合が法令で義務づけられたことで，その状況は大きく変わりつつある．

すなわち，バイオディーゼル燃料の増産に向けて大量の油脂を安定的に確保せざるをえない状況下で，現在ブラジルはその主原料を世界第2位の生産量を誇る大豆に依存せざるをえないからである．実際，穀物メジャー，地元の大豆搾油企業，そして大豆生産者のいずれもが，「国家バイオディーゼル生産・利用計画（PNPB）」を大豆生産拡大の好機と捉えている．その結果，燃料用大豆需要の急激な増大が，世界の穀物市場における食料・飼料用大豆の価格高騰と品不足を誘発し，トウモロコシの場合と同様に国際市場での激しい大豆の争奪戦と経済的混乱を引き起こす危険性がある．

エタノールにせよディーゼルにせよ，穀物由来のバイオ燃料生産は，現状では食料・飼料用穀物との競合などによる原料不足や生産コスト高といった問題から逃れることができない．こうした中，ブラジル政府はノルデステやアマゾンなどの小規模農家の経済支援を念頭に，ヤシ由来のパーム油（デンデヤシから抽出されるデンデ油）やひまし油など，食料以外の植物油に由来するバイオディーゼル生産を推進しており，国の内外から大きな期待が寄せられている．

さらに，食料との競合を避けるためには，糖質の多い農作物を発酵させて燃料を得るこれまでの「第1世代バイオ技術」から脱却して，農業廃棄物（トウモロコシや米などの茎や葉，皮など，収穫後の不要部位）や林業廃棄物（端材や樹皮，お

がくずなど），製紙用パルプ，固形廃棄物（家庭から出るゴミなど），牧草（痩せた土地でも労力や肥料を使わずに早く育つスイッチグラスなど）といった，食料と競合しないセルロース系原料からの燃料生産を可能にする「第2世代バイオ技術」の早期確立が，商業ベースで実現することが期待されている（山下 2009）．

7.4.4 森林破壊や水質汚染の問題

バイオ燃料生産の増大に伴うサトウキビ畑の急速な拡大が，森林破壊，とりわけアマゾンの熱帯林破壊を加速化させるとの危惧が表明されてきた．当初，サトウキビ畑は他の作物畑や牧場からの地目転換により拡大したが，その後は新たな森林伐採による農地拡大も進んでいるためである．これに対してブラジル政府は，南部・南東部を中心とするサトウキビの主要な栽培地域や製糖・バイオエタノール工場の集積地が，アマゾンから約2000 km以上も遠く離れていることや，アマゾンの気候がサトウキビ栽培には適していないとの理由から，その危惧は当たらないとの見解を示してきた．

しかし現実にはバイオ燃料ブームの中で，サトウキビ畑や大豆畑がセラード地帯の森林や荒地，牧場などを蚕食しながら拡大を続けている．その結果，新たに大規模な大豆畑や牧場を求めて，大豆生産者や牧場主たちが玉突きのようにセラード地帯を越えて「法定アマゾン」の南部や東部へと侵入し，「森林破壊の弓状地帯」と呼ばれる農地開発のフロンティアを形成しつつアマゾンの熱帯林を脅かしている（図7.2）．

アマゾンにおける日系人の集団入植地として有名なパラ州のトメアス近郊には，現在広大なデンデヤシ畑が広がっている（写真7.5）．これはかつて大牧場だった場所を，ブラジル石油公社のペトロブラスと資源会社のヴァレ・ド・リオ・ドーセ（Vale do Rio Doce）社が合弁で設立したビオパルマ（BIO PALMA）社という企業が買収して造成したもので，バイオディーゼル燃料の原料となるデンデヤシが植えられている．畑には苗床で2年ほど育てられた苗が移植されるという．

トメアス近郊では，ビオパルマ（12万ha）の

写真7.5 アマゾンのパラ州で拡大するデンデヤシ畑（2011年撮影）
写真中央が牧場跡地に定植されたデンデヤシ．写真下部に牧柵の杭とバラ線がみえる．遠景は熱帯雨林．

ほかにも，政府の経済的支援を受けて地元の小規模農家がデンデヤシ畑の造成に乗り出しており，最終的には約30万haに及ぶ広大なデンデヤシ地帯がここに出現する予定だという．2000年の森林法改正により，「法定アマゾン」の森林地域で新規に農地造成を行う場合には，その80%を自然のままで保全しなければならない．しかしここはすでに牧場地帯であり，森林伐採の必要がなく農地の地目転換だけで済むため，環境保全の規制が厳しいアマゾンでも容易に燃料用の巨大なヤシ畑が造成できるのである．

加熱するバイオ燃料ブームが，直接・間接的に燃料用の農地造成を通じてアマゾンの自然環境にさまざまな影響を及ぼし始めていることは事実である．急速かつ大規模な農地開発の手が，今後さらに「森林破壊の弓状地帯」を越えてアマゾン奥地の熱帯林や先住民居留地などに無秩序に侵入し，森林破壊や先住民・小規模農家の排除につながることのないよう，厳格な監視と規制が必要である（コラム2参照）．

また，バイオエタノール工場から大量に排出されるサトウキビの洗浄水やバイオエタノール廃液（ヴィニョート）による河川の水質汚染も大きな問題となった．1998年に廃液の垂流しは環境犯罪にあたるとして水質汚染に対する罰則が強化されたため，その後カリウムに富むバイオエタノール廃液は肥料として畑地に散布するのが一般的に

なっている．しかし廃液は酸性が強いため，結果的に土壌の酸性化や溶脱，不毛化の危険を抱えているという（松本 2012）．

　以上，本章ではブラジルにおける近年の急速な経済発展をその根底で支える大豆・バイオ燃料生産を事例に，アグリビジネスの発展とその課題について多角的に考察した．ポルトガル人による植民以降，ブラジルの開発史は資源収奪的なブーム（boom，一世を風靡する国際商品の出現による好況）とバスト（bast，ブームを引き起こした経済の凋落）のサイクルに彩られてきた（第1章参照）．まさに現在のブームを演じる大豆やバイオ燃料生産がこれまでの轍を踏まないためには，アグリビジネスが招来するさまざまな課題に真摯に向き合い，経済発展と環境・社会保全のバランスのとれた持続的開発を実現することが肝要である．そのためには，経済優先の短期的視点に偏向することなく，ローカルな地域の環境や社会の持続性に重きを置いた長期的視点に立った開発戦略が希求されている．

[丸山浩明]

引用文献

小池洋一（2008）：アグリビジネスの成長とアマゾンの森林破壊．富野幹雄 編『グローバル化時代のブラジルの実像と未来』252-269，行路社．

国際協力事業団（2002）：『ブラジル国別援助研究会報告書』国際協力事業団．

小園 勝（2007）：バイオディーゼル燃料への期待――注目されるブラジル政府の小規模農家支援策．ラテンアメリカ時報，**1381**：20-23．

西沢利栄，ほか（2005）：『アマゾン――保全と開発』朝倉書店．

西島章次（2004）：バイオ燃料エタノールで勢いづくブラジル．www.rieb.kobe-u.ac.jp/users/nishijima/ww20041115.html（2011年2月4日閲覧）．

日本ブラジル中央協会（2011）：最近のブラジル政治経済事情――外務省中南米局提供情報その他より．ブラジル特報，**1606**：8．

本郷 豊・細野昭雄（2012）：『ブラジルの不毛の大地「セラード」開発の奇跡』ダイヤモンド社．

丸山浩明（2007）：ブラジルの大規模農業開発と環境・社会問題――セラード農業開発の事例．小林浩二 編『実践地理教育の課題』142-158，ナカニシヤ出版．

丸山浩明（2011a）：世界市場を席巻するブラジルのバイオ燃料．帝国書院 編『地理・地図資料 2011年度1学期特別号』7-8，帝国書院．

丸山浩明 編（2011b）：『パンタナール――南米大湿原の豊饒と脆弱』海青社．

丸山浩明（2012）：ブラジルのバイオ燃料生産とその課題．立教大学観光学部紀要，**14**：61-73．

松本栄次・犬井 正・山本正三（2010）：ブラジルにおける熱帯産大豆栽培地の拡大と自然基盤．環境共生研究（獨協大学），**3**：1-15．

松本栄次（2012）：『写真は語る 南アメリカ・ブラジル・アマゾンの魅力』二宮書店．

山下慶洋（2009）：第二世代バイオ燃料の可能性――食料問題とエネルギー問題の解決に向けて．立法と調査，**295**：75-87．

Cosmos Agrícola Produção e Serviços Rurais（2004）：*AGRO COSMOS*（11・12月号）．

IBGE（2010）：*Atlas Nacional do Brasil Milton Santos*, Rio de Janeiro：IBGE．

IBGE（2012）：*Anuário Estatístico do Brasil 2011*, Rio de Janeiro：IBGE．

REN21（2011）：*Renewables 2011 Global Status Report*（環境エネルギー政策研究所 訳（2011）『自然エネルギー世界白書 2011 日本語版』ISEP）．

コラム7　ブラジルの鉱山開発と鉱工業

　ブラジルの著しい経済発展を支えているのが，豊富な鉱産資源とそれに支えられた鉱工業である．ブラジルの鉱産資源は鉄（Sumario Mineralによる2010年の生産量：3億70000万t）をはじめとして，ボーキサイト（3200万t），マンガン（232万t），銅（21万t），亜鉛（17万t），ニッケル（6万t），錫（1万t）など，世界でも有数の生産量を誇る（第2章参照）．また，先端産業で重視されるレアメタルでは，超伝導磁石に使われるニオブや，コンデンサの原料となるタンタルの産出量が多い．さらに金，エメラルド，トパーズ，アメジスト，ダイヤモンドなどの貴金属や宝石類も，植民地時代から大量に採掘されてきた．

　ミナスジェライス州にあるイタビラ鉄山は，20世紀中頃に開発された露天掘りの鉱山群である．そこで採掘された鉄鉱石は，約500 kmの鉄道によってエスピリトサント州のヴィトリア港へ輸送される．パラ州のカラジャス鉄山は，1980年代の「大カラジャス計画」により開発された鉱山で，その開発には日本も政府開発援助で協力した．カラジャスの鉄鉱石は，アマゾンの熱帯林を切り開いて作られたカラジャス電気鉄道によって，約900 km離れたマラニョン州のサンルイス港へ運ばれる．マットグロッソドスル州のコルンバ鉄山は，ラプラタ川の河口から約2400 km上流に位置する．ここで採掘された鉄鉱石は，平底船でおもにアルゼンチンへ輸出される（写真1）．現在，これら3つの鉄山は，鉄鉱石関係では世界最大のヴァレ社によって経営されている．ブラジルの鉄鉱石は，かつてはおもに日本とドイツに輸出されていたが，2000年代には中国が最大の輸出先となった．

　ブラジルはラテンアメリカ屈指の産油国である．最も大規模な油田は，リオデジャネイロ州にあるカンポス沖の海底油田である．ブラジルでは，1970年代の石油危機の直後に海底油田の探索が始まり，まもなくリオデジャネイロ沖で有望な油田が発見された．しかし約2000 mの深海にあったため，開発できない状態が続いた．その後，掘削技術の進歩により2000年代に産出量が飛躍的に増加し，2006年には石油の自給を達成した．リオデジャネイロに本社をおくペトロブラスは，石油の掘削，精製，輸送，販売を手がける多国籍企業に成長した．

　20世紀中頃のブラジルの経済は，コーヒーの輸出に依存したモノカルチャーであったが，1960年代後半から海外の投資を積極的に受け入れて工業化が進み，ブラジルの奇跡と呼ばれる経済発展を経験した．そのときに発展したのは鉄鋼，造船，プラスチック，自動車などの重化学工業であり，いずれも輸入代替工業であった．1980年代のブラジルは，石油危機の影響もあって海外からの投資が減少し，経済発展が滞ったため，失われた十年と呼ばれる不景気となった．しかし，農産物加工などの軽工業や研究開発部門は着実に成長していた．1990年代後半からは機械工業やIT産業が成長し，特に航空機や自動車などの工業製品が主要な輸出品となった．欧米や日本の自動車企業もブラジルに工場を建設し，アルコールでもガソリンでも走るフレックス燃料車や，いまだに需要の多いオートバイを製造している．

　このように，BRICsの一員であるブラジルは工業国としての地位を高めつつあるが，急速な経済発展に伴う課題もある．都市では人口が急激に増加したため，大気汚染や水質汚染などにより，生活環境が悪化した．スラム，ストリートチルドレン，犯罪などの都市問題も深刻である．また，電力の8割以上を水力発電に頼っているが，大規模なダム開発によって，アマゾンの熱帯林をはじめとして，広い範囲で自然の植生が水没している．

［仁平尊明］

写真1　パラグアイ川に臨むコルンバ鉄山の河港（2006年撮影）
平底船（写真左端）にベルトコンベアーで鉄鉱石が積み込まれている．

8 観光の発展とその課題

ブラジルは日本の約23倍という広い国土と2億の人口を有する大国である．各地にみられる多様な自然と文化は，ブラジル固有の観光資源となっている．中でも世界中から観光客を集めている観光地が，ユネスコの世界自然・文化遺産やリオデジャネイロなどの大都市である．本章ではまず，ブラジルを訪れる外国人観光客の特徴を，国籍と訪問州の資料から概観する（8.1節）．次いで，ブラジルが世界に誇る観光地の特徴を，自然的観光地，文化的・都市的観光地とに分けて，地方ごとに紹介していく（8.2節）．そして，近年盛んになってきた観光の事例として，地域の自然環境や文化を生かしたエコツーリズムの発展を分析する（8.3節）．最後に，地方別の観光の実態とエコツーリズムの事例をふまえて，ブラジルにおける観光発展の課題を考察したい（8.4節）．

8.1 観光の概要

ブラジルを訪れる外国人観光客は，1990年代後半に急増した．ブラジル観光公社（EMBRATUR）の資料によると，外国人観光客の年平均は，1980年代が159万人，1990年代前半が150万人だったのが，1990年代後半には349万人となった．このように外国人観光客が増加した大きな要因は，ブラジル政府が観光に力を入れて，ヨーロッパやアメリカでの宣伝に力を入れたことや，経済発展に伴って各地の観光地が整備されたことにある．

2010年にブラジルを訪れた外国人観光客は516万人であり，世界では第45位，南アメリカではアルゼンチンに次いで第2位となった（国連世界観光機関による）．ブラジル地理統計院（IBGE）の資料によると，外国人観光客の国籍は，アルゼンチンが140万人（27％）と突出して多く，次いでアメリカ（12％），イタリア（5％），ウルグアイ（4％），ドイツ（4％）と続く（図8.1a）．州（大陸）別でみると，南アメリカが238万（46％）と最も多く，次いでヨーロッパ（31％），北アメリカ（15％），アジア（4％）となる．日本人の観光客は5万9000人であり，国別では第19位であ

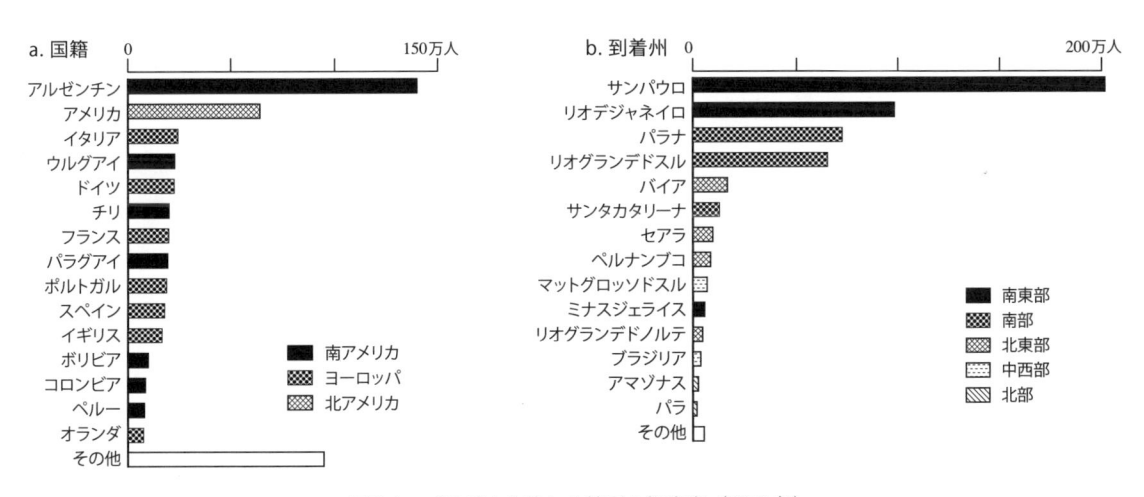

図8.1 ブラジルを訪れる外国人観光客（2010年）
IBGEの観光統計（Anuário Estatístico de Turismo）より．

った．このように，隣国のアルゼンチンをはじめとして，南アメリカとヨーロッパから訪れる観光客が多い．遠方からの観光客は少ないが，日本人移民を受け入れてきた歴史もあるため，アジアの中では日本からの訪問者が多い．近年では，現地生産工場の進出や貿易の拡大を背景に，韓国人と中国人の数も増加している（仁平2008）．

外国人観光客の到着州をみると，サンパウロが202万人（39%）であり，以下，リオデジャネイロ（19%），パラナ（14%），リオグランデドスル（13%），バイア（3%）と続く（図8.1b）．地方別では，南東部（59%），南部（29%），北東部（8%），中西部（2%），北部（1%）となる．大規模な国際空港のあるサンパウロとリオデジャネイロへは，空路によりヨーロッパ，南アメリカ，北アメリカから来る観光客が多いのに対して，南部のパラナとリオグランデドスルへは陸路で来るアルゼンチン人が多い．

外国人観光客がブラジルを訪問する目的は余暇（46%），友人の訪問（27%），ビジネス（23%）である．さらに余暇の中では，海岸・リゾート地（60%），自然・エコツーリズム（27%），文化（9%）となる（2010年）．旅行業者の数は1万792であり，内訳は南東部（47%），南部（22%），北東部（17%），中西部（9%），北部（5%）という順になる．これらの値から，外国人観光客の多くは，南東部や南部を玄関として，大西洋の海岸リゾートや自然を売りにした観光地に移動すると考えられる．

8.2 観光地と観光資源

本節では図8.2をもとに，ブラジルにおける観光資源の特徴を，自然的観光地（世界自然遺産）と文化的観光地（世界文化遺産，都市観光）の順にみていく．外国人観光客の入込み数と，旅行業者の数が多い地方の順に紹介する．

8.2.1 南東部

南東部大西洋岸の保護区群は，サンパウロ州とパラナ州に広がる．ここにはパラナ州のスペラグイ国立公園のほか，両州で11の州立公園が含まれる．緩衝地帯を含めた面積は17万 km^2 であり，四国とほぼ同じ大きさである．暖流であるブラジル海流の影響により，南回帰線よりも高緯度に位置するにも関わらず，熱帯林が広がる．マメ科の大木を含む多様な樹種からなる熱帯林には，カッショクホエザルなどの霊長類のほか，ヒョウ，オセロット，ヤブイヌ，コウモリなど多種の哺乳類が生息している．サンパウロ州とパラナ州では19世紀にコーヒー園の開拓で広い森林が伐採されたが，この地域はブラジル高原と大西洋に挟まれた急崖のため森林が残された．

ディアマンティーナ歴史地区は，ベロオリゾンテから北に約280 km，標高1250 mの高地に位置する文化遺産である．ダイヤモンドという意味のこの町は，18世紀前半にダイヤモンドの鉱脈の発見を機につくられた．当時，ミナスジェライス地方の北部一帯が，ディアマンティーナと呼ばれていた．現在はダイヤモンドは採掘されていないが，そのときに財を成した裕福層の邸宅や，彼らからの寄進によって作られたカトリック教会が数多く残されている．

ミナスジェライス州のオウロプレトは，1980年にブラジルで最初に指定された世界遺産（文化遺産）である（写真1.1参照）．標高1100 mに位置する坂の多い町であり，歴史的なカトリック教会やコロニアル様式の建物，石畳の広場や街路が残されている．その起源は，17世紀末にゴールドラッシュの際につくられたビラリカという村である．ビラリカは18世紀に発展してミナスジェライス地方の首府となり，ブラジル独立後の1823年に，ここで産出される金の色にちなんでオウロプレト（黒い金）と改称された．オウロプレトで採掘された金は，宗主国のポルトガルから，毛織物の代金としてイギリスへ渡り，産業革命を推進させたといわれる．19世紀に入ると金は枯渇し，その北西100 kmに作られた計画都市のベロオリゾンテに州都が移された．

ボンジェズドコンゴーニャスの聖所は，ベロオリゾンテから約90 km南のコンゴーニャスに位置する文化遺産である．ここは，1757年に作られたボンジェズスデマトジーニョス聖堂と，アレイジャディーニョ（Aleijadinho，本名：Antônio

図 8.2 ブラジルの世界遺産とおもな都市（2012年）
UNESCO 資料より．

Francisco Lisboa）による彫刻群によって世界遺産となった．聖堂を寄進したのは探検家で鉱山師のフェリシアーノ・メンデス（Feliciano Mendes）であり，聖堂の名前は彼の故郷であるポルトガルの町にちなんでいる．アレイジャディーニョはバロック様式の有名な彫刻家であり，ブラジルのミケランジェロとも呼ばれている．彼の傑作とされるのが，聖堂の正面を飾る聖書の12予言者である．これらの石像は，この地方特産のやわらかい石鹸石で作られている．

リオデジャネイロの山と海に囲まれた景観は，2012年に文化遺産に登録された（写真8.1，口絵9参照）．これは，2014年のサッカーワールドカップと2016年のオリンピックを控えて，国際的な観光地としての地位をさらに高めようとしたリオデジャネイロの取組みが認められたといえる．世界遺産となった景観は，チジュカ国立公園の山脈，グアナバラ湾の湾口にある人工海岸，ニテロイ港などを含む自然・文化の複合要素からなる．グアナバラ湾の湾口には，ボサノヴァの名曲に唄われたイパネマ海岸，リゾートホテルが林立するコパカバーナ海岸，花崗岩ドームのポンデアスーカル（砂糖パンの意味）などの景勝地がある．また，チジュカ国立公園にあるコルコバードの丘には高さ40mのキリスト像が立っており，日本でもよく知られた観光地となっている．

写真 8.1 山と海に囲まれたリオデジャネイロの景観（2012年撮影）
ポンデアスーカルからコルコバードの丘をのぞむ．特徴的な形をした丘陵と海岸との間に市街地が広がる．手前のボタフォゴ湾（グアナバラ湾の内湾）には多くのヨットが浮いている．

　リオデジャネイロは人口 630 万（2010 年）の，サンパウロに次ぐ大都市であり，盛大なカーニバルが開催されることで知られる．2 月中旬から 3 月上旬にかけて，リオデジャネイロではさまざまな規模のカーニバルが開催されるが，中でも有名なのが，サンボドロモ広場で開かれる競技会で，世界中で放映される．カーニバルの期間，港には外国人観光客を乗せてきた大型客船が何隻も停泊している．サッカー観戦もブラジル都市観光の醍醐味である．リオデジャネイロのマラカナンスタジアムは，1950 年のワールドカップで決勝戦が開催された競技場である．そのときはブラジル対ウルグアイの決勝戦でブラジルが逆転負けし混乱した観戦者が続出したため，マラカナンの悲劇と呼ばれている．2014 年に開催されるブラジルで 2 回目のワールドカップでも，ここで決勝戦が行われる予定である．ブラジルは国民 2 億がサッカー監督といわれるほどで，ワールドカップでブラジルの試合がある日には，会社や学校を休んで選手を応援するという（コラム 11 参照）．

　サンパウロは南半球で最大の都市であり，人口は 1130 万（2010 年）に達する．南回帰線上に位置するが，標高約 750 m の高地にあるため，比較的過ごしやすい．ブラジル経済の中心であり，中心業務地区には，高層のオフィスビルが立ち並び，大企業の本社や銀行，多国籍企業の支店が集中する（写真 8.2）．サンパウロに滞在する観光客の多くはビジネスや修学・研究を主目的とするが，その一方で，西洋美術を収集したサンパウロ美術館（MASP）や旧市街にあるカトリックのセー大聖堂，またスポーツ観戦や中心市街地での買い物など，都市観光ならではの見所も多い．ブラジル各地の料理ばかりでなく，移民が持ち込んだ各国料理のレストランも充実する．

　日本人にとって大切な観光資源として，移民関係の施設や景観が挙げられる．サンパウロの中心部には，東洋人街（かつては日本人街と呼ばれた）として知られるリベルダーデ地区のガルボンブエノがあり，日本語が通じる土産物屋，レストラン，ホテルのほか，各県人会や日伯文化協会の事務所などが並ぶ．日伯文化協会にはブラジル日本移民資料館が併設されており，移住地の生活から都市への移動など，移民とその子孫の歩みに関する資料が展示されている（第 9 章参照）．またサンパウロ移民博物館では，世界各地から集まった移民の歴史を知ることができる．

8.2.2　南　部

　アルゼンチンとの国境に位置するイグアス国立

写真 8.2 サンパウロの市街地（2011 年撮影）
アルティーノアランテスの展望台から撮影したサンパウロ市街地．遠くまで高層ビルが林立するのがみえる．右手にみえるドームと 2 つの尖塔は，セントロ（旧市街）のカテドラル・メトロポリターナである．アルティーノアランテスは，バネスパ（サンパウロ州立銀行）の本社ビルとして，中心業務地区にある金融街に 1949 年に建設された．2000 年に民営化されると，スペインの銀行に買収された．

公園は，1939 年に制定され，1986 年にはブラジルで最初の自然遺産になった．公園内にあるイグアスの滝は，世界屈指の大瀑布として知られる（コラム 8 参照）．アルゼンチン側も国立公園となっており，そちらは 1984 年に世界遺産に指定された．世界遺産の面積は，ブラジル側が 1701 km^2，アルゼンチン側が 555 km^2 であり，合わせると東京都よりも広い．保護地域の多くは，パラナマツ（ブラジルマツ，口絵 10 参照）などの針葉樹やアサイヤシなどのヤシを含んだ亜熱帯林であり，ホエザルなどの哺乳類や鳥類が多く生息している．ブラジル側のイグアス国立公園は，公園内に道路を建設する計画が持ち上がったために，1999 年に「危機にさらされた世界遺産」に指定された．計画の撤回などの対処により，その不名誉な指定は 2001 年に解除された．

サンミゲルダスミソンイス遺跡は，1983 年に単独で文化遺産に指定され，1984 年にグァラニーのイエズス会伝道所群として再編成された．イエズス会は 17 世紀より，ブラジル南部，アルゼンチン北部，パラグアイ南部に住んでいた先住民のグァラニー族にキリスト教を布教した．ブラジルにおける布教の拠点となったのが，リオグランデドスル州のサンミゲルダスミソンイス（天使ミカエルの伝導所という意味）であった．サンミゲルダスミソンイス遺跡の見所は，18 世紀前半に建設された大規模な教会の遺跡と，聖人の木像などを収蔵した博物館である．イエズス会が布教していた時代，開発者やバンデイランテスなどの探検隊は先住民を奴隷労働力にしており，イエズス会はグァラニー族を組織して抗争を展開した．1767 年にスペイン王カルロス 3 世（Carlos III）は，イエズス会をアメリカ大陸から追放し，各地の伝導所は廃れた．

ブラジルを代表する食文化に，シュラスコ（牛肉の串焼き，コラム 1 参照）とマテ茶がある．マテ茶は，お湯で入れるのをシマホン，水で入れるのをテレレと呼び，金属のストローでまわし飲みする．これらは，リオグランデドスル州を中心とする南部のカウボーイ（ガウショ．図 1.6，口絵 13 参照）たちによる畜産文化が起源である．他の地方と比べて冷涼な南部には，ドイツを始めとする北ヨーロッパからの移民も多い．サンタカタリーナ州のフロリアノポリスの郊外には，ドイツ風の町並みとオクトーバーフェスト（ビール祭り）で知られるブルメナウがある（写真 1.4，口

絵12参照).また,ブラジルはアジア以外では最大の米生産国であり,一般にインディカ米が食される.このインディカ米の最大の産地が,南部の河川沿いの低地である.

8.2.3 北東部

フェルナンドデノローニャ諸島とロカス環礁の保護区群は,火山島を含む約20の島からなる自然遺産である.ペルナンブコ州に属し,州都のレシフェから約600 km北東に位置する.海鳥の大規模な営巣地として知られる.これらの島は,ポルトガル以外にイギリス,フランス,オランダの領土となった.ブラジル領になってからは流刑地となり,囚人が筏を作って脱走するのを防ぐために森林が伐採された.ロカス環礁は環礁海洋生物保護区となっており,観光客の立入りは少ない.

コスタドデスコブリメントの大西洋岸森林保護区群は,バイア州からエスピリトサント州にかけて広がる海洋性の熱帯林である.その地名は,1500年にポルトガル人のペドロ・カブラルがこの付近に到着して,ブラジルを発見(デスコブリメント)したことに由来する.この世界遺産は8つの自然保護区からなり,その面積は1120 km^{2}である.世界一の鉄鉱石企業であるヴァレ社が管理する保護区もある.熱帯林には,ジャトバやアラサなどからなる回廊林,アサイヤシやブラジルゾウゲヤシなどのヤシ類,海岸部のマングローブなどがみられる.ブラジルボクやブラジリアンローズウッドも高い密度で生息している.ブラジルの語源となったブラジルボクはマメ科の高木であり,染料や楽器の原料とされ,16世紀には主要な輸出品であった.ブラジリアンローズウッドは硬くて模様が美しいため,家具や楽器向けに伐採が進んだが,現在ではワシントン条約により国際取引が禁止されている.

マラニョン州都のサンルイスには,サンルイス歴史地区がある.ここは,ブラジルの州都の中で唯一フランス人によって建設された街であり,その地名はフランス王ルイ13世(Louis XIII)に由来する.1615年にはポルトガル人が進出し,1641～1645年にはオランダ人によって支配された.その後は再びポルトガルの支配地となり,農産物の輸出港となった.19世紀中頃にアメリカで南北戦争が起きると,イギリスへの綿花輸出が急増して町の経済が発展した.当時財をなした家は,ポルトガルから輸入したタイルで外壁を飾ったことから,サンルイスの旧市街地は「タイルの町」と呼ばれる.現在のサンルイスは,鉄鉱石と大豆の輸出港としても知られる.

ピアウイ州のセーラダカピバラ国立公園は,1991年に文化遺産に指定された.洞窟や岩壁に描かれたカピバラ,シカ,ジャガーなどの動物や,狩猟や儀式などの壁画で知られる.壁画は2万5000年前に描かれたものであり,南アメリカで最古の居住地跡とされる.公園内には侵食でつくられた奇岩群や,フサオマキザルなどの珍しい動物が生息するカーチンガ(有棘灌木林)があり,観光資源となっている.

ペルナンブコ州のオリンダ歴史地区は,ブラジルで2番目に登録された世界遺産である.地名の由来は「オリンダ・シチュアサン・パラセ・コンスツイル・ウマビラ(村をつくるのによい場所だ)」であり,植民地時代における開拓の拠点となった.1537年にカトリックのセー教会が建設されたのが,村の始まりとされる.17世紀前半にはオランダに支配されたため,オランダ風のコロニアル建築(植民地時代の建物)も残されている.17世紀後半に再びポルトガル領になると,オリンダは北東部における砂糖の集散地となった.その輸出港が現在の州都レシフェである.現在のオリンダの周囲には,経済発展の著しいブラジルの都市らしく,ビジネス,ホテル,マンション用の高層建築が立ち並んでいる.

セルジッペ州の前州都サンクリストバンでは,旧市街地にあるサンフランシスコ広場(聖クリストフォロスの町の聖フランチェスコ広場)が,2010年に文化遺産に指定された.この町は,スペイン・ポルトガル同君連合時代の16世紀末につくられた.ポルトガル風の町づくりは,自然の起伏に沿った曲がった街路が多いが,この町ではスペイン風の整然とした碁盤目状の街区がつくられた.サルヴァドルとレシフェの中間に位置する貿易港として発展したが,近代的な港の必要性か

ら，1855年に約20 km北に計画都市アラカジュが建設され，そこが州都となった．

サルヴァドルデバイア歴史地区は，サルヴァドル中心部の台地上に位置する旧市街地で，ブラジルで最も観光地化された文化遺産の1つである．サルヴァドルの街区は，初代ブラジル総督のトメ・デ・ソウザの時代（16世紀中頃）に建設された．石畳で作られた街路は坂道が多く，各所に教会と広場が配置されている．中でもサンフランシスコ教会，オルデンテルセイラデサンフランシスコ教会，バジリカ大聖堂など，17世紀に建設されたルネサンス式やバロック式の壮大な教会が見物である（写真8.3）．18世紀にブラジルで初めて作られた，黒人のためのロザーリオドスプレートス教会もある．セー広場やトメデソウザ広場には，フィタ（日本でいうミサンガ）というリボンを配る婦人や，カポエイラを踊る若者のグループなどがいる（口絵5参照）．

サルヴァドルは，人口約270万（2010年）であり，ブラジル第3位の都市である．18世紀後半にリオデジャネイロに首都が移転するまで，200年以上もポルトガル領ブラジルの首府だった．植民地時代における砂糖貿易の中心地であり，サトウキビ農場の労働力として大勢のアフリカ人が連れてこられた都市でもある．現在では，黒人の文化は重要な観光資源である．世界遺産に指定された旧市街には，アフリカ系文化を展示したアフロブラジル博物館がある．たとえばアフリカの宗教をもとに生まれたアフロブラジリアン宗教のカンドンブレ（第5章，口絵4参照）や，サンバの原型とされるカポエイラがある．打楽器のリズムに合わせて進められるカンドンブレの儀礼では，自然界を司る神霊がミディアムに憑依して信者と交流する．カポエイラは，黒人奴隷によってダンスとして練習された格闘技である．これらの文化は，現在では舞台での見せ物にもなっており，観光化されている．

8.2.4 中西部

セラード保護地域は，ベアデイロス平原国立公園とエマス国立公園からなる．両地域はゴイアス州の北西端と南西端に位置し，約800 kmも離れている．セラードは本地域特有のサバナ植生を意味するが，その様相は，草地が広がる草本サバナから，灌木が卓越する低木サバンナ，樹木が生い茂るセラドン（seradão）に至るまで多様である（第2章参照）．セラード植生ではアンジーコ，ジャトバ，イペー，ペキ，ジェニパポなどの高木や，バクリ，ババス，ブリチーなどのヤシが生えている．また，アリクイ，アルマジロ，サル，ジャガーなどの哺乳類や，レアなどの陸鳥，アナコンダなどの爬虫類が生息する．このような多様な動植物相が，セラード保護地域の重要な観光資源となっている．

パンタナールは世界最大級の熱帯湿原であり，マットグロッソ州，マットグロッソドスル州，ボリビア，パラグアイにかけて広がる（第2章参照）．地名はポルトガル語の「大きな湿地」に由来する．その面積は約23万 km²（日本の本州に匹敵する）であり，ブラジル領パンタナールだけでも13.8万 km²に達する．パンタナールの気候はサバナに属し，11月～5月の雨季と6月～10月の乾季とに大別される．年降水量は1100 mmほどであるが，周囲の高原や山脈に降った雨が流れ込んで，広い範囲が水没する．広大なパンタナールの中でも，マットグロッソ州とマットグロッソドスル州の州境からボリビアとの国境付近に広がるパンタナール国立公園と，その周囲の国定自然保護地区が，2000年に世界遺産のパンタナー

写真8.3 サルヴァドルのサンフランシスコ教会（2011年撮影）
サルヴァドルデバイア歴史地区を代表する教会である．18世紀のバロック式建築であり，内装の彫刻や祭壇に多くの金が使用されているため，黄金の教会と呼ばれる．

ル自然保全地域に指定された．世界遺産の面積は，香川県とほぼ同じ1880 km²に達するが，奥地にあるため訪れるのが難しい．

パンタナールは，雨季と乾季とで浸水域の面積が著しく異なるため，特有のビオトープ（野生動植物の生息空間）がみられる（写真2.7参照）．動物相は，哺乳類が80種，鳥類が650種，爬虫類が50種，魚類が400種であり，哺乳類以外は後述のアマゾンを上回るほどである．19世紀後半の開拓時代から肉牛の放牧がおもな産業として成立してきたが，20世紀の終わりにエコツアーの観光地として世界的に知られるようになった（8.3.2項参照）．パンタナールの周囲にも，シャパーダ・ドス・ギマランエスやボニートなどの有名な観光地がある．前者は山と滝の景勝地であり，後者ではシュノーケリングやトレッキングなどのエコツアーが盛んである．

中西部には連邦直轄区（面積5801 km²，三重県ほど）があり，その中央に首都ブラジリアが位置する．ブラジリアは1960年にリオデジャネイロから遷都された計画都市であり，わずか3年半の建設で首都となった（3.4節参照）．1987年に文化遺産に指定されているが，新しい都市としては異例のことである．南緯15°という低緯度にあるが，標高1200 mの高地にあるため，その気候は快適である．飛行機の形をしたブラジリアの市街地には住宅地区，ホテル地区，公園，娯楽地区などが配置されている．機首に相当する部分には大統領府，国会議事堂，最高裁判所，大聖堂（カテドラル・メトロポリターナ，口絵15参照）が置かれている．これらの建築物は，ブラジルが誇る建築家オスカー・ニーマイヤーによるものであり，その未来的なデザインで知られる．現在は，人口増加により計画都市の外側にも市街地が拡大し，朝夕は通勤ラッシュに見舞われるようになった．

ゴイアス歴史地区は，ブラジルで最も内陸にある文化遺産である．その起源は，18世紀初めにバンデイランテスによって築かれたビラボアデゴイアスという村である．その地名は，先住民のゴイアス族に由来する．村の誕生から間もなく，ゴールドラッシュにより居住地区が拡大し，多くのカトリック教会が作られた．1937年に計画都市であるゴイアニアに遷都するまでゴイアス州の州都だったが，現在は人口約2万5000の小さな町である．古い民家にみられるスペイン瓦は，人の太ももに粘土を当ててかたどったものである．

8.2.5 北部

中央アマゾン保全地域群は，北部にある唯一の世界遺産である．マナウスからネグロ川を約200 km上流に遡った西側に位置し，ジャウー国立公園のほか，ママイラウラとアマナンの自然保護区，およびアナビーリャス・エコロジカルステーションからなる．その面積は約5.3万km²（九州と四国を合わせたほど）であり，ブラジルで最も広い世界遺産である．遠隔地にあることや，国立公園内に入るには環境省の機関である環境・再生可能天然資源院（IBAMA）の許可が必要であるため，研究・教育，少人数のエコツーリズム，マスコミの取材など，観光は特定の目的に限定されている．世界最大の熱帯林が広がるアマゾン盆地は，二酸化炭素の吸収量が多いことから「世界の肺」にもたとえられる．その動植物相は多様であり，未確認の固有種も多い．遺伝資源ばかりでなく，薬品や工業原料としての利用価値も大きい．動物相は，哺乳類が120種，鳥類が411種，爬虫類が15種，魚類が15種とされる．魚類のピラルクーやデンキウナギ，哺乳類のカワイルカやマナティーなど，日本でも知られた動物も生息している．

アマゾナスの州都マナウスは，人口183万（2010年）に達する大都市である．アマゾン川の河口から約1500 kmも遡った中流域にあるにも関わらず，海抜はわずか90 mほどである．19世紀に天然ゴムやジュートの集散地として町が発展した．19世紀末に建設されたアマゾナス劇場は，ヨーロッパから運ばれた豪華な建材と装飾品で溢れたオペラハウスであり，当時の繁栄を偲ばせる建物である（写真1.3参照）．ゴム景気の衰退後，1967年に免税都市に指定されたことから，海外の企業が進出するようになった．ホンダ社，ヤマハ社，パナソニック社，ソニー社など日本企業も

進出しているため，ビジネス目的で訪れる日本人も多い．内陸部における交通と観光の拠点でもあり，アマゾン川の支流や河口付近を巡り熱帯雨林の動植物を観察するクルーズ観光や，川魚を狙うスポーツフィッシングも盛んである．

8.2.6 世界遺産の特色

これまでみてきたように，ブラジルでは広い国土に分布する多様な観光資源を活用しながら，世界遺産を中心に観光地が発達してきた．2012年時点では，12の文化遺産と7つの自然遺産がある．文化遺産は開発の歴史に関する観光地であり，海岸の都市ばかりでなく内陸にも多く分布することと，1980年代に半数の6件が指定されたことに特徴がある．1980年代のブラジルは経済の停滞期にあり，考古学的な発見を含めて，文化的な価値を世界に宣伝してきた．また，海岸部と内陸部の格差を小さくすることを国土開発の目標にしていたことなどが，当時の文化遺産に偏った世界遺産の登録につながったと考えられる．

自然遺産は，海岸沿いか内陸部に分布することと，7件中6件が1999年以降に指定されたことに特徴がある．飛躍的な経済発展を遂げた近年のブラジルでは，固有の自然環境を保護する動きが強くなった．たとえば世界中の研究者や環境保護団体から注目されているアマゾンや，世界中の野鳥観察者が訪れるパンタナールでは，大規模な自然保護区が設定されている．世界的な観光地であるイグアスの滝（コラム8参照）と比べて，1999年以降に指定された自然遺産はアクセスが難しく，保護地域の外部にホテルなどの観光施設が整っている場合が多い．

8.3 エコツーリズムの発展

8.3.1 エコツアー拠点の分布

ブラジルでは1990年代後半から自然を生かした観光に力を入れるようになった．その代表的な形態が，地域の環境や文化を学習する要素を取り入れたエコツーリズムである．2002年には，スポーツ観光省，および民間の非営利団体であるブラジルエコツアー協会により，エコツアー拠点が制定された．エコツアー拠点とは，エコツーリズムによる地域発展を見込んだ観光地でもある．ここでいうエコツアーには，山や海や川などの自然環境の中での散策・学習ばかりでなく，休養を目的とする滞在が含まれている．具体的には，徒歩でのトレッキング，乗馬，キャンプ，海水浴，湖水・河川浴，写真ツアー，スポーツフィッシング，ナイトツアーなどの観光がある．またエコツアー拠点では，自然環境の保護に加えて，観光用のインフラ整備，施設やサービスの充実，国内外への宣伝，それらの開発に伴う持続的な発展が目標とされる．

エコツアー拠点は2003年に最初の26地域が指定され，2012年には90まで増加した．その分布には，内陸には少なく海岸付近に集中するように，偏りがある（図8.3）．これは，エコツアーが盛んになる以前から有名だった観光地が，エコツアー拠点に指定されたためである．たとえばフォルタレザ，ナタル，レシフェ，サンルイスの近郊にある海岸には，外国資本が進出して，ブラジルでも屈指の海岸リゾートが整備されている．内陸部にも，クルーズ船で知られるサンフランシスコ川などの観光地がある．また，数は少ないものの，文化的な観光地もエコツアー拠点になっている．たとえばパトリモニオ・ヒストリコ・クルトゥラル・マラニョン（サンルイスの旧市街）やセーラダカピバラなどである．

内陸にはエコツアー拠点は少ないものの，パンタナールやアマゾンなど，広範囲に広がり，世界的に知られた観光地が指定されている．特にパンタナールは，ドイツをはじめとするヨーロッパからの野鳥観察者が訪れるようになったこと，1990年代にブラジル政府がエコツーリズムのモデル地域として，ヨーロッパを中心に宣伝をしたことにより有名になった．世界遺産でもあるパンタナールは，ブラジルにおけるエコツーリズム発展の契機になった地域でもある（仁平2003, Maruyama et al. 2005）．

内陸の州境や国境地帯は山脈や河川である場合が多いが，そこが景勝地であればエコツアー拠点に指定されている地域もある．たとえばトカンチンス州とマラニョン州の州境にあるシャパーダ・

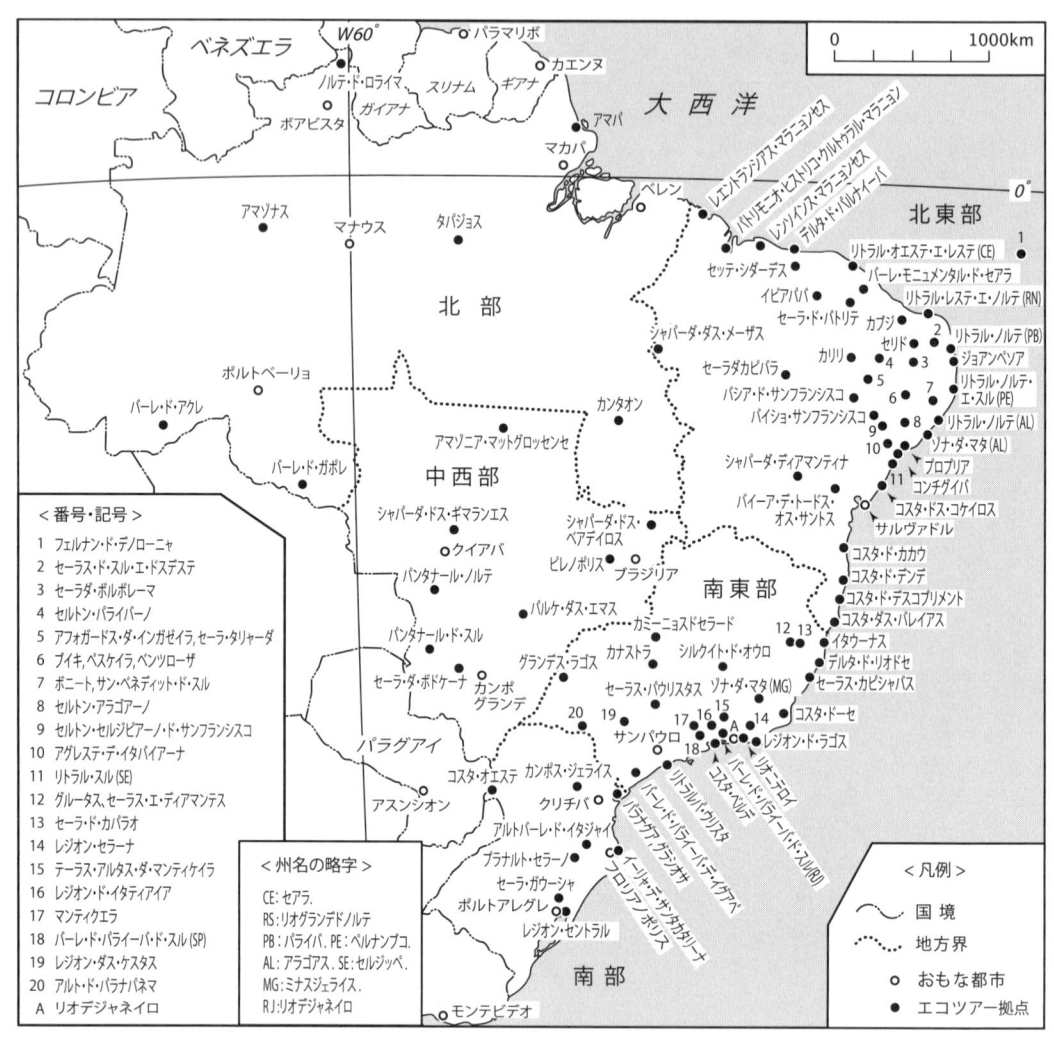

図 8.3 ブラジルにおけるエコツアー拠点の分布（2012年）
アンビエンテ・ブラジル（Ambiente Brasil）より.

ダス・メーザスや，パラナ州とパラグアイとの国境にあたるコスタ・オエステなどである．北東部の内陸には，かつては貧しさの象徴であったセルトンのカーチンガや，カーチンガと海岸林の中間に位置するアグレステなどの特有の植生も，エコツアー拠点の観光資源となっている．たとえばアグレステ・デ・イタバイアーナや，セルトン・アラゴアーノなどである．

エコツアー拠点は州ごとに指定されるため，異なる州で同名のエコツアー拠点がある．たとえば海岸ではリトラル・ノルテ（パライバ州とアラゴアス州），森林ではゾナ・ダ・マタ（アラゴアス州とミナスジェライス州）などである．また，同じ景勝地であっても州が異なれば，別々に指定されることがある．たとえばサンフランシスコ川下流部では，バイショ・サンフランシスコ（アラゴアス州）とバシア・ド・サンフランシスコ（ペルナンブコ州），パンタナール・ド・スル（マットグロッソドスル州）とパンタナール・ノルテ（マットグロッソ州）などである．また，エコツーリズムの成功例として知られるボニート（マットグロッソドスル州）がエコツアー拠点に指定されていないなど，エコツーリズムが実践されているすべての地域が網羅されているわけではない．

8.3.2 パンタナールのエコツーリズム

ここでは，2000年に世界遺産に指定され，かつエコツーリズム拠点でもあるパンタナールに注目して，エコツーリズムの実態をみていく．前述

のようにパンタナールの範囲は広いが，ホテルや農家民宿（ポウザーダ）などの観光施設が集積し，世界中から観光客が訪れるのは，南パンタナールのエストラーダパルケ沿線と，北パンタナールのトランスパンタネイラ沿線である（図8.4）．中でも，大河川に隣接し，多様な観光を提供しているエストラーダパルケに注目する．

エストラーダパルケは，マットグロッソドスル州のコルンバから，ポルトダマンガを経て連邦道路262号に至る道路であり，総延長は120 kmである．この道は，湿原の奥地で生産された牛をトラックで搬送するために，1970年代に整備された．当初はエストラーダ・ボイアデイラ（牛街道）と呼ばれたが，沿線の観光発展に伴って，1993年にエストラーダパルケという名前で州の保護道路に指定された．農場の生活物資や家畜を円滑に輸送するために，道路には74の木橋が設置されている．

エストラーダパルケはパンタナールの下流域に位置するため，水量が豊富であり，鳥類，ワニやヘビなどの爬虫類，カピバラやカワウソなどの哺乳類など，水辺を生息地とする動物を頻繁にみることができる．鳥類のほかに観光客に人気があるのが，メガネカイマンやアナコンダなどの爬虫類である．ピラニアやランバリなどの小型の魚も豊富であり，竹竿に糸と針を付けた簡単な竿で容易に釣ることができる．ドラード，ピンタード，ツクナレなどの大型魚を対象とする釣りでは，生き餌のほかに疑似餌が使われる．

エストラーダパルケ沿線には，2006年時点で19軒の宿泊施設がある（表8.1）．大別すると，大規模な施設を備えたホテル，既存の農家を改装した農家民宿（ファゼンダ・ポウザーダまたはエコロッジ），スポーツフィッシングに特化した釣宿（ペスカリア）となる．以下，ホテル，農家民宿，釣宿の順に，経営の実態を説明する．

ホテルはいずれも大河川に面して専用の港を備えており，エコツアー専門のガイドと，モーターボートの運転手を雇っている．ホテルが提供するエコツアーは，農場の散策や乗馬，動植物観察の写真撮影ツアー，スポーツフィッシング，ナイトツアーなどである．エコツアーの場合，参加客が1人であっても必ずガイドが付いていく．たとえばパルケホテルとパンタナールパークホテルでは，散策，乗馬，写真撮影など，陸上のエコツアーがおもな観光となる．これらのホテルでは，宿

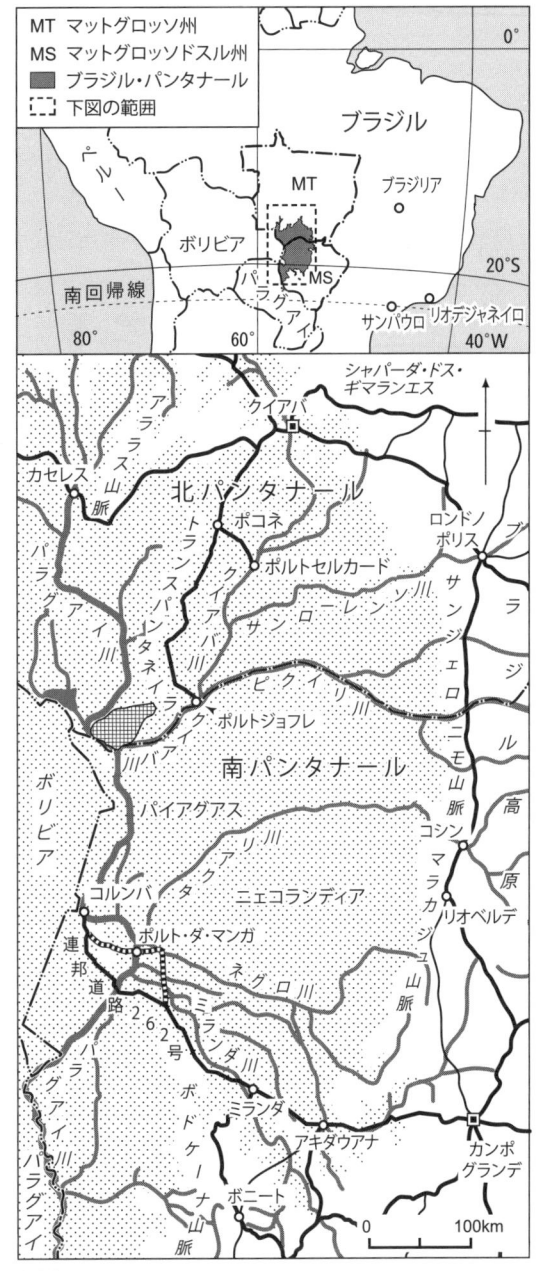

図 8.4 パンタナールの範囲
IBGE の地形図をもとに作成．

表8.1 エストラーダパルケとその周辺における宿泊施設（2003〜2006年）

宿泊施設・農場の名前	観光業の開始年	面積(ha)	部屋数	収容人数	宿泊料金(レアル/人)	備考
● ガバーナドロントラ	1969	–	19	60	50	敷地は宿泊施設のみ
● サンタカタリーナ	1969	200	6	40	50	
● ソネトゥール	1981	–	20	80	100, 150	敷地は宿泊施設のみ
● パッソドロントラ	1982	–	14	30	45, 80	敷地は宿泊施設と商業施設（レストラン、ガソリンスタンド）のみ
● パルティクラ	1985	–	4	27	50	敷地は宿泊施設のみ
■ UFMS	1988	–	8	35	–	敷地は宿泊施設と研修施設のみ
○ ナトゥレーザ	1989	500	3	22	100	
★ クルピーラ	1989	–	13	83	125, 208–250	敷地は宿泊施設のみ
● タダシ	1993	8	17	65	110	
★ パンタナールパークホテル	1994	600	41	120	100, 275, 408	
★ パルケホテル	1997	190	18	74	191, 225	
◎ リオベルメーリョ	1998	7000	9	27	200	
◎ アララアズール	2001	6000	30	90	130	農民民宿の敷地は400 ha
○ ボアソルテ	2001	1040	–	60	85	
☆ サンジョアン	2001	1750	–	–	–	
◎ サンフランシスコ	2001	15000	8	32	65	宿泊業は2003年に開始
◎ ベーラビスタ	2002	1760	10	26	97.5	
◎ シャラエス	2004	4000	17	46	200	農家民宿の敷地は350 ha
○ エコロジカルエクスペディションス	2005	–	12	24	35, 70	敷地は宿泊施設のみ
◎ サンタクララ	2005	1700	11	30	60	

現地調査より作成.
●：釣宿（ペスカリア），○：キャンプ場、簡易宿泊施設，★：ホテル，◎：農家民宿（ファゼンダ・ポウザーダ、エコロッジ），☆：パルケホテルが購入した観光用農場（ファゼンダ），■：大学の研究施設.

泊客の約9割が外国人である．彼らは3泊4日のパックツアーで滞在することが多い．一方，パラグアイ川に面するクルピーラでは，スポーツフィッシングがおもな観光となる．こちらは宿泊客のほとんどがブラジル人グループのリピーターである．いずれのホテルも観光のピークは，長期休暇をとる人が滞在する12月と7月である．

農家民宿は，牛を飼育していた農場が観光業を始めた宿泊施設である．その面積は数百〜1万5000 haまでさまざまである．傾斜地が多くてよい牧草が育たないベーラビスタ以外は，現在でも牛を飼っている．また，すべての農家民宿で乗馬用の馬を飼育している．エストラーダパルケの農家民宿の所有者は，開拓時代からの農場主（ファゼンデイロ）の家系ではない．売りに出された農場を購入して観光業を始めた事業主が中心であり，遠方の都市や外国出身の所有者が多い．観光業を始める際には，母屋を客室に改装したり，エコツアーのガイドと契約したりする必要がある．

農家民宿に滞在するのは50〜80％が外国人観光客である．年間の宿泊客数は250〜1000人であり，宿泊施設の中ではキャンプ場と並んで数が少ない．おもな宿泊客は，家族や友人などの少人数のグループであり，平均的な滞在は3〜4日である．観光のピークは，ホテルと同じ12月と7月である．農家民宿が提供するおもなツアーは，散策，乗馬，ナイトツアーなどであるが，敷地内に川や湖を含むため，ボートツアーも提供している．しかしスポーツフィッシングはあまり宣伝していない．いずれの農家民宿もエコツアー専用のガイドを雇っている．中には，生態学やITの専門家を雇用したり，WWFによる野生動物保護計画に参加する農家民宿もある．エストラーダパルケにおける農家民宿の成功を受けて，ニェコランディアなどの内陸部やミランダなどの支流沿いにも農家民宿が開業した．

釣宿はすべてパラグアイ川とミランダ川に沿って立地する．この地域は河川漁業が盛んであり，

スポーツフィッシングも1960年代に始まった．現存する釣宿も，エコツーリズムがブームになる以前の1960年代と1980年代に営業を始めた．滞在する観光客は，おもにヨーロッパを中心とする外国人と，サンパウロからやって来るブラジル人のグループである．その割合は，釣宿によって異なるがおおむね半分ずつである．大規模な釣り宿ではツアー客などの団体客も受け入れるが，収容人数が30人以下の小規模な釣宿では，家族や友人などの小グループの滞在が主である．1年間の述べ宿泊客数は数百〜2000人であり，平均すると農家民宿やホテルよりも多い．宿泊料は，他の施設と比べて半値以下である場合が多い．観光のピークは，カーニバルによる連休がある2月下旬〜3月上旬，祝日や学校が休みになる7月〜9月である．資源保護のために禁漁期間となる10月末から2月にかけては，休業する釣宿もある．

エストラーダパルケ沿線では，これらの3類型の施設以外に，キャンプ場と素泊まり用の簡易民宿が3軒，およびホテルに付随した観光用の農場，大学の研修施設が1軒ずつ立地する．最近では，外国人の若者のバックパッカーが増加しており，キャンプ場の滞在客が増えている（仁平2011）．

8.4 観光業の可能性と課題

ブラジルの初期の観光は，カーニバルや海岸リゾートに代表されるように，海岸部の都市や近郊において発展した．1980年代に入ると，植民地時代の町並みなどが世界遺産に登録されたことにより，内陸部にも世界に知られる観光地が作られた．1990年代以降は，豊かな自然を売りにしたエコツーリズムなどの観光が盛んになった．たとえばパンタナールやアマゾン川などが挙げられる．2003年には観光省が設立され，観光発展がさらに重視されるようになった．各地の多様な自然を売りにしたエコツアー拠点の指定もその一環である．また，環境・再生可能天然資源院は，個人の土地を自然遺産の個人保留地（RPPN）に指定することで，税金を安くするなどの法制度をとっている．そのため観光地とその周辺を中心に，農家民宿の地主などによる自然遺産の個人保留地の登録が増加している．

また，近年の経済発展に伴って，オリンピックやサッカーワールドカップなどの国際的なイベントが続くことから，都市における観光関連施設の整備も進んでいる．イベントを目的に訪れた外国人の多くは，海岸や内陸の観光地も訪れると予想されることから，ブラジルの観光業はますます発展する可能性がある．しかし，急速な観光開発に伴う課題も多い．以下，都市と農村に分けて，観光発展の課題を考えてみたい．

都市の観光地においては治安の悪さが問題となる．ブラジルの社会は伝統的に貧富の格差が大きく，貧しい住民はファヴェーラと呼ばれるスラムに居住している．ファヴェーラは，傾斜地や河川敷などの空き地を貧しい住民が不法占拠して作られ，上下水道や電気などが整備されていないことも多い．名画『黒いオルフェ（*Orfeu Negro*）』（1959年）の舞台にもなったように，ファヴェーラはブラジルの都市ではありふれた存在である．リオデジャネイロであればGoogleEarthでも多数のファヴェーラを確認できるし，ファヴェーラをめぐるツアーもあるが，外国人の観光客が安易に訪れるのは危険である．都市や海岸などの旧来の観光地では，周囲の安全性を高めて，観光地のいっそうのブランド化を進めていく必要がある．

近年では，都市の郊外に低所得者向けの公団住宅の建設が進んできたが，依然として大都市の内部には治安の悪い地区がある．たとえばサンパウロには旧市街，東洋人街，移民資料館などの日本人が多く訪れる観光地があるが，それらに隣接して治安のよくない地区（ファヴェーラではない）が点在している．また，自家用車所有率の上昇に伴う交通渋滞や事故の増加，下水や排気ガスによる都市環境の悪化も懸念されている．特に環境問題は，都市に近接する海岸リゾートで問題になっている．今後は，周辺地域や周辺産業との連携をふまえながら，持続可能な観光発展を考えていく必要がある．

農村においては，環境の保護と開発のバランスが課題である．観光開発の負の側面として，観光

客の増加によるゴミ処理，観光道路開発による野生動物の轢死などが挙げられる．経済発展に伴う電力需要の増加は，水力発電ダムの建設を促し，景勝地や森林の消滅につながる．また，農村における急進的な環境保護活動は，必ずしも観光発展に結びつかない場合がある．パンタナールでは河川流路の人工的な維持が法律で禁止されたことにより，広い土地が水没して，通年の浸水地となった．その結果，牧草地が減少して農場の閉鎖が相次ぎ，伝統的な牧畜が維持できなくなった地域も出ている．

　パンタナールなどの急速に観光が発展した地域では，観光施設への外部からの投資が増えている．同時に，地域外出身のオーナーやガイドも増加しており，地域住民がエコツアーにうまく参画できないという課題もある．エコツアーをはじめとする農村の観光が持続的に発展していくためには，マニュアルどおりのガイドではなく，牧童やインディオの生活様式などの文化的側面も重視した，内発的な観光発展を進めていく必要がある．また，個人のバックパッカーやアジアからの観光客など，多様化する観光客への対応も必要である．

[仁平尊明]

引用文献

仁平尊明（2003）：エコツーリズム——観光業の発展と場所特性の変化．地理，**48**（12）：30-37．

仁平尊明（2008）：ブラジルのエスニック社会．山下清海編『エスニック・ワールド——世界と日本のエスニック社会』98-108，明石書店．

仁平尊明（2011）：ブラジル・南パンタナールにおける観光業の導入と発展．地理空間，**4**：18-42．

Maruyama, Hiroaki, Nihei, Takaaki and Nishiwaki, Yasuyuki (2005): Ecotourism in the north Pantanal, Brazil: regional bases and subjects for sustainable development. *Geographical Review of Japan,* **78**: 289-310.

コラム8　世界三大瀑布の1つ——イグアスの大瀑布観光

　ブラジルとアルゼンチンの国境に位置するイグアスの滝は，南アメリカ大陸で最も有名な観光地の1つである．アメリカとカナダの国境にあるナイアガラの滝，ジンバブエとザンビアの国境にあるビクトリアの滝と並んで，世界三大瀑布の1つとして知られる．イグアスとは，先住民グァラニー族の言葉で，大きな水（アスー・イゴア）を意味し，聖地としてあがめられていた．16世紀の中頃にスペイン人の探検家カベサ・デ・バカ（Álvar Núñez Cabeza de Vaca）により，この滝がヨーロッパ人に知られるようになった．

　イグアスの滝は，パラナ川支流のイグアス川にかかる．その大きさは幅4 km，落差80 mで，大小約300の滝からなる．最大の滝が，上流部に位置する「悪魔ののど笛（garganta do diabo）」で，その幅は155 mもある（写真1）．2つの玄武岩層に滝がかかるため，2段に分かれて水が流れ落ちるのをみることができる．玄武岩を母材とするテラローシャは肥沃な赤紫色であり，イグアス滝を含むブラジル南部では大豆やトウモロコシの生産に，パラナ川の上流部ではサトウキビやコーヒーの栽培に最も適した土壌とされる．

　イグアスの滝には，アルゼンチン側にもブラジル側にも遊歩道が作られている．悪魔ののど笛の辺りでは川の上にも遊歩道が延びており，大瀑布を上から間近にみることができる．遊歩道を散策する観光ばかりでなく，滝壺にせまるゴムボートや森林トレッキングなどのツアーもある．また，ブラジル側からはヘリコプターで上空を散策することができ，アルゼンチン側では鉄道で滝と周囲をまわることもできる．

　イグアスの滝をブラジル側から観光するときには，ビジターセンターから国立公園内を巡る専用バスに乗って，遊歩道の入口か，悪魔ののど笛の近くにあるエレベーター付き展望台まで移動する．遊歩道の入口で降りれば，いくつかの展望台を経由しながら，悪魔ののど笛に近づいていく散策を楽しむことができる．また遊歩道の入口には，ゴムボートや森林トレッキングなどのツアーの受付もある．ライフジャケットとカッパを着て，水しぶきを浴びながら滝壺まで移動するボートツアーに参加すれば，イグアスの滝の大きさを間近に感じることができる．

　滝の周囲にある保護林をまわる森林トレッキングは，専門のガイドがつくエコツアーであり，大西洋岸の亜熱帯雨林（mata atlântica）でみられる動植物の詳しい説明を聞ける．ここでは針葉樹やヤシ類などのほかに，シダやランなどの植物がみられる．モンステラ（Costela-de-adão，アダムの肋骨の意味）など，日本では観葉植物になっている植物も周囲に自生している．また，トカゲやヘビなどの爬虫類，コウモリやハナグマなどの動物もみることができる．滝の裏側に巣を作るアマツバメも，イグアスの滝ならではの鳥である．

　イグアスの滝の周辺には，世界最大級のイタイプーダムや，パラグアイにある国境の町シウダデルエステなどの観光地がある．イタイプーダムは発電用のダムであるが，夜にはライトアップされるためナイトツアーも盛んである．イタイプーダムがある場所には，かつてセッテケーダスという7つの滝からなる景勝地があったが，ダムの完成により水没した．また，パラグアイは関税が安く，外国製の家電製品や自動車の部品などが安く手に入るため，ブラジル人やアルゼンチン人が，シウダデルエステまでショッピングツアーに訪れる．なおパラグアイは，他国との関税の共通化を進めないことや，政治が不安定であるなどの理由により，2012年から2013年に南米南部共同市場（メルコスール）への参加が一時停止された．　［仁平尊明］

写真1　イグアスの滝（2003年撮影）
上流部の悪魔ののど笛をみることができる展望台は，世界中から訪れる観光客で賑わっている．雨季の10月～2月は水量が多く，迫力のある大瀑布がみられる．

9 ブラジルに渡った日本移民

　ブラジルと日本は，1895年の日伯修好通商航海条約締結から現在に至るまで，人の移動を介して深いつながりを持ち続けている．1908年から1970年代までは，日本からブラジルへ約25万人が移民した．一方，1980年代後半からは，日本移民の子孫である日系人を中心とするブラジル人が「デカセギ（dekassegui）」で来日して，現在でも20万人以上が日本で生活している．移民の存在は両国の社会・文化に大きな影響を与え，さまざまな変化を生み出し，ときに両国関係を揺さぶってきた．ブラジルに渡航した日本移民の足跡をたどることにより，日本の近代化の新たな側面がみえてくるであろう．

9.1　出稼ぎ移民の送出と生活

　近代日本の海外移民史は，1868（明治元）年，サトウキビ農園労働者としてグアム島やハワイに渡った「元年者」に始まる．以後，アメリカ，カナダ，ペルーなどに日本人が移民として渡航し，その多くは「出稼ぎ移民」として契約農業労働や都市での非熟練労働に従事した．出稼ぎの背景には，明治期以降の富国強兵政策などにより困窮して，出生地を離れざるをえなかった貧農層の存在があった．20世紀に入り，日本移民の急激な増加により北アメリカで日本人排斥が激しくなると，新たな渡航先としてブラジルが脚光を浴びるようになった．

　一方，19世紀後半の奴隷貿易禁止（1850年）および奴隷制廃止（1888年）を経たブラジルでは，恒常的に労働力が不足していた．そのため，大地主が経営するコーヒー農場が集中するサンパウロ州では，イタリア，ポルトガル，スペインなどのヨーロッパから受け入れたコロノ（契約農業労働者）移民により労働力不足を補ってきた．しかし1897年のコーヒー価格大暴落により，それまで特に渡航者数が多かったイタリア移民が激減した．州政府は労働力不足を補うために，ヨーロッパ移民と同様に補助金を支給して日本移民を迎え入れようとした．

　サンパウロ州の積極姿勢に対して，ブラジル駐在の日本人外交官は，コーヒー不況下でのヨーロッパ移民の惨状などを理由に，当初日本移民の送出には否定的であった．しかし1905年に弁理公使として着任した杉村濬が，ブラジルは日本移民の好適地であるとの報告書を外務省に送ると，日本社会では大きな反響が湧き起こった．

　杉村公使の報告に触発されたのが，皇国殖民会社社長の水野龍である．水野は1905〜1906年のブラジル視察を経てサンパウロ州と移民契約の交渉を進め，1907年11月に日本移民導入の契約を結んだ．契約の条件は，皇国殖民会社は向こう3年間に日本移民3000人を，毎年1000人ずつ，5月までにサントス港へ輸送するというもので，移民は夫婦を中心とし，12〜45歳の者3〜10人を1家族とする農業者からなること，サンパウロ州政府は年齢に応じて既定の船賃を支給することなどが定められた．

　1908年1月に帰国した水野は，コーヒー収穫期にあたる5月までに移民を到着させるため，4月の出発に向けて移民の掻き集めに奔走した．移民募集に際して皇国殖民会社が発行した案内書には，コーヒーの実を1人1日平均5〜6袋は採取でき，1日当たり1円20銭〜1円50銭の純収入が見込めると述べられていた．これは小学校教員の初任給が10〜13円であった当時の日本において，コーヒーを「金のなる木」と信じさせるのに十分な金額であった．

　しかし渡航準備期間の短さや皇国殖民会社の資金不足により，1000人の移民を集めることはで

きなかった．さらに，国に納める10万円の保証金が支払えず，出港が予定より約半月も遅れたうえに，移民から預かった携帯金を保証金の一部として流用する事態となった．このような出航時の混乱の中，1府13県から集まった781人の契約農業労働移民（165家族733人と独身者48人）と自由渡航者12人を乗せた「笠戸丸」は，1908年4月28日に神戸を出港した（図9.1）．移民の出身県をみると，重点的に募集を行った沖縄県が325人で最も多く，次いで鹿児島県172人，熊本県78人，福島県77人の順であった（写真9.1）．

喜望峰を経由して52日間の航海を終えた「笠戸丸」は，1908年6月18日，ブラジルのサントス港に接岸した．翌日下船を許された移民たちは，移民列車に乗せられてサンパウロ市の州立移民収容所に輸送され，そこで税関検査を受けたり，買い物などをして配耕前の準備を進めた．そして，カナーン，フロレスタ，サンマルチーニョ，グァタパラ，ズーモン，ソブラードの6つのコーヒー農場（コーヒー耕地ともいう）へ，それ

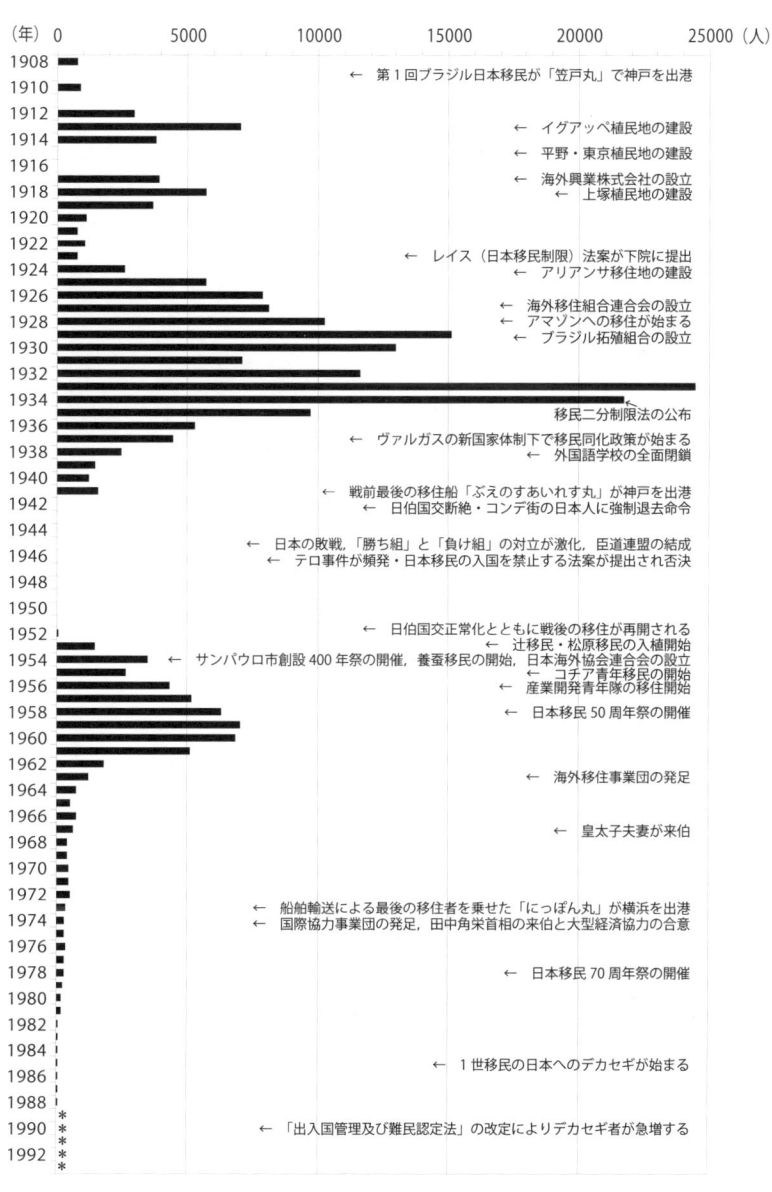

図9.1 ブラジルへ渡航した日本移民数の推移と主要な出来事
＊わずかな移住者あり．

9.1 出稼ぎ移民の送出と生活　　123

ぞれ担当の通訳とともに配耕された．

　移民たちは休む間もなく，すでに盛りを過ぎたコーヒーの収穫作業に取りかかった（写真9.2）．しかし慣れない重労働に従事した彼らの労働成果は，1人1日わずか1～1.5俵で，渡伯前に皇国殖民会社が示した採取量の4分の1にも満たなかった．出港の遅れで収穫期の盛りを逸したことや，コーヒー価格の暴落，天候不順による不作などの悪条件が移民たちを苦しめた．加えて，食料品や日用品を農場主と結託したベンダ（売店）から掛け売りで購入するため，賃金から法外な値段が差し引かれ，借金が増大することもあった．とりわけ沖縄県移民の多くは，皇国殖民会社から携帯金を返却されなかったため赤貧生活を余儀なくされた．さらに，日々の粗食や食生活の変化，過酷な労働，故郷へ送金ができない心理的重圧，武装し

写真9.1　鹿児島県出身の「笠戸丸」移民が出発前に撮影した記念写真（1908年撮影）
ブラジル日本移民史料館所蔵．

写真9.2　コーヒーを「さびる」作業
コーヒーの実をふるいに入れて高く飛ばし，葉やゴミを取り除く．
『在伯同胞活動實況大寫眞帖』1938年より．

朝倉書店〈地理学関連書〉ご案内

自然地理学事典
小池一之・山下脩二 他編
B5判 480頁 定価（本体8800円＋税）（16353-7）

近年目覚ましく発達し，さらなる発展を志向している自然地理学は，自然を構成するすべての要素を総合的・有機的に捉えることに本来的な特徴がある。すべてが複雑化する現代において，今後一層重要になるであろう状況を鑑み，自然地理学・地球科学的観点から最新の知見を幅広く集成，見開き形式の約200項目を収載し，簡潔にまとめた総合的・学際的な事典。〔内容〕自然地理一般／気候／水文／地形／土壌／植生／自然災害／環境汚染・改変と環境地理／地域（大生態系）の環境

地形の辞典
日本地形学連合編 鈴木隆介・砂村継夫・松倉公憲責任編集
B5判 1032頁 定価（本体26000円＋税）（16063-5）

地形学の最新知識とその関連用語，またマスコミ等で使用される地形関連用語の正確な定義を小項目辞典の形で総括する。地形学はもとより関連する科学技術分野の研究者，技術者，教員，学生のみならず，国土・都市計画，防災事業，自然環境維持対策，観光開発などに携わる人々，さらには登山家など一般読者も広く対象とする。収録項目8600。分野：地形学，地質学，年代学，地球科学一般，河川工学，土壌学，海洋・海岸工学，火山学，土木工学，自然環境・災害，惑星科学等

気候変動の事典
山川修治・常盤勝美・渡来 靖編
A5判 472頁 定価（本体8500円＋税）（16129-8）

気候変動による自然環境や社会活動への影響やその利用について幅広い話題を読切り形式で解説。〔内容〕気象気候災害／減災のためのリスク管理／地球温暖化／IPCC報告書／生物・植物への影響／農業・水資源への影響／健康・疾病への影響／交通・観光への影響／大気・海洋相互作用からさぐる気候変動／極域・雪氷圏からみた気候変動／太陽活動・宇宙規模の運動からさぐる気候変動／世界の気候区分／気候環境の時代変遷／古気候・古環境変遷／自然エネルギーの利活用／環境教育

観光危機管理ハンドブック ―観光客と観光ビジネスを災害から守る―
髙松正人 著
B5判 180頁 定価（本体3400円＋税）（50029-5）

災害・事故等による観光危機に対する事前の備えと対応・復興等を豊富な実例とともに詳説する。〔内容〕観光危機管理とは／減災／備え／対応／復興／沖縄での観光危機管理／気仙沼市観光復興戦略づくり／世界レベルでの観光危機管理

ベラン世界地理大系9 西部・中部アフリカ
末松 壽・野澤秀樹 編訳
B4変判 280頁 定価（本体16000円＋税）（16739-9）

〔内容〕黒い大陸／サヘル地域（セネガル／ガンビア／モーリタニア／マリ／ニジェール／他）／ギニア湾沿岸部（ガーナ／コートディヴォワール／ベナン／ナイジェリアほか）／中部アフリカ（カメルーン／チャド／コンゴ／コンゴ民主／他）

世界自然環境大百科8 ステップ・プレイリー・タイガ
大澤雅彦 監訳
A4変判 488頁 定価（本体28000円＋税）（18519-5）

プレイリーなどの草原およびタイガとよばれる北方林における，様々な生態系や動植物と人間とのかかわり，遊牧民をはじめとする人々の生活，保護区と生物圏保存地域などについて，多数のカラー写真・図表を用いて詳細に解説。

まちを読み解く ―景観・歴史・地域づくり―
西村幸夫・野澤 康編
B5判 160頁 定価（本体3200円＋税）（26646-7）

国内29カ所の特色ある地域を選び，その歴史，地形，生活などから，いかにしてそのまちを読み解くかを具体的に解説。地域づくりの調査実践における必携の書。〔内容〕大野村／釜石／大宮氷川参道／神楽坂／京浜臨海部／鞆の浦／佐賀市／他

世界地誌シリーズ

世界の諸地域を正確に認識するためのテキストシリーズ

1. 日本
菊地俊夫 編
B5判 184頁 定価（本体3400円+税）（16855-6）

教員を目指す学生のための日本の地誌学のテキスト。自然・歴史・産業・環境・生活・文化・他地域との関連を例に、各地域の特色を解説する。〔内容〕総論／九州／中国・四国／近畿／中部／関東／東北／北海道／世界の中の日本

2. 中国
上野和彦 編
B5判 180頁 定価（本体3400円+税）（16856-3）

教員を目指す学生のための中国地誌学のテキスト。中国の国と諸地域の地理的特徴を解説する。〔内容〕多様性と課題／自然環境／経済／人口／工業／農業と食糧／珠江デルタ／長江デルタ／西部開発と少数民族／都市圏／農村／世界の中の中国

3. EU
加賀美雅弘 編
B5判 164頁 定価（本体3400円+税）（16857-0）

教員を目指す学生のためのヨーロッパ地誌学のテキスト。自然、工業、観光などのテーマごとに、特徴のあるEU加盟国を例として解説する。〔内容〕総論／自然・農業／工業／都市／観光／移民／民俗／東欧／生活／国境／世界とEU

4. アメリカ
矢ケ﨑典隆 編
B5判 176頁 定価（本体3400円+税）（16858-7）

教員を目指す学生のためのアメリカ地誌学のテキスト。生産様式、生活様式、地域が抱える諸問題に着目し、地理的特徴を解説する。〔内容〕総論／自然／交通・経済／工業／農業／多民族社会／生活文化／貧困層／人口構成／世界との関係

5. インド
友澤和夫 編
B5判 160頁 定価（本体3400円+税）（16925-6）

インド地誌学のテキスト。インド共和国を中心に、南アジアの地域と人々のあり方を理解するために最適。〔内容〕地域編成と州／巨大人口と多民族社会／自然／農業／鉱工業／ICT産業／交通と観光／農村／巨大都市圏／他

6. ブラジル
丸山浩明 編著
B5判 160頁 定価（本体3400円+税）（16926-3）

ブラジル地誌学のテキスト。アマゾン、サンバ、コーヒー、サッカーだけでなくブラジルを広く深く理解する。〔内容〕総論／自然／都市／多民族社会／宗教／音楽／アグロビジネス／観光／日系移民／日本の中のブラジル社会／サッカー

7. 東南アジア・オセアニア
菊地俊夫・小田宏信 編
B5判 180頁 定価（本体3400円+税）（16927-0）

東南アジア・オセアニア地域の地誌学のテキスト。自然・生活・文化などから両地域を比較しつつ、その特色を追求する。〔内容〕自然環境／歴史・文化の異質性と共通性／資源／伝統文化／グローバル化と経済活動／都市の拡大／比較地誌

8. アフリカ
島田周平・上田 元 編
B5判 176頁 定価（本体3400円+税）（16928-7）

アフリカ地誌学のテキスト。〔内容〕自然的多様性・民族的多様性／気候・植生／生業と環境利用（焼畑・牧畜・ブドウ栽培）／都市と農村／都市環境問題／地域紛争／グローバル化とフォーマル経済／開発援助・協力／大衆文化／日本との関係

9. ロシア
加賀美雅弘 編
B5判 184頁 定価（本体3400円+税）（16929-4）

ロシア地誌学のテキスト。自然・産業・文化などから全体像をとらえ、日本や東アジア、世界との関係性を解説する。〔内容〕総論／国土と自然／開発と資源／農業／工業／社会経済／都市／伝統文化／民族と地域文化／日本・世界との関係

10. 中部アメリカ
石井久生・浦部浩之 編
B5判 176頁 定価（本体3400円+税）（16930-0）

中部アメリカ地域の地誌学のテキスト。自然と災害・民族・産業などを概観し、欧米・世界との関係を解説する。〔内容〕地域概念・区分／自然と災害／民族と文化／農業／経済／都市／人と富の移動／貧困と格差／地政学／ツーリズム／他

地誌トピックス〈全3巻・完結〉
3つの視角からアプローチ

1. グローバリゼーション —縮小する世界—
矢ケ﨑典隆・山下清海・加賀美雅弘 編
B5判 152頁 定価（本体3200円+税）(16881-5)

交通機関、インターネット等の発展とともに世界との距離は小さくなっている。第1巻はグローバリゼーションをテーマに課題を読み解く。文化の伝播と越境する人、企業、風土病、アグリビジネスやスポーツ文化を題材に知見を養う。

2. ローカリゼーション —地域へのこだわり—
矢ケ﨑典隆・菊地俊夫・丸山浩明 編
B5判 160頁 定価（本体3200円+税）(16882-2)

各地域が独自の地理的・文化的・経済的背景を、また同時に、地域特有の課題を持つ。第2巻はローカリゼーションをテーマに課題を読み解く。都市農業、ルーマニアの山村の持続的発展、アフリカの自給生活を営む人々等を題材に知見を養う。

3. サステイナビリティ —地球と人類の課題—
矢ケ﨑典隆・森島 済・横山 智 編
B5判 152頁 定価（本体3200円+税）(16883-9)

地理学基礎シリーズ、世界地誌シリーズに続く、初級から中級向けの地理学シリーズ。第3巻はサスティナビリティをテーマに課題を読み解く。地球温暖化、環境、水資源、食料、民族と文化、格差と貧困、人口などの問題に対する知見を養う。

世界地誌シリーズ〈全3巻・完結〉
観光立国のこれからのために

1. 観光経営学
岡本伸之 編著
A5判 208頁 定価（本体2800円+税）(16647-7)

観光関連サービスの経営を解説する教科書。観光産業の経営人材養成に役立つ。〔内容〕観光政策／まちづくり／観光行動と市場／ITと観光／交通、旅行、宿泊、外食産業／投資、集客／人的資源管理／接遇と顧客満足／ポストモダンと観光

2. 自然ツーリズム学
菊地俊夫・有馬貴之 編著
A5判 184頁 定価（本体2800円+税）(16648-4)

多彩な要素からなる自然ツーリズムを様々な視点から解説する教科書。〔内容〕基礎編：地理学、生態学、環境学、情報学／実践編：エコツーリズム、ルーラルツーリズム、自然遺産、都市の緑地空間／応用編：環境保全、自然災害、地域計画

3. 文化ツーリズム学
菊地俊夫・松村公明 編
A5判 196頁 定価（本体2800円+税）(16649-1)

地域における文化資源の保全と適正利用の観点から、文化ツーリズムを体系的に解説。〔内容〕文化ツーリズムとは／文化ツーリズム学と諸領域（地理学・社会学・建築・都市計画等）／様々な観光（ヘリテージツーリズム、聖地巡礼等）／他

図説 日本の湿地 —人と自然と多様な水辺—
日本湿地学会 監修
B5判 228頁 定価（本体5000円+税）(18052-7)

日本全国の湿地を対象に、その現状や特徴、魅力、豊かさ、抱える課題等を写真や図とともにビジュアルに見開き形式で紹介。〔内容〕湿地と人々の暮らし／湿地の動植物／湿地の分類と機能／湿地を取り巻く環境の変化／湿地を守る仕組み・制度

図説 日本の湖
森 和紀・佐藤芳徳 著
B5判 176頁 定価（本体4300円+税）(16066-6)

日本の湖沼を科学的視点からわかりやすく紹介。〔内容〕I．湖の科学（流域水循環、水収支など）／II．日本の湖沼環境（サロマ湖から上甑島湖沼群まで、全国40の湖、湖沼群を湖盆図や地勢図、写真、水温水質図と共に紹介）／付表

図説 日本の海岸
柴山知也・茅根 創 編
B5判 160頁 定価（本体4000円+税）(16065-9)

日本全国の海岸50あまりを厳選しオールカラーで解説。〔内容〕日高・胆振海岸／三陸海岸、高田海岸／新潟海岸／夏井・四倉／三番瀬／東京湾／三保ノ松原／気比の松原／大阪府／天橋立／森海岸／鳥取海岸／有明海／指宿海岸／サンゴ礁／他

世界地名大事典 〈全9巻完結〉

地名を通して世界を読む・世界を知る

竹内啓一●総編集　熊谷圭知／山本健兒●編集幹事
A4変型判　各巻900～1400頁

本事典の特色
① 日本を除く世界の地名約48000を選定し，大地域別に五十音順に配列して解説。
② 自然，地理，歴史，政治，経済，文化等幅広い分野を網羅した読み応えのある記述。
③ 情報データ欄（人口・面積等）と別称欄を設けた，ひと目でわかりやすい構成。
④ 国および主要地域の地図，特色ある景観をもつ地名の写真を数多く収録。
⑤ 学校教育の参考書，各企業・官公庁の資料，各種図書館の必備書。

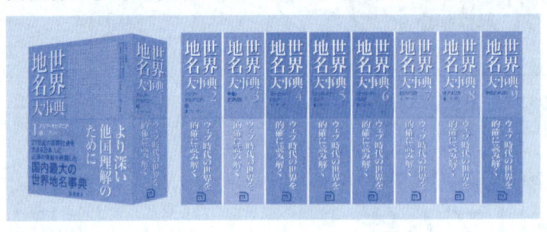

▼ページ見本はこちらから

全巻構成

1. アジア・オセアニア・極Ⅰ　（16891-4）
   定価（本体43000円＋税）　最新刊
2. アジア・オセアニア・極Ⅱ　（16892-1）
   定価（本体43000円＋税）　最新刊
3. 中東・アフリカ　（16893-8）
   定価（本体32000円＋税）
4. ヨーロッパ・ロシアⅠ　（16894-5）
   定価（本体43000円＋税）
5. ヨーロッパ・ロシアⅡ　（16895-2）
   定価（本体43000円＋税）
6. ヨーロッパ・ロシアⅢ　（16896-9）
   定価（本体43000円＋税）
7. 北アメリカⅠ　（16897-6）
   定価（本体32000円＋税）
8. 北アメリカⅡ　（16898-9）
   定価（本体32000円＋税）
9. 中南アメリカ　（16899-0）
   定価（本体48000円＋税）

ISBN は 978-4-254- を省略

（表示価格は2018年3月現在）

朝倉書店
〒162-8707　東京都新宿区新小川町6-29
電話　直通（03）3260-7631　FAX（03）3260-0180
http://www.asakura.co.jp　eigyo@asakura.co.jp

た用心棒に監視され奴隷のように扱われることへの苛立ちなどが移民たちを追い詰めた．

このような劣悪な状況下で，多くの移民たちが契約期間終了を待たずに農場から逃亡した．特に状況の悪かったズーモン耕地では，配耕された52家族210人全員が耕地を出て移民収容所に移った．配耕先のコーヒー農場を視察した日本公使館員の報告によれば，ブラジル上陸から約1年3カ月後において，最初の農地に残留している日本移民はわずか136人（残留率18％）であったという（ブラジルに於ける日本人発展史刊行委員会1941）．

第1回「笠戸丸」移民の惨憺たる成績にもかかわらず，1908年11月，皇国殖民会社の水野はサンパウロ州政府と第2回移民導入の契約を結んだ．しかし会社の資金不足により事業の継続は困難であったため，事業は竹村殖民商館に引き継がれた．そして1910年5月4日，第2回移民247家族906人（他に自由渡航者3人）を乗せた「旅順丸」が神戸を出港し，6月28日にサントスに入港した．1910年はコーヒーが豊作だったことや，通訳が現地経験を積んだこともあり，17の耕地に配耕された「旅順丸」移民は8カ月後にも75％が最初の耕地に残留していた．しかし23家族84人が配耕されたジャタイー耕地では，農場監督への不満や，ベンダでの売買をめぐるトラブルなどから，大工1家族を残して日本移民のほぼ全員が耕地を出てしまった．外務省がこの事件を憂慮して1911年の移民募集を認可しなかったため，ブラジル移民の送出は一時的に中断したが，1912年，1913年には竹村殖民商館に加え東洋移民会社が移民輸送を始めた．

ところが1914年，サンパウロ州農務長官が，州財政の悪化や日本移民の定着率の低さ，ヨーロッパ移民に比べてのコスト高などを理由に，日本移民に対する渡航費補助の打ち切りを通告したため，ブラジルへの移民の送出は再び中断した．そこで1916年3月，東洋移民会社など移民会社3社は，合同でブラジル移民組合を組織して移民再開の交渉に当たった．折しも第一次世界大戦の勃発（1914年）により再びヨーロッパ移民が途絶えたことも手伝って，1916年8月，サンパウロ州政府は渡航費の一部補助により向こう4年間で2万人の日本移民を受け入れることを承認した．これにより1917〜1920年に1万3421人がブラジルへ送り込まれた（図9.1）．

9.2　日本移民による「植民地」の形成

「笠戸丸」移民はその多くが農場から逃亡・四散したが，それ以降は配耕先での紛擾も減少して定着率も向上した．移民たちは次第にコーヒー農場での作業にも慣れ，生活も徐々に安定していったが，コロノの賃金は依然として低いままであった．彼らは数〜10年ほどのコロノ生活で蓄財して帰国するという短期的な出稼ぎ戦略が実現不可能な夢であることを悟り，中・長期的な戦略を立てて故郷に錦を飾ろうと考えるようになった．その結果，移民の中には町に出てより収入の高い農外職業に従事する者や，コロノで蓄えた資金を元手に，分益小作農や借地農，自作農に転身する者が現れた．

さらに1910年代には，未開拓地を購入し，日本人集団開拓地を建設する動きも起こった．1910年，定住植民論者の青柳郁太郎らは，企業組合である「東京シンジケート」を設立し，日本人入植地の建設を目指してサンパウロ州政府と交渉した．その結果，1912年3月，イグアッペ管内の官有地5万haの無償譲与を受け，4カ年内に日本農民2000家族を入植・定住させる契約を結んだ．1913年3月には，当時首相であった桂太郎の後援のもと，渋沢栄一など政財界の有力者によって伯刺西爾拓殖株式会社が設立され，「東京シンジケート」が結んだ契約を引き継いだ．同社により11月には桂植民地が，翌1914年にはレジストロ植民地が開設され，日本人の計画的な定住植民の先駆けとなった（図9.2）．

このような日本の資本を背景とする計画的な日本人集住地の建設とは別に，既にブラジルに移住した日本移民が建設する「植民地」も生まれた．サンパウロ市近郊に開設されたジュケリー植民地（1913年）やコチア植民地（1914年），星名謙一郎が関わったソロカバナ線沿いのバイベン植民地

写真 9.3 フィゲイラの大木を伐採する日本移民
『在伯同胞活動實況大寫眞帖』1938 年より．

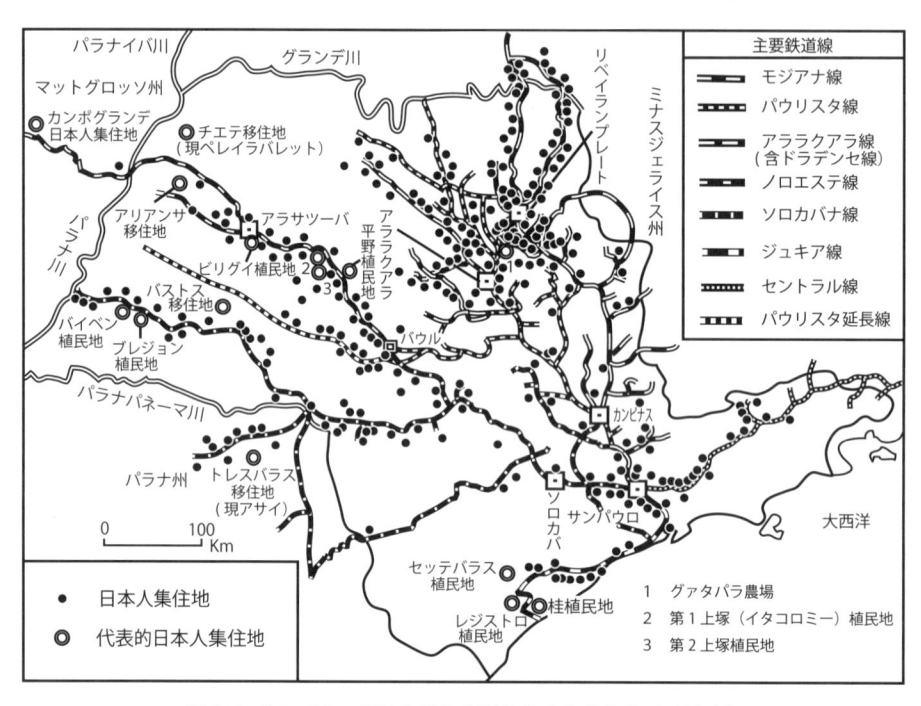

図 9.2 サンパウロ州における主要な日本人集住地（1933 年）
丸山（2010）より．

やブレジョン植民地（ともに 1917 年），平野運平や上塚周平といったカリスマ的リーダーに率いられたノロエステ線沿いの平野植民地（1915 年）や第一上塚植民地（1918 年）などが建設された．これらの「植民地」はおもに原牛林を開拓して建設されたが（写真 9.3），当初はブラジルの風土についての知識が乏しく土地選定にも慣れていなか

ったため，マラリアの猖獗，バッタなどの害虫，干ばつや霜害に苦しめられることも多かった．日本人「植民地」の建設はノロエステ線沿線で特に盛んになり，その結果サンパウロ州北西部奥地に居住する日本移民の数が急速に増加した（図 9.2）．

日本人集住地の急増に伴い，問題となったのが

写真 9.4 「邦人小学校」の授業風景（アラサツーバ，1927 年撮影）
ブラジル日本移民史料館所蔵．

子弟教育であった．幼少時にブラジルに渡った準 2 世や，現地生まれの 2 世の増加に対応するため，日本人集住地では日本人のための「邦人小学校」が次々と設立された（写真 9.4）．入植当初の「邦人小学校」は，日本語による日本人育成を目的とし，校舎の建設や教師の手配などを移民たちが行う無認可の学校がほとんどであったが，国家主義を強めるブラジル社会で子弟教育を継続するために，「邦人小学校」はブラジル人教師も教える「公認小学校」へと姿を変えていった．「公認小学校」では，午前中にブラジルの教育令に基づくカリキュラムでの授業，午後に補習教育としての日本語教育が実施された．しかし子弟教育の方針をめぐる日本語教師とポルトガル語教師の反目や，自らのナショナリティやエスニシティの所在に苦悩・葛藤する子どもたちの現実が深刻な問題となった．

9.3 国策移住の始まり

9.3.1 日本における移民政策の転換

1917 年 12 月には，移民会社の乱立による過当競争を防ぎ，移植民事業を強化発展させる目的で，東洋移民合資会社など移民会社 4 社が合同して海外興業株式会社（以下，海興）が創設された．海興は 1919 年に伯剌西爾拓殖株式会社を合併し，イグアッペ管内における同社の植民事業を引き継いだ．1920 年にはさらに 1 社を合併し，日本で唯一の移植民会社となった海興は，ブラジルへの契約移民送出事業を独占したほか，ブラジルにおける農場や農業実習場の運営などにも携わる国策会社となった．

しかし 1921 年，サンパウロ州農務長官は突然日本移民に対する補助金の下附を拒否した．その理由は，移動性の激しい日本移民は 1 年内外で独立農となってしまうため，新移民の招致に絶えず金がかかり，結果としてヨーロッパ移民に比べて 2 倍の費用がかかるというものであった．折しも第一次世界大戦で荒廃したヨーロッパから再び大挙して移民が押し寄せたため，もはやブラジルは日本移民に頼る必要がなくなっていたのである．

このような状況の変化にも関わらず，日本の内務省は人口問題，失業問題の解決策としてブラジルへの移植民奨励を打ち出し，海興への奨励金交付や移民への渡航費補助などを通じて，積極的に国策移民を送出しようとした．1924 年 5 月に開かれた帝国経済会議では，人口問題の解決策として移民は万全ではないものの，現在のところは最善の方策であり，移住先には南アメリカ，ことにブラジルが最適であると報告されている（山本 1987）．その結果，移民渡航費の全額補助を計上

した予算案が議会で承認され，1925年より政府が移民に対して船賃全額（1人200円）と移民会社の取扱い手数料（1人35円）をすべて負担する国策移住が始まった．さらに1932年からは，満12歳以上の移民1人につき50円の渡航準備金までが支給されるようになった．

9.3.2 移民の種類と渡航費補助

笠戸丸移民以来，日本移民の大多数は契約農業労働者（コロノ）として渡航したが，少数ながら定住目的の自作農として渡航した者もいた．渡航に関わる条件は，補助金の有無や家族構成などによって異なっていた．1932年の『南米案内』では，コーヒー農園のコロノとして渡航する者を「移民」，土地の分譲を受け自営農として渡航する者を「植民」と分類している．ブラジルでは当時，「移民（imigração/emigração）」とはブラジル人および外国人の出入国または国内移動を表す言葉であり，ブラジル人および外国人による未開拓地への定住・開拓には「植民（colonização）」の語が使われていた（ブラジルに於ける日本人発展史刊行委員会1942）．

移民・植民は，さらに渡航費の補助を受ける補助移民・補助植民と，補助を受けない自費移民・自費植民に分けられた．渡航費補助は，「笠戸丸」移民のときからサンパウロ州政府が行っていたが，中断と再開を経て1920年を最後に打ち切られた．サンパウロ州政府が行ったのは渡航費の一部補助で，「笠戸丸」移民の場合，船賃の60%が州政府から出された．渡航費補助の手順としては，移民船出発時に移民会社が船会社へ移民の渡航費を立替え払いし，移民到着後，移民会社がサンパウロ州政府から立替え分の渡航費を受け取った．移民の自己負担分の渡航費は，耕地での労賃から差し引かれ，耕主を通じてサンパウロ州政府に償還された．1925年からは日本政府が渡航費を全額補助したので償還は不要であったが，補助を受けるためには市町村長による無資力証明書が必要であった．

移民の大部分は，家族ぐるみでブラジルへ渡った．コーヒー農園への定着率向上を求めるサンパウロ州政府が，家族単位での移民を渡航費補助の条件としたからである．サンパウロ州政府の渡航費補助がなくなり，日本政府の補助に移行してからも，この農業家族移民という条件は変わらなかった．渡航費補助を受けられるのは，12～45歳（後に49歳まで）の労働力となりうる成員が3人以上いる家族であった．渡航希望者の中には，この条件を満たして渡航費補助を受けるために，急いで結婚したり，夫婦の弟妹や親戚あるいは養子を加えて家族を作り上げる者もいた．渡航のために構成された偽装家族は，一般に「構成家族」と呼ばれている．

家族移民以外に夫婦移民，単独移民も渡航できたが，補助移民としてはごく少数しか許可されなかった．夫婦移民，特に幼い子供を抱える夫婦は労働力が低いために成功が難しいとされたからである．単独移民は男子に限られ，移植民学校卒業で現地に訓練農場があるなど，ブラジルでの身元引受け者がはっきりしている場合に許可された．

このほかに，ブラジル在住者からの呼寄せにより渡航する，いわゆる呼寄せ移民に対しても渡航費が補助される場合があった．呼寄せの際には，ブラジル日本領事館が発行する証明書が必要とされた．また，再渡航移民は必ず自費移民であった．これらの移民や植民以外に，渡航費補助を受けず渡航条件に拘束されない自由渡航者としてブラジルへ渡る者もあった．

9.3.3 移住地建設の進展

1920年代における移民送出の国策化とともに，出稼ぎ「移民」ではなく定住「植民」者の送り出しにも国や民間団体が乗り出すようになった（表9.1）．この年代に民間主導で発案された先駆的な移住地がアリアンサ移住地である．海外渡航希望の青年を支援するキリスト教団体「日本力行会」の永田稠が，レジストロ植民地在住の輪湖俊午郎，北原地價造とともに「20万円でできる理想の移住地」建設運動を始め，1922年に3人の出身県である長野県に信濃海外協会が発足した．同協会は土地購入のための寄付金募集を進め，1924年，幹事である永田がサンパウロ州ノロエステ線奥地の私有地5500 haを購入した．この移住地はアリアンサ（aliança, 和親・協力）移住地と命名

表9.1 日本からの投資により建設された日本人入植地・農場

入植地の名称と属性			入植・操業年[1]	経営管理団体	所在地	面積(ha)[6]
公的機関出資	日本人入植地	アリアンサ移住地 第一	1925[2]	信濃海外協会→ブラジル拓殖組合	SP州ノロエステ線ルッサンビラ駅	5500
		第二	1927	信濃海外協会,鳥取県海外協会→ブラジル拓殖組合		6340[7]
		第三	1927	信濃海外協会,富山県海外協会→ブラジル拓殖組合		8250[7]
		ヴィラ・ノヴァ	1927	熊本県海外協会→ブラジル拓殖組合		3155
		ノヴァ・アリアンサ	1932	ブラジル拓殖組合		2500[7]
		フォルモーザ	1934	ブラジル拓殖組合		4605[7]
		オリエンテ	1936	ブラジル拓殖組合		2567[7]
		バストス移住地	1929	ブラジル拓殖組合	SP州ソロカバナ線ランシャリア駅	32330
		チエテ移住地	1929	ブラジル拓殖組合	SP州ノロエステ線奥	118825
		トレスバラス移住地	1932	ブラジル拓殖組合	PR州ソロカバナ分岐線ジャイタ駅	46350
民間出資		イグアッペ植民地 桂	1913	ブラジル拓殖株式会社→海外興業株式会社	SP州ジュキア線ジュキア駅	75853
		レジストロ	1914	海外興業株式会社		
		セッテバラス	1920	海外興業株式会社		
		サンタローザ植民地	1936	海外興業株式会社	RS州ウルグアイ川流域	不明
		ピリアニット	1938	南米企業組合	PR州ピリアニット	25000[8]
		アカラ植民地	1929	南米拓殖株式会社	PA州アカラ	600000[9]
		モンテアレグレ植民地	1929	南米拓殖株式会社	PA州モンテアレグレ市奥	400000[9]
		マウエス	1930[3]	アマゾン興業株式会社	AM州マウエス市南方	25000[9]
		アマゾニア産業研究所	1931[4]	アマゾニア産業研究所	AM州パリンチンス市対岸ヴィラ・アマゾニア	1000000[9]
	企業農場	アニューマス農場	1919	海外興業株式会社	SP州パウリスタ線ジャボチカバル	1500
		農村南米農場	1926	野村合名会社	PR州バンデイランテス駅	3375
		東山農場(カンピナス)	1927	東山農事株式会社	SP州カンピナス市	3793
		東山農場(ピンダモニャンガーバ)	1928	東山農事株式会社	SP州セントラル線ピンダモニャンガーバ駅	6425
		バラマンサ農場	1928	日伯拓殖株式会社	SP州ノロエステ線アバニャンダーバ駅	1250
	教育・研究機関	カスタニャル農事試験場	1929	南米拓殖株式会社	PA州ブラガンサ線カスタニャル	2770
		サンパウロ農事実習場	1931	海外興業株式会社→日伯農事協会	SP州イタペセリカ市エモボイ	252[10]
		サンタローザ農場	1931	アマゾン開拓青年団	PA州モンテアレグレ市奥	100
		海外植民学校分校	1932[5]	海外植民学校	AM州マウエス市	500

SP:サンパウロ州,PR:パラナ州,RS:リオグランデドスル州,PA:パラ州,AM:アマゾナス州
1) 日本人入植地は最初の入植者があった年,企業農場,教育・研究機関は操業開始年を表記. 2) 開拓先発隊は1924年に入植. 3) 開拓着手は1928年. 4) 研究所開設・開拓着手は1930年. 5) 開拓着手は1929年. 6) 注記のないものは伯剌西爾時報社編集部(1933),ブラジルに於ける日本人発展史刊行委員会(1941, 1942)による.面積はすべて1アルケール=2.5haで概算. 7) アリアンサ移住地八十年史編纂委員会(2012)による. 8) サンパウロ人文科学研究所(1996)による. 9) いずれもコンセッソン契約面積. 10) 増田(1981)による.

され,分譲開始後1年で完売となる好成績を挙げた.この成功を受けて1926年以降,隣接地に信濃・鳥取・富山・熊本各県の海外協会によって第二アリアンサ移住地,第三アリアンサ移住地,ヴィラ・ノヴァ移住地が建設された.

1927年,日本政府は,それまで大多数を占めた出稼ぎ移民ではなく,定住目的の自作農送出を企図して海外移住組合法を公布した.この法律に

基づき，各県の海外移住組合とその統括機関である海外移住組合連合会（以下，連合会）が設立され，国による定住移住地建設が始まった．土地分譲や移住地のインフラ整備などが進められ，バストス移住地，チエテ移住地，トレスバラス移住地などが建設された（図9.2）．1929年3月には連合会の現地代行機関として有限責任ブラジル拓殖組合（通称ブラ拓）が設立された．ブラ拓は1937～1940年にかけて銀行部，商事部，綿花部，製糸部などを創設して事業を拡大し，在伯日本人社会を牽引する機関となった（ブラジルに於ける日本人発展史刊行委員会 1942）．

日本政府による国策移住が進められる一方で，日本移民のサンパウロ州への過度な集中が排日気運を助長することを危惧した田付七太大使は，ブラジル北部のパラ州・アマゾナス州からの要請を受けて日本移民のアマゾン移住を推進した．1926年には鐘淵紡績株式会社（以下，鐘紡社）の福原八郎を団長とするアマゾニア調査団がパラ州に派遣され，アカラ川流域に開拓適地を発見した．1928年，鐘紡社が株式の4分の1を引き受けて南米拓殖株式会社（資本金1000万円）が設立されると，社長に就任した福原八郎はパラ州政府とコンセッソン（concessão，土地の無償譲与）契約を締結し，1929年に現地法人を設立して，アカラ（現トメアス）植民地，モンテアレグレ植民地，カスタニャル農事試験場の建設に着手した．

パラ州に続いてアマゾナス州でも日本移民導入の動きが起きた．実業家の山西源三郎と大使館付嘱託の粟津金六は，1927年にアマゾナス州政府と100万haのコンセッソン契約を締結した．衆議院議員の上塚司はこの契約を受け継ぎ，開拓適地の選定と現地法人の設立に着手した．そして1930年，パリンチンス郡の私有地を購入してヴィラ・アマゾニアと命名し，同地にアマゾニア産業研究所（後のアマゾニア産業株式会社）を設立した．また，上塚はアマゾン開拓に必要な人材を育成するため，1930年に国士舘高等拓殖学校（1932年以降は日本高等拓殖学校）を東京に開設し，1931～1937年にかけて243人の高拓生（同校の卒業生）をアマゾンに送り出した．このほかに，研究所の職員や教師，コロノ（22家族）など，本プロジェクトに参加した関係者は総勢386人にのぼる（Ikegami 2009）．アマゾニア産業研究所は，それまでインドからの輸入に頼っていたジュート（コーヒーなどの農作物を入れる袋の原料）の栽培と商品化に成功するなど，ブラジル農業史に燦然と輝く功績を残した．

アマゾナス州奥地のマウエスでも日本移民の入植が進められた（口絵2参照）．商品作物としてのグァラナ（guaraná）の有望性を確信した大石小作は，1928年にアマゾン興業株式会社を設立し，州有地2万5000haのコンセッソン契約を締結して社員や移住者を入植させた．また，東京にある海外植民学校の分校設立を期して500haの土地をマウエスに購入した校長の崎山比佐衛は，1932年に自ら一家を伴って入植した．しかし，いずれもグァラナ栽培の失敗やマラリアの猖獗などにより入植者が四散し，植民地建設は失敗に終わった（西部アマゾン日本人移住70周年記念誌編纂委員会 1999）．

このほかにも，1920年代後半～1930年代には農業・工業・商業分野での投資先としてブラジルに進出する企業が増加した．その代表的な企業に，三菱財閥を創設した岩崎家の出資により設立された東山農事株式会社がある．同社は1927年にサンパウロ州カンピナス市に東山カンピナス農場を，1928年には同州セントラル線沿線にピンダモニャンガーバ農場を開設した．以後，商業，工業，金融業などに進出し，日本移民の生活に深く根差した企業となった．このほか，1926年に野村合名会社が開設した野村南米農場，1928年に川西清兵衛が経営する日伯拓殖株式会社が開設したバラマンサ農場も，日本の代表的な財閥が出資して開設された農場であった（ブラジルに於ける日本人発展史刊行委員会 1941）．

このような日本政府による国策移住の推進により，1920年代以降ブラジルへ渡る日本移民の数は急増した．1926～1935年の10年間における入伯移民数は13万1962人に及び，この期間に戦前期の日本移民の約70％が集中的にブラジルへ移住した（丸山 2010）．1920～1930年代にかけて日

本人移住地が活気をみせる中，ブラジル人から日本人生産者の利益を守るために産業組合を設立する気運が各地で高まった．コチア植民地では1927年にコチア・バタタ生産者組合（後のコチア産業組合中央会）が，ジュケリー植民地では1929年にジュケリー産業組合（後の南伯農業協同組合中央会）が設立された．両産業組合は，その後ブラジルを代表する巨大日系組織として発展した．このほかにも，1930年代前半までに各地で多数の産業組合が創設された．

9.4 排日気運の高揚と戦中・戦後の混乱

9.4.1 外国移民制限の強化

日本政府による国策移民推進の動きを牽制するように，ブラジルでは1923年10月，ミナスジェライス州選出のフィデリス・レイス（Fidelis Reis）議員が，黒人の入移民禁止と黄色人種の入国制限（各国移民数の3%に相当する人員の入国を許可する内容）などを謳ったレイス移民法案を連邦下院に提出した．この法案提出を契機に，日本移民の入国制限をめぐる賛否両論がブラジル社会で沸き起こった．サンパウロ州議会などは日本移民を擁護し，人種差別的な法案に断固反対したが，一方でブラジル医学士院は，黄色人種の入国制限を3%から5%に引き上げたレイス修正法案を支持する声明書を下院に提出した．両者の攻防は1927年頃まで続いたが，結局日本移民を数多く抱えるサンパウロ州選出議員らの強い反対により，修正法案は棚上げとなった．しかしそれはサンパウロ州におけるコーヒー農場主の利益が優先された結果にすぎず，ブラジル社会になかなか同化せずに集住する日本移民に対する懸念や非難が払拭されたわけではなかった．

1930年代に入り日本人の渡航がピークを迎える中，革命により臨時政府を樹立したヴァルガス大統領は，中央集権的な独裁体制（エスタード・ノーヴォ体制）の下，強硬なナショナリズム政策を推し進めた．折しも1931年に満州事変が勃発し，日本の軍国化やその対外政策に対するブラジルの警戒感が強まると，レイス移民法案以来の排日論が再燃した．1929年の世界恐慌に伴いサンパウロ州を中心とするコーヒー・オリガーキー（寡頭政治）が終焉を迎えたため，もはや日本移民制限につながる法案を廃案に追い込む政治勢力は存在しなかった．

1933年から始まった新憲法の制定会議では，日本移民が同化しにくいこと，国民形成の「白人化」を促すうえで脱アフリカ・脱アジア化が不可欠なこと，そしてブラジルの満州化（植民地化）に対する警戒感などから，日本移民を制限する規定を盛り込むことが検討され，いわゆる外国移民二分制限法案が連邦議会に提出された．同法案は賛成146票，反対41票の圧倒的な賛成多数により可決され，1934年7月公布のブラジル新憲法に盛り込まれた．新憲法では各国の移民許可数を1884～1933年までの移民定着数の2%に抑えることが明記されたため，日本移民の法定入国数は年間2849人に制限された．しかし，日本移民の流れはこのときすでにブラジルから満州へと大きく移行しており，ブラジル移民は激減した．

さらに1938年8月に外国人入国法の施行規則が公布されると，農村地帯では14歳以下への外国語教育が禁止され，ブラジル人教師によるポルトガル語での小・中学校教育の実施が義務づけられた．その結果，農村地帯の多くの小学校や日本語学校（ブラジル全土で476校）が閉鎖され，日本語教育はブラジル当局の目を盗みながら家庭教育や巡回教授に頼って続けられた．また第二次世界大戦が勃発した1939年には外国人登録が義務づけられ，1941年には外国語による出版が禁止されたため，すべての日本語新聞が廃刊に追い込まれた．こうして，日本移民は自らの国語教育や報道機関をすべて失い，わずかに限られた日本の情報の中で，孤立した生活を余儀なくされるようになった．

日常生活における規制が強まり排日気運が高揚する中で，1938年にサンパウロ州バウル領事館管内で行われた「永住か，帰国か」を問うた調査では，回答者の85%が「帰国」を選択している（輪湖1939）．また1939年に日本軍が中国の海南島を占領すると，日本移民の間でにわかに「海南島再移住論」が唱えられた．経済的に余裕のある

移民の中には，ブラジルでの子弟教育を断念して子供を日本に留学させる者もおり，1939年には帰国者（2011人）が入国者（1546人）を上回った．日本への帰国者が急増する中，1941年8月にサントス港に到着した「ぶえのすあいれす丸」を最後に，日本からの移民は途絶えた．

1941年12月に日米が戦端を開くと，ヴァルガス政権は連合国側支持にまわり，枢軸国との経済断交や国交断絶を宣言した．これにより日本の在外公館は閉鎖され，在留移民との接触も禁じられたため，代わってスペイン大使館（スペイン参戦後はスウェーデン公使館）がブラジルにおける日本人の権益代表となった．サンパウロ州政府保安局は1942年1月，敵性国人となった日本・ドイツ・イタリア移民に対して，出身国の国歌の斉唱や演奏，公衆の場での自国語の使用，通行許可証なしでの旅行，私的祝祭目的での集合などを禁止する取締令を発した．また，同年3月には枢軸国の移民や組合・法人の財産を没収する枢軸国財産凍結令が制定され，不動産売買も禁止された．

こうした中，1942年7月には在外公館の職員らが外交官交換船で帰国し，残された移民たちは「棄民」となった悲痛な思いに嘖まれた．ブラジル社会で孤立を深めた日本人に対し，警察の不当な家宅捜査や略奪，事実無根のスパイ容疑や取締令違反による逮捕・投獄，心ない市民による家屋の焼討ちや投石といった迫害が追打ちをかけた．さらに，住民による襲撃事件やスパイ活動の防止を理由に，日本移民の強制収容や強制退去を命じられた地域もあった．

9.4.2 第二次世界大戦による「在留同胞社会」の混乱

ブラジル社会や日本の情報から孤立して苦境に立たされた日本移民にとって，ラジオの短波放送で密かに聞く日本軍の華々しい戦果と，戦勝後の帰国や再移住への夢は，確かな心の拠り所となっていた．こうした中，絹糸やハッカはアメリカの武器製造に利用されるので，これらの生産に携わる日本移民は国賊であると主張する者が現れた．そしてこれに同調した移民たちが，サンパウロ州奥地を中心に養蚕小屋の焼討ちやハッカ精製工場の破壊工作を展開した．このような日本人同士の抗争は，1945年8月14日（現地日）の日本の敗戦とともに，今度は日本の勝利を信じる「勝ち組（信念派・戦勝派）」と敗戦を認める「負け組（認識派）」との抗争として顕在化した．ブラジルでは終戦の詔勅から一両日中に，日本の大勝利を伝える「快ニュース」が「在留同胞社会（当時の日系社会の呼称）」に広まった．「勝ち組」の移民たちは，それまで得ていた情報を自らに都合よく解釈することで，敗戦はアメリカが流したデマであると信じた．当初，日本移民の8～9割が「勝ち組」であったといわれ，各地の日本人集住地では「忠君愛国同志会」，「国粋青年団」，「神風隊」などの「勝ち組」組織が次々と誕生した．

こうした中，「勝ち組」を狙った詐欺行為が各地で頻発した．たとえば，勝利の日本に帰国するには円紙幣が必要になると説いて，日本軍の軍票や価値のない旧日本円を高く売りつける「円売りサギ」が横行した．また，日本への帰国や海南島などへの再移住を夢見る「勝ち組」に近づき，出国のための書類作成費や船の切符代などを騙し取ったり，家屋や土地などの財産を二束三文で買い叩いたりする「帰国サギ」も多発した．さらに，天皇の使者として海外同胞慰問使節団を乗せた軍艦がブラジルにやって来るという「怪ニュース」が流れ，これを信じた2000人を超える日本移民が奥地よりサンパウロ市にやって来たため，警察が警告書を発する騒ぎまで起きた．

このような事態を憂慮し，排日運動の再燃を危惧した「負け組」のリーダーたちは，「勝ち組」に敗戦の事実を納得させブラジル社会で日本移民がとるべき生活態度を考えようと呼びかける「時局認識運動」を展開した．1945年10月，彼らは万国赤十字社ブラジル支部を通じて届けられた終戦の詔勅と東郷茂徳外相のメッセージを日本語に翻訳して印刷し，文書の入手経路や翻訳手続きなどを説明した「終戦事情伝達趣意書」添えて，各地の邦人集住地に配布した．

しかし事態は悪化の一途をたどり，「特攻隊（または特行隊）」を名乗る「勝ち組」の過激分子によるテロ攻撃が勃発した．彼らは敗戦を口にす

る者を国賊，売国奴とみなし，自決を迫る警告書を突きつけたり，俗名を記した位牌を作るなどの脅迫をエスカレートさせた（写真9.5）．そして1946年3月7日，バストス産業組合専務理事だった溝部幾太が「勝ち組」の凶弾に倒れたのを皮切りに，「負け組」指導者を狙った傷害・殺人事件がサンパウロ州各地で頻発した．終戦より1年4カ月の間に，日本の勝ち負けをめぐって発生した事件は109件を数え，暗殺による犠牲者は23人にも達した．「勝ち組」組織を束ね，「負け組」に対するテロ活動を煽動したのは，1945年7月に発足した「臣道連盟」だったといわれている．

ブラジル社会は当初，戦後も日本の勝利を口にする日本人を奇怪と感じつつも傍観してきたが，テロの勃発によって一気に態度を硬化させた．現地の新聞各紙は日本人秘密結社の活動を厳しく糾弾し，サンパウロのDOPS（政治社会警察）は取締りを強化して「臣道連盟」の幹部や会員，テロの実行犯らを次々と検挙した．

日本人の勝ち負け抗争は連邦議会でも議論となった．新憲法制定議会は1946年8月，「日本移民の入国を一切禁止する」との条項を盛り込んだ排日派議員が提出した修正案を審議し，論戦の末に投票が行われた．結果は賛成と反対がともに99票で，最後に議長が反対票を投じることで辛うじて否決された．しかし反対票を投じた議員らの多くは日本移民の禁止には賛成の立場であり，ただ「人種差別的条項を憲法に盛り込むのは人種民主主義を標榜するブラジルに汚点を残す」との判断により賛同しかねただけであった．

テロが相次ぐ中，新憲法のもとで外国語新聞の刊行が再び可能となると，1946年10月以降，日系新聞の復刊が相次いだ．さらに同年3月には日本戦災同胞救援会が結成され，LARA（国連救済復興委員会）を通じて日本の戦災者へ救援物資を送る活動が始まった．この活動には「負け組」のみならず「勝ち組」からも賛同者が参加して，両者の対立緩和に貢献した．こうした努力により「在留同胞社会」の混乱は沈静化に向かったが，その後も勝ち負けに関わる詐欺事件や抗争が断続的に出現した．一連の事件が終息し，「在留同胞社会」が戦後の「暗い谷間」から抜け出すまでに約10年の歳月を要した（宮尾2003）．

9.5 戦後の日系社会の拡大と発展

9.5.1 戦後移住の再開

「在留同胞社会」における戦後の混乱が終息し，日本の敗戦が認知されるにつれて，移民たちは否応なしに永住を決意せざるをえなかった．そして都会で子弟に高い学歴を身につけさせることが，比較的短期間にブラジルで経済・社会的上昇を実現する堅実な戦略であると考えた．その結果，サ

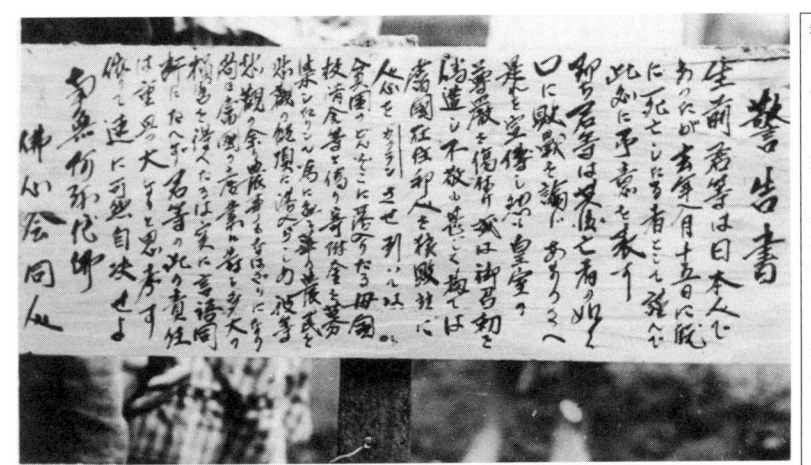

写真9.5 「勝ち組」から「負け組」への警告書
写真の右に文面を示す（旧字体は新字体に変換）．文面からこの看板は1946年に立てられたことがわかる．
ブラジル日本移民史料館所蔵．

警告書
　生前君等は日本人であったが去年八月十五日に既に死亡したる者として謹んで此処に弔意を表す
　即ち君等は其後亡者の如く口に敗戦を論じあまつさへ是れを宣伝し然も皇室の尊厳を傷付け或は御召勅を偽造し不敬も甚しく扱ては当国在住邦人を狼狽並に人心をカクランさせ引いては貧困のどんぞこに落入りたる母国救済金等と偽り寄附金を募集したりて為に無幸の農民を悲観の絶頂に落入らしめ彼等悲観の余り農事もなほざりになり尚ほ当国の産業に対し多大の損害を得（与）へたるは実に言語同（道）断にたへず君等の此の責任は重且つ大なりと思考す
　依って速に可然自決せよ
　　南無阿弥陀仏
　　　　　　　　　　　　仏心会同人

ンパウロ市やその近郊都市へ向けて，日本移民の大移動が起こった．

彼らは都会で洗濯業や理髪業，青果商などの自営業を興したり，都市近郊で野菜や果樹，養鶏などの複合経営による近郊農業に従事し，家族労働を基本に世帯収入の増大に努めた（口絵16参照）．これらの職種はいずれも言葉の障壁が低く小資本でも起業できるため，都市部に移住したばかりの1世や2世が担うには適したものであった．これらの家族経営体は，後に日系人をブラジル社会の中間層に押し上げる主体となった．このような変化を経て，戦前の1世（移民）を中心とした「在留同胞社会」は，ブラジル人として成長した子弟やその家族（日系人）も内包する「日系社会」として再出発した．

一方，日本では第二次世界大戦後に旧外地から復員兵や引揚者が次々と帰国し，1950年にはその数が600万人以上に達していた．しかし敗戦により混乱・荒廃した国家に彼らの生活を支える力はなく，打開策の1つとして海外移住の再開に期待が高まっていた．

こうした中，ブラジルへの戦後初の計画移住は，ヴァルガス大統領と親交が深かった2人の移民の個人的な尽力によって実現した．パラ州サンタレンの辻小太郎は，ジュート増産の必要性を理由に5000家族の受入れ許可を取り付け，1953年2月，「辻移民」の第一陣54人がリオデジャネイロに到着した．またサンパウロ州の松原安太郎も，ブラジル北東部・中西部での移植民事業に対して4000家族の受入れ許可を取り付け，1953年7月，「松原移民」の第一陣122人がサントスに入港した．一方，戦後日系社会の混乱により日本人の移住再開が遅れたサンパウロ州では，日系会員が9割を占めるパウリスタ養蚕協会の要請により，日本からの養蚕移民の導入が計画され，1954年から1959年までに200家族1251人が移住した（日本移民80年史編纂委員会1991）．

戦後移住が再開・活発化する中，日本政府は1954年に日本海外協会連合会（海協連）を設立した．さらに1955年には，移住地の購入や造成，分譲事業を推進する目的で海外移住振興株式会社を設立し，現地法人としてジャミック移植民有限会社（JAMIC）とジェミス信用金融株式会社（JEMIS）を発足させた．

さらに，戦後の計画移住では「コチア青年移民」や「産業開発青年隊」といった独身青年移住が実施された．「コチア青年移民」は，戦後日本の食糧不足解消や農家の二男・三男対策と，ブラジルでの農業後継者育成を期待して計画された．青年移民はコチア産業組合の組合員のもとで4年間雇用され，農業を実地に学んだ後，組合の支援を得て独立することが前提とされており，1955～1967年に2508人がブラジルに移住した（コチア産組中央会刊行委員会1987）．「産業開発青年隊」は，日本やブラジルの訓練所で一定期間訓練を積んだ技術者集団で，1956～1965年に合計301人がブラジルに移住した．

戦後移民の約85％は，1953年の移住再開から1964年までの期間に集中しているが（図9.1），上記のような計画移住のほかに，民間の移住斡旋業者の取扱いによる自由移住での渡伯者が，全移民の約半数を占めていることも戦後移民の大きな特徴である．

戦後ブラジル移住の再開と規模拡大のためには，勝ち負け抗争により分裂した日系社会の再統合と，ブラジル社会からの再評価が不可欠であった．1954年に開催されたサンパウロ市創設400年祭への日系人の参加はこの好機となり，祭典の日本人協力会を引き継ぐ形で1955年12月にサンパウロ日本文化協会（文協）が設立された．1958年には文協を中心に，全伯の日系人を結集して日本移民50周年祭が大々的に挙行された（写真9.6）．こうして，日系社会はブラジル社会の確たるメンバーとして新たな道を歩み始めた．

9.5.2 ブラジル経済の浮沈とデカセギの進展

1950年代初頭の移住再開と時を同じくして，日本の総合商社や繊維産業を初めとする企業がブラジルに進出し始めた．1960年代から1970年代前半にかけては，日本の対ブラジル直接投資が急増し，日本企業の進出ブームを迎えた．また1973年の世界穀物市況の暴騰以降は，大豆の安定確保を目指す日本の技術・資金援助により農業

写真 9.6 日本移民 50 周年祭における「笠戸丸」のパレード（1958 年撮影）
カンポグランデ日伯文化体育協会所蔵．

開発の国家プロジェクトが推進され，ブラジル中西部の広大なセラードが世界的な大豆畑に変貌した（第 7 章参照）．

しかし 1982 年に累積債務危機による経済の破綻が表面化すると，ブラジルはその後 10 年にわたってハイパーインフレと経済停滞に翻弄された．こうした中，1985 年に，労働力不足に悩む円高日本への出稼ぎ求人広告がブラジルの邦字新聞に掲載されて，1 世移民のデカセギが始まった．従来から 2 世にも，1 世と同様に就労制限のない在留資格が認められていたが，1990 年に「出入国管理及び難民認定法」の改定により，日系 2 世の配偶者および日系 3 世とその配偶者に対しても「定住者」という就労可能な在留資格が認められたことから，デカセギが本格化した（第 10 章参照）．

1985 年に 1955 人だった在日ブラジル人登録者数は，1990 年には 5 万 6429 人，2007 年には 31 万 6967 人と増加したが，2008 年以降の経済不況を受けて 2011 年には 21 万 32 人まで減少した．デカセギが長期化する中，日本での定住指向が顕著になり，永住権を取得するブラジル人が急増している．しかし日本語の障害や学校への不適応などから，在日ブラジル人子弟の教育問題が顕在化している．またデカセギの最盛期に，働き盛りの青壮年層を中心に日系人口の約 5 分の 1 が日本に流出したブラジルでは，1 世や 2 世の急速な高齢化とも相俟って，日系社会の空洞化による衰退が深刻な問題となっている．

9.5.3 統計からみるブラジル日系社会の変化

ここでは，1958〜1959 年と 1987〜1988 年に行われた 2 つの大規模な日系人調査の結果から，戦後 30 年間の日系社会の変貌を考察する（ブラジル日系人実態調査委員会 1964，国際協力事業団 1990）．

まず日系人口は，1958 年の 43 万 135 人から 1987 年の 122 万 8000 人へと 30 年間で約 3 倍に激増した．地域別にみると，1958 年には全体の 75.7％，1987 年には 72.2％がサンパウロ州に居住しており，同州への圧倒的な集住傾向を示している．しかし，州都サンパウロ市の日系人口は，1958 年には全体の 16.3％（周辺の都市や農村を合わせると 29.8％）だったものが，1987 年には全体の 26.6％（サンパウロ大都市圏では 40.4％）へと増加しており，サンパウロ市への日系人の大規模な人口流入を裏づけている．この人口流入は，他の市街地からよりも農村からが多く，これは日系人の農村居住者率が 1958 年の 55.1％から 1987 年の 10.1％にまで激減した事実にも現れている．

都市への居住移動に伴い日系人の職業も大きく変化した．1958 年には全体の半数（51.9％）が農業従事者であったが，1988 年には農業はわずか 11.8％まで減少し，代わって管理的職業や事務が 27.8％，商業・販売が 20.9％，専門的・技術的職業が 15.5％となった．

ブラジルの最高学府である州立サンパウロ総合大学（USP）への進学状況をみると，1949 年には合格者 727 人のうち日系人はわずか 28 人（3.8％）であったが，1978 年には合格者全体（6286 人）の 12.8％（807 人）が日系人となった．日系人口がブラジル人口の 1％にも満たないことを考えると，その高学歴ぶりは際立っている．

世代別人口構成も急激な変化を遂げた（表 9.2）．1958 年には移民（1 世）が 32.3％を占めるのに対し，2 世以降のブラジル生まれは 67.7％であった．1988 年には 1 世が全体の 12.5％にまで減少し，2 世が 30.9％，3 世が 41.3％で最多となっている．世代の移行はその後も進行しており，現在は 6 世が誕生する時代を迎えている．その一

表 9.2 世代別人口構成比の変化と混血率

世代		1958 年構成比	1988 年構成比	混血率*
移民	1 世	32.3	12.5	−
ブラジル生まれ	2 世	52.1	30.9	6.0
	3 世	15.5	41.3	42.0
	4 世	0.06	13.0	61.6
	5 世以上	−	0.3	
不明		−	2.1	

ブラジル日系人実態調査委員会(1964)および国際協力事業団(1990)より作成.
*：混血率＝混血人口/総人口×100

方で，1 世は 2003 年時点で約 7 万人（全体の 5％）に減少したとみられている．また，世代の移行により非日系人との婚姻が急激に増加し，日系人の混血化が進んでいる．1988 年時点の混血率が 2 世でわずか 6％なのに対して，3 世は 42.0％，4 世は 61.6％にも達している．

混血化の進展は日本語によるコミュニケーションの消滅にもつながっている．1958 年には農村で 60.5％，市街地でも 44.9％の世帯が家庭内で日本語のみを使用していたが，1988 年にはポルトガル語のみを使用する世帯が都市では 66.3％，農村でも 47.4％にまで激増した．このようにブラジルの日系社会では，日本語からポルトガル語への言語シフトが 3 世の世代でほぼ完了したといわれている．

ブラジル社会で十分に活躍できる条件を身につけた日系人にとって，もはや生活のために日系人同士が集住・連帯する必要性は低く，日系人としてのアイデンティティも急速に希薄化している．1994 年には，こうした日系社会の衰退を象徴するかのように，巨大な日系農協組織であったコチア産業組合中央会と南伯農業協同組合中央会が相次いで任意解散に追い込まれた．また 1998 年には日系の南米銀行が他行に吸収合併されるなど，日系社会のシンボル的な中核組織が相次いで姿を消した．

現在，日本生まれの 1 世がごく少数になる中で，「ニッケイ」社会や「日本文化」の再構築・再解釈が後継世代によって行われている．また，日本へデカセギに出た日本移民の子孫たちが日本に定住しつつある一方，日本での経験や文化をブラジルに持ち帰る者や，日本とブラジルを往還する者も少なくない．人の移動を介した新たな日本とブラジルの関係が，まさに今築かれていることを見逃してはならない．　　　［丸山浩明・名村優子］

引用文献

アリアンサ移住地八十年史編纂委員会 編(2012)：『アリアンサ移住地「創設八十年」』アリアンサ日伯文化体育協会.

国際協力事業団(1990)：『ブラジル日系人実態調査報告書』国際協力事業団.

コチア産組中央会刊行委員会(1987)：『コチア産業組合中央会 60 年の歩み』コチア産業組合中央会.

サンパウロ人文科学研究所 編(1996)：『ブラジル日本移民史年表』サンパウロ人文科学研究所.

十蔵寺宗雄 編(1932)：『南米案内(上)ブラジル篇』日本植民協会.

西部アマゾン日本人移住 70 周年記念誌編纂委員会(1999)：『緑　西部アマゾン日本人移住 70 周年記念誌』西部アマゾン日本人移住 70 周年記念誌編纂委員会.

日本移民 80 年史編纂委員会 編(1991)：『ブラジル日本移民八十年史』移民 80 年祭祭典委員会・ブラジル日本文化協会.

伯剌西爾時報社編集部(1933)：『伯剌西爾年鑑』伯剌西爾時報社.

ブラジルに於ける日本人発展史刊行委員会(1941, 1942)：『ブラジルに於ける日本人発展史(上・下)』日本図書センター.

ブラジル日系人実態調査委員会(1964)：『ブラジルの日本移民 記述篇』東京大学出版会.

増田秀一(1981)：『エメボイ実習場史』エメボイ研究所.

丸山浩明(2010)：ブラジル日本移民の軌跡．丸山浩明 編『ブラジル日本移民——百年の軌跡』113-191，明石書店.

宮尾 進(2003)：『臣道聯盟　移民空白時代と同胞社会の混乱——臣道聯盟事件を中心に』サンパウロ人文科学研究所.

山本義彦 編(1987)：『第一次大戦後経済・社会政策資料集(第 6 巻)』柏書房.

輪湖俊午郎(1939)：『バウル管内の邦人』日本図書センター.

Ikegami, Antão Shinobu (2009)：*A Fibra e o Sonho*, São Paulo：Editora A Gazeta Maçônica.

コラム9　アマゾン移民と日本食

　日本人による組織的なアマゾン移住が始まるのは，ブラジル移民の嚆矢である「笠戸丸」移民（1908年）より約20年後の1929年のことである．この年，鐘紡社の福原八郎が社長を務める「南米拓殖株式会社（南拓）」により，パラ州のアカラ植民地（後のトメアス）に第1回移民189名が入植した．また，1930年にはアマゾナス州のマウエスにも，大石小作が常務取締役を務める「アマゾン興業株式会社（アマ興）」の第1回移民49名が入植している．さらに同年，上塚司が校長を務める「国士舘高等拓殖学校（後の日本高等拓殖学校）」がアマゾナス州のヴィラ・アマゾニアに「アマゾニア産業研究所」を開設し，1931年より同校の卒業生である「高拓生」の入植が始まった．さらに1932年には，「海外植民学校」校長の崎山比佐衛が，その分校設立を目的に家族でマウエスに移住した（口絵2参照）．

　このように，日本では1920年代後半〜1930年代にかけて企業や移植民学校を経営主体とするアマゾン移民が積極的に進められ，多数の日本移民がアマゾンの厳しい自然環境の中で原生林の開墾に挑んだ．彼らは過酷な日々の生活の中で故郷を思い，慣れ親しんだ日本食を懐かしんだ．そして，自ら現地の食材を用いて日本食を再現する努力と工夫を重ねた（写真1）．

　先述した崎山比佐衛の孫からの聞き取りによると，彼らはテラフィルメ（非浸水の台地）で陸稲を栽培し，籾はとうみで選別して臼に入れ杵で搗いた．温かい白ご飯がよく夢に出てきたという．梅干しはイガポー林に自生するカジャラナやアラサの実を塩漬けして作った．納豆はフェジョンマメを利用し，藁の代わりにトウモロコシの葉を使って発酵させた．もやしは壺の底に布巾を敷き，そこにフェジョンマメを蒔いて水をかけて作った．漬け物は，糠がないときはファリーニャ（有毒キャッサバをすり下ろし，毒抜きした後，平たい鉄鍋で煎って乾燥させた粉）やトウモロコシの粉を水でふやかし，そこに塩と少量の砂糖を加えて糠床にした．ナス，キュウリ，未熟の青く硬いパパイア，シュシュ（ハヤトウリ），イナジャヤシの芽などを漬けた．味噌は米麹を作り，町から大豆と塩を買って来て作った．粘りのあるカラと呼ばれるイモは，摺り下ろしてトロロにした．また，カラを湯がいて潰し，タピオカ（キャッサバ澱粉）を加えてよく練って餅状に丸め，その中にフェジョンマメで作った餡を入れて，クマルやアボカドの葉に包み蒸すと柏餅になった．赤子の離乳食は，未熟の青いバナナを薄く切り，平たい鉄鍋で煎って乾燥させた後，臼で挽いて粉にし，それを水や牛乳に溶いて作ったという．

　豊富な魚も重要な日本食となった．醤油はジャラキ，ツクナレ，アカリなどの魚から作ったピラクイと呼ばれる魚粉に水を加えてだし汁をとり，そこにキャッサバの毒から作った調味料のトゥクピ（tucupi）を薄めて入れ，塩と砂糖で味を整えて作った．11月〜1月頃の抱卵期のジャラキは，はらわたを取り出して塩漬けにした．はらわたは，ピンガ，レモン，トウガラシを加えて塩漬けした卵と混ぜ合わせて，塩辛を作った．骨が少ないピラルクやナマズのピライーバは，まず挽肉用の機械で魚肉を挽き，そこに少量のタピオカと多めの小麦粉，塩と砂糖を加えてよく練った後，手頃な大きさにちぎって蒸して，かまぼこに加工された．それを油で揚げて薩摩揚げも作った．

　今日では，アマゾンでもさまざまな日本食が容易に手に入る．しかし，戦前にアマゾンに渡った日本移民たちが，不自由や欠乏の中でみせた日本食を守る真摯な努力と創意工夫は，敬服に値するものである．アマゾンではもはや消滅寸前の日本移民文化を，われわれはたとえ記録だけでも後世に伝え残さねばならない．

[丸山浩明]

写真1　アマゾンの日系人宅で食卓に並んだ日本食（2011年撮影，マウエス）
① ツクナレの刺身　② 揚げ物　③ 味噌汁　④ カライモのトロロ　⑤ ご飯　⑥ カジャラナの梅干し．

10 日本の中のブラジル社会

　第9章でみてきたように，ブラジルと日本とのつながりは，とても深い．1908年，「笠戸丸」によるブラジルへの移民が開始されて以降，多くの日本人がブラジルへと渡った．そして100年あまりが過ぎた現在，彼らの子孫が日本で暮らしている．国内のいくつかの地域では，まちを歩いている中で，ポルトガル語で書かれた看板を目にすることが多くなった．2008年には，日本に居住するブラジル人が中心となり，ブラジル移民100周年を記念するイベントも開催された．現在，日本に居住するブラジル人はどのように増え，そしてどのような生活を行っているのか，本章では日本の中のブラジル人社会について見ていこう．

10.1　日本への出稼ぎブームの到来と日系人の大量移入

　日本におけるブラジル国籍登録者数は21万32人（2011年末現在）で，在日外国人全体の10.1%を占め，国内の登録者数の中では中国籍，韓国・朝鮮籍に次いで第3位となっている．

　日本における，ブラジルをはじめとする南アメリカ出身の日系人の就労が開始されたのは，1964年に開催された東京オリンピックに関連する諸施設の建設事業が行われた頃といわれている．その後，1980年代後半から日本における就労が増加していくが，当時の日本では日系人を含めて外国人労働者の単純労働への就業が禁止されていたことから，南アメリカ出身の日系人たちはおもに親族訪問という形で来日し，就労を行っていた．当時来日し，日本で就労する南アメリカ出身の日系人は日本語が堪能な者も多く，また来日する人数の少なさからも「外国人労働者」としての存在がクローズアップされることはなかった．

　しかしその後，南アメリカ出身の日系人の日本への移動を大きく変える出来事が起こる．バングラデシュ，パキスタン，イランなどの中東諸国やアジア諸国からの入国者の増加や，その結果としての不法滞在者の増加を受け，日本では外国人労働者の受け入れをめぐる議論が活発化した．そのような中，1990年に「出入国管理及び難民認定法」（以下，入管法）が改正される．この入管法の改正では，在留資格の整備・拡充が行われ，以前は6種だった就労可能在留資格が16（「特定活動」を含めると17）に増加した．また，日系2世，3世およびその家族には「日本人配偶者等」，「定住者」という日本での活動制限のない在留資格が付与され，これにより，従来は違法だった単純労働への就職が合法化された．また，非日系人でも日系3世までの配偶者の場合には日系人と同じ在留資格が取得可能となった．本来，この「入管法」改正は，高度な知識を持つ者や技術者の受入れ促進と，不法就労対策を強化するための罰則規定の新設といった単純労働者の排除の2点がおもな目的とされていたが，「定住者」などの在留資格の増設により，ブラジルを中心とした南アメリカからの日系人およびその家族が増加する結果となった．

　日本におけるブラジル人の増加の背景には，この1990年の入管法改正と，国内のいわゆる「3K」と呼ばれる労働市場における労働力不足というプル要因が大きく作用しているが，それとともにブラジルにおけるプッシュ要因の存在も大きい．ブラジルでは，1960年代から1970年代初頭のいわゆる「ブラジルの奇跡」と呼ばれる著しい経済発展の中で，日本企業の進出が進んだ．この日本企業の進出は，ブラジルと日本との間に経済的・文化的紐帯を形成し，両国間の国際的な労働力移動を促進する要因の1つとなった．その後，

石油危機をきっかけにブラジルは経済不況期を迎え，記録的なインフレが続いた．その後も国債の増発や物価凍結令，流通通貨量削減などの諸政策の失敗により経済的状況は悪化し，ブラジル国外へと出稼ぎを行う者が増加した．このようなブラジルにおける経済的・社会的状況も，1990年以降の日本におけるブラジル人の増加の大きな要因となった．

図10.1に，1989年からの国内のブラジルならびにペルー国籍登録者数の推移を示す．1998年に若干の減少がみられるものの，2007年にかけて，国内のブラジル国籍登録者数は増加し続けてきた．来日したブラジル人の滞在形態をみると，1990年の入管法改正当初は，男性の単身での出稼ぎ形態が多かったが，その後，1990年代の日本の経済状態の悪化に伴い収入が減少し，貯蓄が思うように進まないといったことから，その滞在は次第に長期化した．滞在の長期化が進むにつれ，ブラジルからの呼び寄せも増加し，家族滞在が多くを占めるようになっていく．また，日本で生まれる移住第2世代の増加も顕著になってきた．国内の市町村レベルでブラジル国籍登録者数が最も多く居住する静岡県浜松市が，市内に居住する日系人をおもな対象として行った『外国人の生活実態・意識調査報告書』(浜松市国際課1997，2000)から，家族構成の変化についてみると，年度によりサンプル数の違いはあるものの，1996年には「単身」の居住者率が22.5％であったのに対し，1999年では5.3％に減少している．家族での居住形態に関しても，「夫婦のみ」は1996年の21.5％から1999年の9.4％に減少する一方で，「夫婦と子供」での居住形態は，1996年の18.1％から1999年の66.3％へと急増している．Castles and Miller (1993) は，労働力の国際移動では，移住者が受入国において，短期の移動者・出稼ぎ者 (sojourner) が長期の移住者 (settler)・移民 (immigrant) に，やがて定住する市民 (citizen)・住人 (permanent resident) に変化していく「定住化」の過程をたどるとしているが，これは日本において「単身出稼ぎ」から「家族滞在」という滞在形態の変化をたどる，入管法改正以降に来日したブラジル人のケースにも該当する．

日本国内における性別・年齢別人口（2007年末時点）を示す図10.2をみると，20～50歳の，いわゆる働き盛りの年代の人々が多いことがわかる．また0～19歳の若年層も在日ブラジル人の21.5％を占めており，家族滞在の多さが反映されている．このような日本への出稼ぎ者の増加，とりわけ20～50歳の年齢層の人々が日本に流出する一方で，ブラジルの日系人社会では，日本人学校や日系人銀行における人手不足など，その空洞化が進むこととなった．

しかし2008年のリーマンショックに端を発した経済危機以降，日本における就業機会の急激な減少に伴いブラジルへの帰国者が増加した．国内では，2009年4月から2010年3月にかけて，失

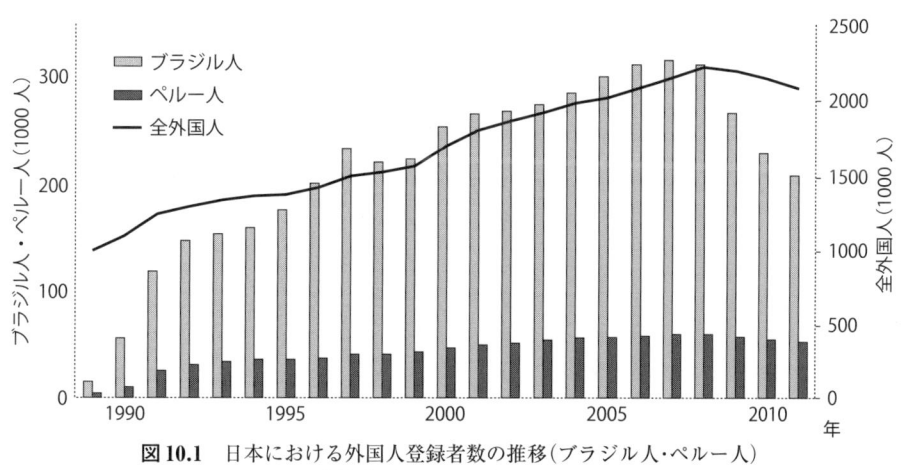

図10.1 日本における外国人登録者数の推移(ブラジル人・ペルー人)
入管協会 (1991-2011) より作成．

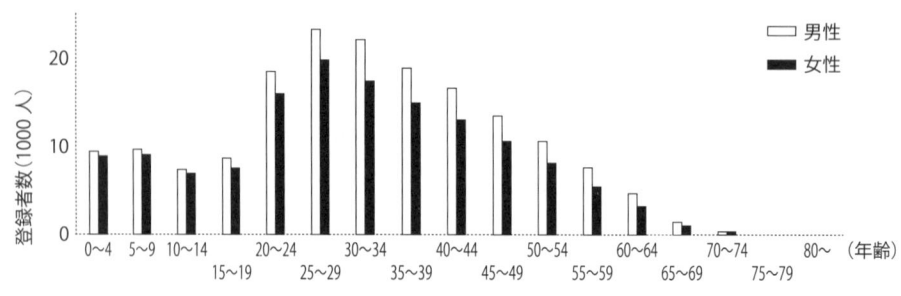

図10.2 性別・年齢別にみたブラジル国籍登録者数の内訳(2007年)
入管協会（1991-2011）より作成.

業した南アメリカ出身者に対し母国へ帰国する旅費が支給される「帰国支援事業」が実施され，日本語能力の低い層を中心に約2.2万人が申請した．こうした中，2005年以降30万人を超えていた国内のブラジル国籍登録者数は，冒頭に示したとおり2011年末時点で21万32人に減少した．ブラジル国籍登録者数の変化を年齢別にみると（図10.3），20～44歳の若い世代と，その家族である0～9歳の年齢層の流出が顕著となっている．その一方で45歳以上の年齢層における減少率は低下し，65歳以上の年齢層では逆に増加することとなった．また，入国者の在留資格をみても，2006年までは定住者が半数近くを占めていたが，2011年になると，永住者が増加する一方で短期滞在の増加も顕著となっており，減少という量的な変化とともに，質的な変化もみとめられる（図10.4）．

10.2 日本国内のブラジル人集住地と職業

国内におけるブラジル国籍登録者の居住を地域別にみると，入管法の改正当初は，輸送機械をはじめとした製造業関連への就業機会が多い北関東や東海地域に居住が集中した．その後，食品加工製造業をはじめとする輸送機械以外の就業業種の増加などにより，その居住は北陸地域や東北地域ほか全国へと拡散したが，2000年以降は東海地域への流入が顕著となった（図10.5）．このように，国内のブラジル国籍登録者数が増加してきたとはいえ，その増加がみられる場所は製造業が盛んな一部の都市に限られる．この居住の地域的な偏りは，入管法改正以降に来日したブラジル人の来日目的やその移動形態に起因している．

日本におけるブラジル人の就業は3つの大きな特徴を持つ．まず1つめが，国内の他のエスニック集団と比較して労働参加率がぬきんでて高いこ

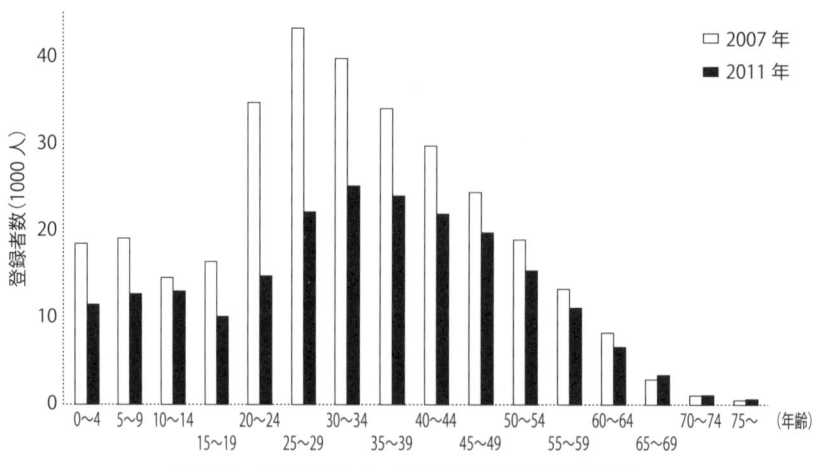

図10.3 年齢別にみたブラジル国籍登録者数の変化
入管協会（1991-2011）より作成.

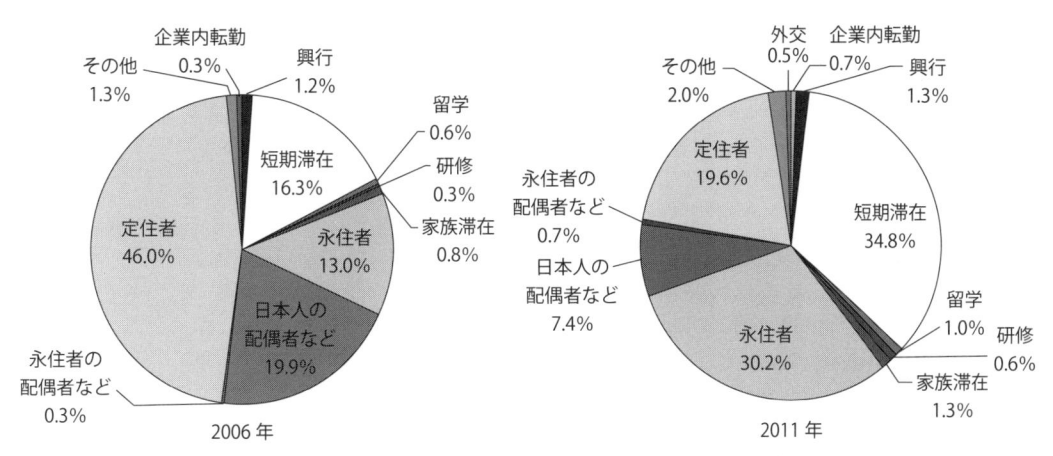

図10.4 在留資格別入国者割合（2006年および2011年）
法務省（2006, 2011）より作成.

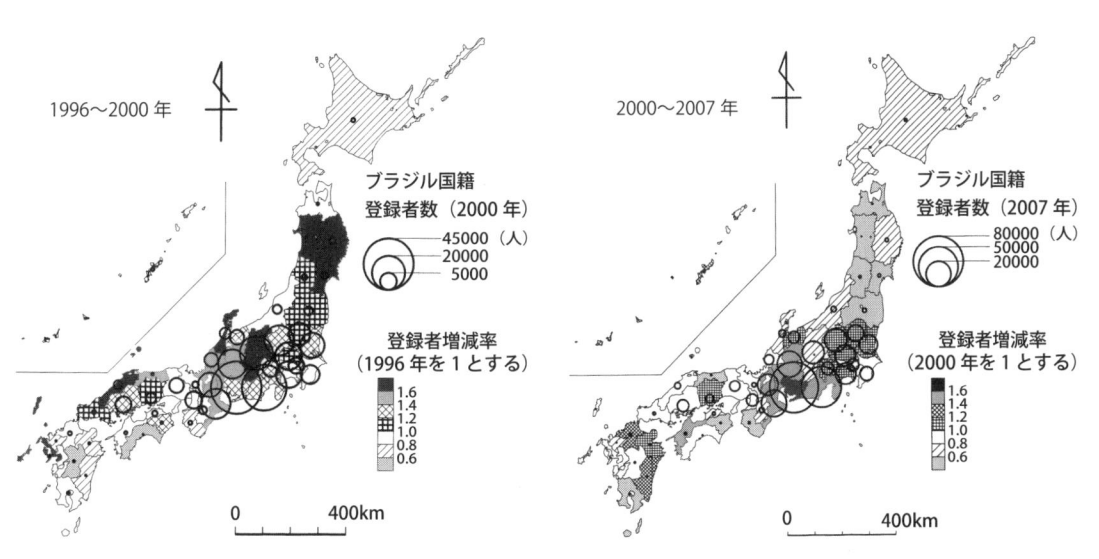

図10.5 都道府県別ブラジル国籍登録者数および登録者増減率
入管協会（1999-2011）より作成.

とである．国勢調査を用いた中村ほか（2009）の調査によると，18〜60歳のブラジル国籍者の労働参加率は1995年の時点で92.3％，2000年の時点で86.3％となっており，ブラジル人の来日の主目的が「就労」であることを裏づけている．

2つめは，来日したブラジル人の就労が，製造業関連の生産工程労務作業者としての就業に特化されているということである．図10.6をみると，他のエスニック集団と比較して，ブラジル国籍就業者が製造業に従事する割合が高いことがわかる．またその職種をみると，ブラジル国籍就業者の9割以上が生産工程労務者となっており，とりわけ輸送機器を中心とした製造業や食品加工といった産業への集中度が高い．前述した「定住者」，「日本人配偶者等」の在留資格では，定住地における就労の制限は設けられておらず，従来の外国人労働者に禁じられていた単純作業を含む「あらゆる仕事」への就業が可能となっている．にもかかわらず国内で就業するブラジル人の多くが製造業の生産工程労務作業者となっている背景には，国内労働市場の構造も大きく影響している．すなわち，日本人労働者のいわゆる「3K」労働への忌避的な態度により，失業率が高くなっても規模の小さい中小零細企業は必要な労働力を日本人の

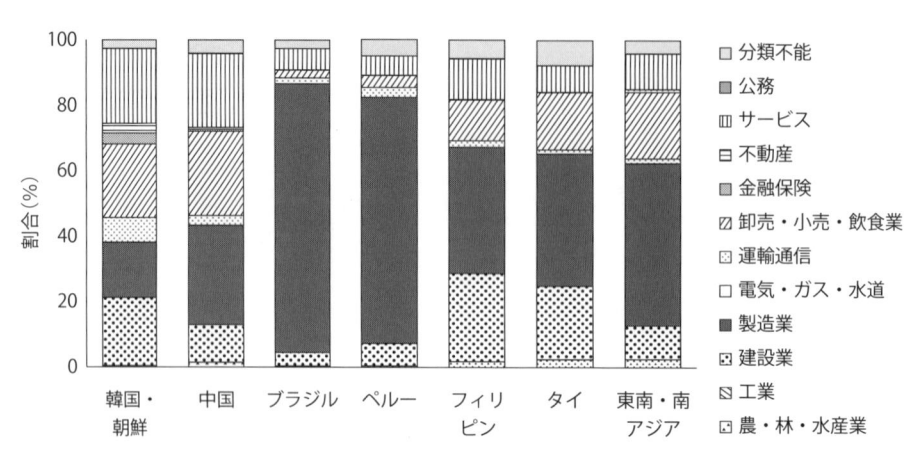

図10.6 就業している外国人（男性）の国籍別産業構成（2000年国勢調査）
中村ほか（2009）より作成．

みで集めることが不可能となっているのである．

ところで，上述した2つの特徴の大きな背景要因ともなるのが，ブラジル人には，日本における就労を斡旋するブローカー，旅行会社，業務請負・人材派遣業といった「移民産業（immigration industry）が関与する「市場媒介型」の移動形態をとる者が多いという3つめの特徴である．これらの斡旋組織は，日本での就業を希望するブラジル人に，就業先の日本企業への橋渡しをするだけでなく，渡航費用の立替えや航空券の発券，ビザの取得代行まで行う．入管法改正前後では，労働力不足を解消する目的で雇用した労働者の企業への定着率を上げるなどの目的から，日本の企業がブラジル人を直接雇用するケースも多くみられた．しかし景気の後退とともに，ブラジル人の労働市場は次第に「フレキシブルな」，「雇用調整が可能な」間接雇用部門へとシフトさせられていき，現在のブラジル人の雇用形態は間接雇用がその大部分を占める．

入管法が改正されて20年近くが経過する．この間，在日ブラジル人の内部では，日本における確固たる生活基盤を築く層や，専門職に就業する層が現れるなど，その階層分化が進んだ．一方で，「定住者」という在留資格ですべての職業へ自由に参入できるにも関わらず，在日ブラジル人の中には，労働市場の下部に取り込まれたままの層も多い．2008年以降，国内の経済状況の悪化に伴い，「生産の調整弁」となる製造業の間接雇用部門は大幅に縮小し，在日ブラジル人の中には失業者も増加していくこととなった．2008年以降の日本における就業機会の急激な減少に伴う帰国者の増加は，国内のブラジル人の多くが経済状況悪化の影響を直接受ける経済的・社会的構造の下部に位置づけられていることを反映している．2007年以降の国内のブラジル国籍登録者数の変化を都道府県別にみると，就業機会の多さから多数のブラジル人が居住していた北関東地域や東海地域で大きく減少した（図10.7）．中でも，市町村別にみると，おもな「集住地域」とされる浜松市や愛知県豊橋市における減少は著しい．

10.3 日系ブラジル人の社会と生活

入管法改正（1990年）以降に来日したブラジル人の多くは，「市場媒介型」の移動で，かつ「リピーター型」の移動を行っているという大きな特色を持つ．これに加えて忘れてはならないのが，日系人に関しては，「日本‒ブラジル‒日本」という歴史的な流れを背後に持つ「帰還型」の移動でもあるということである．これら移動形態の特色は，日本におけるブラジル人の生活や，彼らを取り巻くコミュニティに大きな影響を与えている．

地縁・血縁といった紐帯が移住過程において重大な役割を果たすことを指摘したMabogunje（1970）以降，移民の国際移動や定住化の要因として移住過程における地縁や血縁といった社会的ネットワークが着目され，移民研究の中で「移住

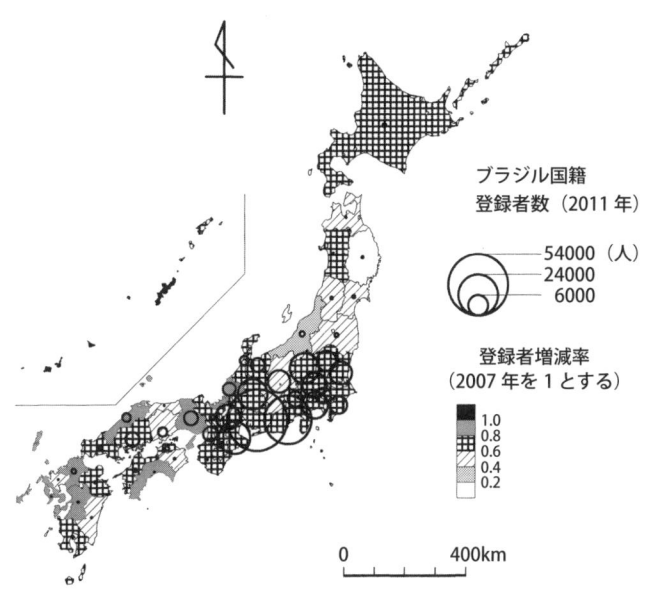

図 10.7 都道府県別ブラジル国籍登録者数（2011 年）および
登録者増減率（2007～2011 年）
入管協会（1999-2011）より作成．

システム論」として理論化されてきた．そのような中，受入れ国におけるエスニックコミュニティの形成には，受入れ国におけるエスニック集団が置かれる社会的な位置とともに，エスニック集団の持つ移動経路も大きく影響を及ぼしていることが指摘される．とりわけアジア諸国では，従来の地縁・血縁といった紐帯を利用した移住ではなく，受入れ国における職業を斡旋する「移民産業」などが介在する「市場媒介型」の移住システムが多くみられる．樋口（2002）は，地縁・血縁ネットワークによる「相互扶助型移住システム」と比較し，「市場媒介型移住システム」の場合，受入れ国における労働市場の状況により出身地域とは無関係に移民フローが方向づけられ，移住過程が進展しても，社会的資本は相対的に蓄積されにくいことを指摘している．

ところでブラジルでは，ポルトガルやイタリア，スペイン，ドイツなどから来た移民によるブラジル-母国間の往来は以前から頻繁に行われ，移民の母国就労はごく自然で一般的なものとされてきた．このようなブラジルにおける移民の状況から，また日本における在留資格の制約からも，在日ブラジル人の中には，日本とブラジルの間で頻繁に往来を繰り返す「リピーター型」の移動者が多くみられる．こうした移動形態の下では，Bonacich（1973）が指摘するように，一時居留型の移民は受入れ国の地域社会と永続的なつながりを持つことを希望せず，そのため自分たちのエスニックなつながりを広範に維持しようとする．

本節では，在日ブラジル人の持つこれらの移動形態の特色に留意しつつ，居住地域におけるブラジル人の生活がどのようになっているのかを，国内の市町村レベルで最も多くのブラジル国籍登録者を持つ浜松市の事例をもとにみていきたい．

浜松市域および周辺市町村には，大手輸送用機器メーカーやその下請会社などが数多く立地し，製造業関連の雇用機会が多いことが，外国人労働者増加の大きな背景要因となっている．浜松市におけるブラジル国籍登録者数は入管法改正以降増加し，2007 年 3 月末には 1 万 9267 人と，総人口の 2.3％を占めるようになった．市内の外国人登録者総数のうちブラジル人は約 6 割を占め，浜松市は外国人の居住という点でブラジル出身者に特化した地域となっている．浜松市へブラジル人が流入する背景要因としては，就業機会の多さとともに，温暖な気候や，教育サービス，行政サービス，エスニックビジネスといったエスニックインフラの充実に支えられた暮らしやすさ，豊富な生

活情報などを挙げることができる（片岡2004）．

受入れ国において移住者が実際に生活をする以上，日常のさまざまなサービスやエスニックな連帯は不可欠である．市場媒介型の移住システムの下では，斡旋業者が出国・渡航手配などの職業斡旋以外の役割を持つことがMartin（1996）ほかにより指摘されている．今回のブラジル人の事例でも，入管法改正当初の斡旋業者は，居住先の提供や勤務先への送迎のみならず，生活備品の貸与や各種書類の作成手続き，家族の病院通院時の通訳といったサービス，さらには旅行，懇親会など，就業するブラジル人の連帯を深める行事まで行うこともあったとされる．このように，「市場媒介型移住システム」の下では，渡航や受入れ国での生活において斡旋業者が果たす役割は大きい．しかしながら，「解雇により，会社から借りていた居住先を解雇当日から追われた数名の知人から相談を受けた」というケースもみられるように，これら斡旋業者によるサービスは，その業者の下で就労する間しか機能しない．また1990年代に入り不況の影響が強まる中，斡旋業者のサービスは次第に低下していくこととなった．

こうした中，浜松市では行政や公共機関，市民団体によりさまざまな制度が整備されるようになる．1991年より開始されたポルトガル語での生活相談や外国人児童生徒相談室の設置のほか，行政窓口へのポルトガル語対応職員の配置，日本語教室の開催，外国人高齢者福祉手当支給事業，ポルトガル語版市報発行など多岐にわたる．その後，ブラジル人の滞在長期化が進むにつれて，外国人不就学児童の支援教室や外国人就労問題対策会議も開催され始める．これら行政による施策以外にも，地域住民ボランティアやNPOにより，日本語教室や無料健康検診が実施されるようになった．

その一方で，ブラジル人によるエスニック・ビジネスも増加していく．男性の単身出稼ぎから家族滞在へといった滞在形態の変化や滞在期間の長期化は，ブラジル関連の財・サービスへの需要を生み出した．このようなブラジル人市場の空間的・規模的な拡大は，ブラジル人が自営業へと進出する機会構造を形づくることとなり，国内のブラジル人が多く居住する地域では，工場労働者として働いて得た貯蓄を資本としてブラジル料理店や食品・雑貨店などを開業する者もみられるようになった（図10.8）．

図10.9に，浜松市におけるブラジル人のエスニック・ビジネスの展開を示す．入管法改正当初は，旅行会社や飲食店など，会社の寮に居住する単身赴任形態の滞在者を対象とした業種が多かったが，その後の滞在形態の変化や，寮から自己契約のアパートへといった居住形態の変化を受けて，食料・雑貨店，電器店，新聞社や銀行，各種学校をはじめとした業種の多様化が進んだ（写真10.1）．ブラジル人の増加は，地域の日本人向けの店舗にも影響を与え，スーパーの一角にブラジルの食材を置く，あるいは日本人経営者がブラジル人を対象とした店舗に転向するケースもあった．

ブラジル人を対象としたエスニック・ビジネス事業所（以下，ブラジル店）は，飲食店が中心であった入管法改正当初から，「当時の飲食店では，週末になるとさまざまなパーティが開催され，集まった大勢のブラジル人の情報交換の場所になっていた．また，通訳や書類の翻訳，日本での生活上の手続きの補助もしていた」（食品・雑貨店経営者）など，多様な機能を持つものであった．その後，浜松市ではブラジル人を対象とした多種にわたるエスニック・ビジネスが展開をみせ，財・サービスに関するさまざまなニーズを満たしていくとともに，① 店舗の一角に仕事や居住ほかさまざまな情報を掲示するなどの「同胞間の情報の結節点」，② パーティの開催など「ネットワークの構築」，③ ブラジル人への支援活動などの「同胞援助」や，④ 受入れ先地域からの情報伝達の窓口となる，あるいは受入れ先地域住民との接点となる「受入れ国との接点」などの社会的機能を持つようになる．併せてブラジル店は，「母国文化の保持・発信」，「母国との紐帯」，「アイデンティティの保持・育成」といった文化的機能も持つ．

このように，「市場媒介型移住システム」や「リピーター型」の移動を行う者が多い中で，ブ

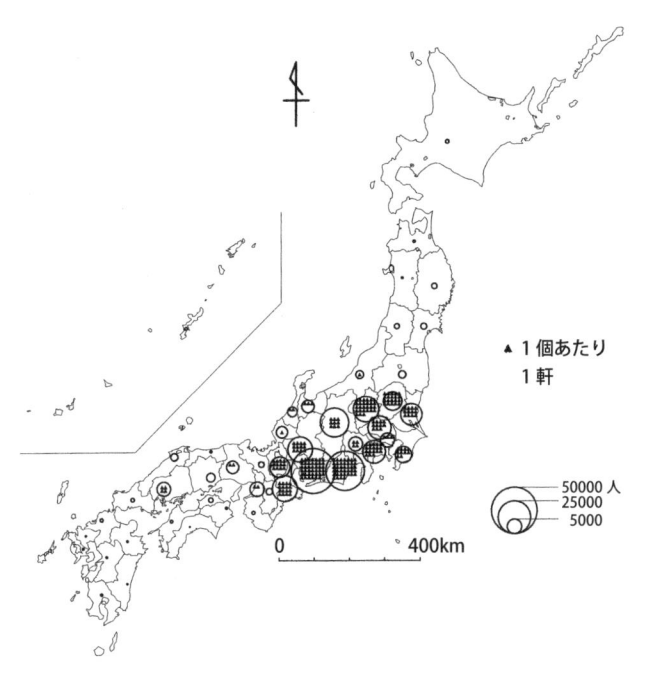

図10.8 都道府県別ブラジル国籍登録者数（2000年）および
　　　 ブラジル製品小売業事業所数
入管協会（1999-2011）およびブラジル版タウンページ
『Paginas Amarelas』より作成.

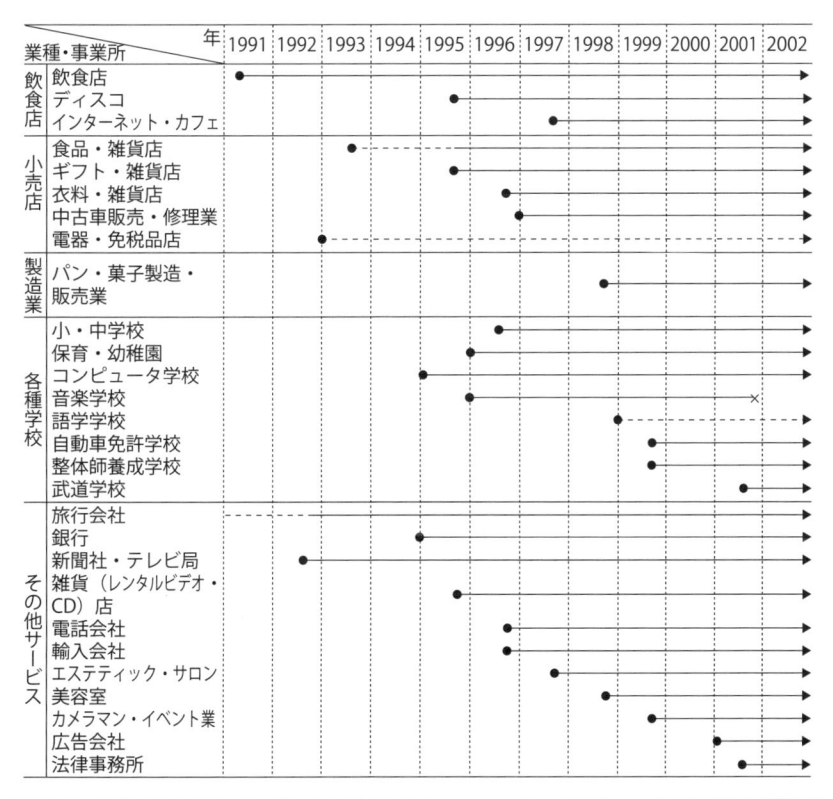

図10.9 浜松市におけるブラジル人を対象としたエスニック・ビジネスの主要業種別開業時期
　　　 破線は日本人経営者によるもの．片岡（2004）より．

10.3 日系ブラジル人の社会と生活　145

写真 10.1 浜松市におけるブラジル人向けの食品・雑貨店（左）とブティック（右）
（左）2013 年撮影，（右）2003 年撮影．

ラジル店は財・サービスの提供といった通常のサービス以外に，社会的・文化的な機能も果たすようになった．また経営者を中心としたブラジル人による自助組織や，受入れ地域とブラジル人とを結ぶパイプ役となる団体が結成されるなど，ブラジル店を通じてエスニックな連帯が形成・強化されることもあった（片岡 2005）．

ただし 2000 年以降，浜松市ではその店舗数や業種数は飽和状態となり，新規出店数は減少する．とりわけ 2010 年春以降は，不況のあおりを受けてブラジル人市場が縮小し，「収益が 4 分の 1 まで減った」（食品・雑貨店経営者），「（2008 年の経済危機以前は）誰かしら（客が）いたのに，今では全然来ない日もある」（美容院経営者）など，経営が悪化する事業所が多くなった．多額の負債を残したまま帰国する経営者も出てきたことから，日本での金融機関からの新規や追加の融資も難しくなっている．従来より，比較的短いとされてきたブラジル店の開業から廃業までのサイクルは，このような状況の中でさらに短くなってきた．ただし新規の開業数が激減しているわけではなく，失業したため，あるいは収入減を補うために，小規模なビジネスを立ち上げては撤退するという道をたどる者は多い．近年増加をみせた業種として，すし職人教室やマッサージ・エステ教室などの各種教室がある．教室で講習を終えた受講者に発行される修了証は，受講者が帰国して新たな就業先をみつける際に使用されることが多く，ある種の「『帰国』をターゲットとしたビジネス」となっている（片岡 2012）．

次に，来日したブラジル人はどのような意識を持ち，どのように生活を営んでいるのかを，浜松市が行った『外国人の生活実態・意識調査報告書』（浜松市国際課 1993, 1997, 2000, 2011）や『外国人の就労実態調査』（浜松国際交流協会 2003）をもとに概観したい．これら調査は，実施年度ごとにそれぞれ調査対象者の抽出方法や配布・集計方法が異なるため，時系列にその変化を正確に分析することはできないが，おおよその傾向を捉えることは可能であろう．

まず来日の目的は，「貯蓄」と「母国の治安や経済状態の悪さ」が 2 つの大きな目的となっている．ただし，1992 年，1996 年ではともに 5 割近くに上っていた「貯蓄」という目的は，2000 年では 29.6％，2002 年では 24.9％と次第にその割合を下げつつあり，日本における経済状態の悪化が反映されている．この経済状態の悪化は，平均月収の減少にもみとめられる（図 10.10）．貯蓄の目的は，「母国での事業資金」や「住宅資金」が 4～6 割を占め，どちらかというと日本での給与を母国へ随時送金する「生活費の母国への送金」というよりも，ある程度まとまった資金を貯蓄することに重点が置かれているといえよう．なお 1999 年では，母国への送金をしていない者がほぼ半数にのぼる．

就労先の業種は，自動車関連製造業がいずれの年の調査でも半数近くを占めているが，電気関係の製造業や食品関係の製造業へ就業する者もお

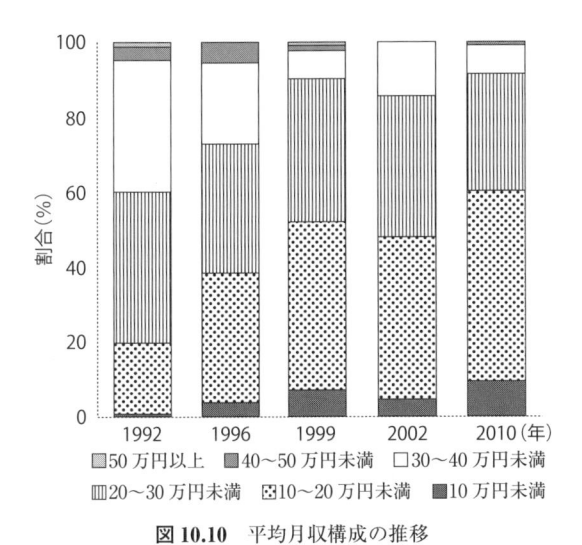

図 10.10 平均月収構成の推移
浜松市国際課（1993, 1997, 2000, 2011）ほかより作成．

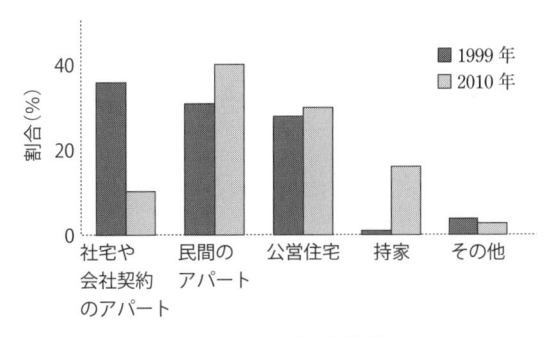

図 10.11 現在の居住先
浜松市国際課（1993, 1997, 2000, 2011）ほかより作成．

り，多様化が進んでいる．ただし就業者の7割以上が，間接雇用や，直接雇用であっても臨時・アルバイトという不安定な雇用形態となっているため，転職回数が多く，短期間での就業を繰り返すケースが多い．そのため，長期で直接雇用されている少数の者を除き，就業先を通じた社会的なネットワークができにくい状態となっている．なお仕事で必要とされるため，あるいはより条件のよい仕事をみつけるために，日本語能力は重要である．2010年のデータでは，来日前に日本語の学習経験を持つ者は23.4%でしかないが，来日後，独学で学習する，あるいは地域の日本語教室に参加するなどにより，8割以上がひらがな・カタカナを読むことができるようになっている．ただし，ひらがな・カタカナと比較すると，漢字を読むことができる者は5割，日本語を書くことができる者は4割と，その割合は低下する．

居住先をみると，会社契約の借家という形態が減少し，自己契約の民間のアパート，とりわけ公営住宅への居住が増加している（図10.11）．これは，家族滞在という滞在形態の増加とともに，生活基盤の確保が大きな要因となっていることを示唆している．会社契約の社宅や借家の場合では，所属している斡旋業者などから離職・転職する際に居住先を失ってしまうため，就業先を変えるたびに再度新たな居住先をみつけなくてはならない．先ほどみたように，在日ブラジル人はその多くが短期間の不安定な雇用形態となっており，就業先に左右されない生活の基盤を確保するために，自己契約で居住先を探す者が多くなった．ただし自己契約でのアパートは，外国人であることを理由に斡旋や入居を断られるケースや，保証人がみつからないケースも多い．公営団地の居住者が増加した背景には，1992年に建設省から出された通達により，入居時の国籍や在留期間が問われなくなったこと，保証人の条件などが比較的緩やかであることなどがその要因として挙げられる．

一方で，少数ではあるものの，自分の家を所有する者も増加している．ブラジル人の増加とともに，地域の金融機関の中には在留資格や年収など一定の条件を設けて外国人向けの住宅用融資を行うところもみられるようになった．しかし2008年以降，不況に伴う収入の減少により，住宅ローンの支払いが滞るケースも現れている．

民間のアパートや公営住宅に居住する場合，近隣住民とのつながりが重要となってくるが，地域の自治会へ加入している者は，1999年で全体の27.8%，2010年でも36.1%と加入率は低い．言葉の壁や，就労中心の生活ゆえに地域コミュニティと接する時間が制限されるなどの理由から，在日ブラジル人が地域社会に溶け込むのは難しい．そのため近隣に居住する日本人との付合いは「挨拶をする程度」が最も多く，「ほとんどない」あるいは「まったくない」とする者も1割ほどいる．

民間のアパートや公営住宅への居住が増加し，

10.3 日系ブラジル人の社会と生活

ブラジル人の中には地域の道路や公園の清掃，地区の祭りといった地域住民が主催するイベントに参加する者がいる一方で，日常生活におけるつながりを構築できないまま地域で孤立してしまうケースもある．また近隣の日系人との付合いもさほど濃いものではなく，閉ざされた小さなコミュニティの中で，限られた付合いをしている者も比較的多い．これは，受入れ先において，新たな社会的関係を構築していかなくてはならないという，前述した「市場媒介型」の移動形態が大きく関連している．このような受入れ先地域におけるコミュニティとの結びつきの弱さは，家で休養したり，テレビやビデオを鑑賞したりすることが多い休日の過ごし方にも反映されている（図10.12）．

居住地での日常生活において，生活に関わる情報を入手することも重要である．ブラジル人の増加に伴い，国内のブラジル人が多く居住する地域では，母国語の新聞・テレビ・ラジオなど各種エスニックメディアが発展した．各種生活情報の取得手段としては，これらエスニックメディアを利用することが最も多いが，近年はインターネットによる情報取得も急増し，1999年では7.6％であったものが，2010年では70.3％を占めるようになった．この背景には，ブラジル人が経営するコンピュータの販売会社やコンピュータ教室が増えたこと，母国語での情報が拡充したこととともに，行政機関による，行政機関ウェブサイトのポルトガル語への自動翻訳の開始や，ポルトガル語の生活情報を発信する専用ウェブサイトの開設といった要因も大きく関係している．

ところで，来日ブラジル人はその多くが日系人であり，歴史的にみると「日本−ブラジル−日本」という複雑な移動形態を持つため，母国アイデンティティやエスニシティ認識は複雑である．1992年では，「日本人としての意識を持っている」者が7割にのぼっていたが，1999年になるとその割合も低下し，逆に5割近くの者が「持っていない」とした．これは，日本での生活が長期化する中で，母国との文化的な相違や生活習慣の違いを認識するようになったとともに，日系2世から3世や4世への世代交代が進み，日系人としての「公式的なエスニシティ」と本人の「エスニシティ認識」との乖離（梶田1998，Brubaker 1998）がみられるようになったことも要因の1つといえる．

10.4 日系ブラジル人の定住化と彼らが直面する課題

1990年の「入管法」の改正以降，すでに20余年が経過した．2008年以降の経済状況の悪化に伴い，ブラジル人の中では帰国者も増加したが，依然として各地域では現在も多くの日系ブラジル人が生活している．本節では，国内のブラジル人の定住化と，彼らが直面する課題について考えていきたい．

10.4.1 労働に関する課題

在日ブラジル人が遭遇する労働に関する課題に

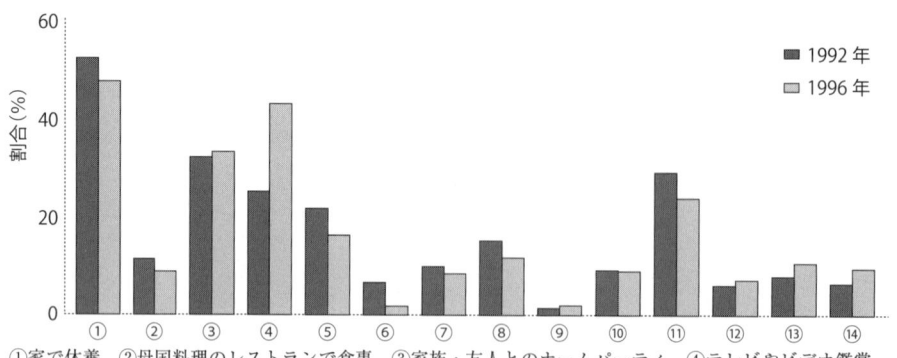

図10.12 休日の過ごし方
①家で休養，②母国料理のレストランで食事，③家族・友人とのホームパーティ，④テレビやビデオ鑑賞，⑤音楽を聴く，⑥カラオケ・パチンコ，⑦デート，⑧スポーツ，⑨サッカーを観戦，⑩ドライブ，⑪ショッピング，⑫旅行，⑬日本語学習，⑭その他．
浜松市国際課（1993，1997，2000，2011）ほかを一部改変．

は，雇用形態に起因するものと，外国人であることに起因するものの2つがある．前述のように，入管法改正以降に増加した在日ブラジル人の多くが，製造業関連業種における間接雇用という不安定な雇用形態のもとで就業を行っている．2008年の経済危機以降の失職者と帰国者の増加は，国内の社会的・経済的な構造の中で，ブラジル人の多くが「雇用の調整弁」とも呼べる不安定な労働市場に取り込まれている事実を顕在化させた．

ところで労働基準法，最低賃金法，労働安全衛生法は，外国人労働者に対しても適用される．しかしながら不安定な雇用形態のもとでは，労働基準法や労働安全衛生法などの違反が発覚することを恐れる雇用者が，労働に起因する怪我や病気の際の労働者災害補償保険法（国籍条項はない）を申請せず，労働者は休職補償も適用されずに自費で治療を行わざるをえなくなるといった，いわゆる「労災隠し」と呼ばれるケースも見受けられる．不安定な雇用形態に取り込まれざるをえない労働市場の構造自体も問題であるが，このように，雇用形態から派生する課題も多い．

外国籍住民が日本で治療を受ける場合，健康保険に加入していない者には多額の医療費がかかり，就業先はもちろんのこと，生活基盤までを失ってしまうことがある．これは「雇用形態」と「外国人であること」の2つに起因する，いわゆる「無保険問題」と呼ばれる課題である．社会保険への加入状況は，子供の有無や，永住か帰国予定かといったブラジル人の個人的属性や，居住する自治体ごとに違いがみられるものの（志甫2007），全体からみるとその加入率は低い．本来，企業に雇用されているブラジル人であれば，一定の条件を満たしたうえで社会保険に加入することができるにも関わらず，無保険のままの者や，国民健康保険や海外旅行傷害保険で対応している者もかなりの数にのぼる．

この課題は，厳しい経営環境の中で労使折半という保険料のコスト負担を軽減したい企業側に起因していると同時に，保険と年金とのセット加入が原則とされている中で，特に厚生年金については年金の受給資格期間を満たさないまま帰国し，脱退一時金は支給されるもののその額が低いため年金制度への加入を回避したいブラジル人側に，そしてまた社会・労働保険に関する情報が行き渡っていないという受入れ国における情報伝達の経路自体に起因している課題である．ただし2012年3月から社会保障協定がブラジルと日本との間で発効され，年金保険期間を相互に通算できるようになったため，今後は加入者の増加が期待できる．

職場内では，言葉の壁による日本人とのコミュニケーション不足や，日本語能力が低いことにより職場内での安全管理が行き届かないなどの，外国人であることに起因する課題もみられる．1999年に閣議決定された第九次雇用対策基本計画では，外国人労働者対策として，「外国人雇用状況報告制度」の実施，「日系人雇用サービスセンター」や「日系人職業生活相談室」の設置など多くの対策が盛り込まれている．

これら労働に関する課題は今後，国や地方自治体，その他関連機関による課題解決へ向けたいっそうの取組みとともに，雇用する企業側の社会的責任（corporate social responsibility: CSR）の視点からも検討されるべきであろう．

10.4.2 生活に関する課題

生活に関する課題としては，医療に関する問題や地域住民との間に横たわる課題が挙げられる．まず医療については，無保険により医療費が高額になってしまう，あるいは日本語能力の不足から医療機関へ行ってもうまく症状を伝えられないといったことから，多少の怪我や病気であれば医療機関にかからず自宅で我慢する者も多い．そのためブラジル人が多く居住する地域では，行政による外国人への健康教育や健康診査，医療機関による医療通訳の配置，NPOや関係団体による無料医療検診会の開催などの対策が行われるようになっている．

民間のアパートや公営住宅への居住が進むにつれ，生活上の問題もみられるようになった．とりわけ初期の段階では，ゴミの出し方のルールが徹底されていないことや，ホームパーティで夜中まで騒ぐといった騒音に関する問題，車の無断駐車

や自転車・バイクを駐車場以外に放置するといったことが問題となり，近隣の日本人住民との軋轢を生み出すことも少なくなかった．これに対して行政や自治会が，ゴミの出し方を記載したチラシをポルトガル語に翻訳して配布する，あるいは「無断駐車禁止」や「夜間は静かに」とポルトガル語で記載された看板を掲示するなど，現在ではさまざまな対策がなされるようになっている．またブラジル人が多く居住する公営団地では，居住者である日本人住民とブラジル人住民との間に交流の場や意見交換の機会を設けることも多くなった．

ところで，入管法改正以降のブラジル人の流入と定住化の進展は，受入れ先の地域社会に大きな影響を及ぼした．ブラジル人が多く居住する地域では，行政や日本人市民団体・NPOによるブラジル人に対するさまざまな社会的制度・組織が拡充をみせる（表10.1）．しかし，このような外国人労働者に対する施策やサービスの拡充は，一方で外国人に対する医療や教育をはじめとした社会的コストの増大に対する地域住民側の不満感を強めてしまうこともある．また，来日するブラジル人の多くは，斡旋業者を介する「市場媒介型移動」のため，その日常生活は集団内での完結性が高く，地域住民側からみると外国人労働者は日常生活において交流・接触する機会がほとんどない「顔の見えない存在」となることが多い．そのため地域住民の中には，外国人労働者の増加に伴う地域のスラム化や犯罪の増加，言語や生活習慣の相違に伴うトラブルの増加，社会的コストの増加に対する不安感も存在する（浜松青年会議所1992）．

一般的に，外国人労働者が流入する際には，個人的な交流機会の欠如による不安感の増大や差別が地域住民の側に起こりやすい．ただしこれらの偏見や摩擦は，相互の個人的な接触や交流により減少されることが，「接触仮説」（Allport 1954）をはじめとした社会心理学の諸研究において明らかにされており，今後はブラジル人と地域日本人住民との間に，さらなる交流の機会・場の創出が望まれる．

10.4.3 教育に関する課題

在日ブラジル人の中には学齢期にあたる子供も多い．また日本で出生する子供の数も増加している．近年，ブラジル人子弟の教育問題が大きな課題となってきたが，その背景には，外国人の保護者にはその子供に日本の教育を受けさせる「就学義務」が課されないという法制度上の仕組みとともに，不安定な労働市場下での両親の頻繁な転勤や，経済状態の不安定さ，帰国か定住・永住かの間で揺れ動く今後の展望の不安定さといった多くの要因が重なり合っている．

国内のブラジル人の子弟は，その多くが日本の

表10.1 行政によるおもな外国人支援施策

外国人の子供支援	居住・生活支援	医　療
就学前学級	ゴミ分別など生活情報の多言語化	医療通訳などの養成
日本語指導員などの派遣（加配）	生活オリエンテーション	医療通訳の配置
教育相談・進路指導	行政・税務・法律など相談	医療関係情報の多言語化
外国人学習支援	生活実態調査	無料健康相談
不就学児童生徒支援		
保健・福祉	防　災	その他多言語支援
予防接種・健康診断	災害時サポート要員の育成	通訳配置・派遣
母子手帳などの多言語化	外国人防災ネットワークの構築	多言語生活相談の実施
外国人障害者・高齢外国人支援	防災訓練など啓発事業の実施	各種情報の多言語化
保育園など支援	防災関連情報の多言語化	外国語案内表示などの整備
日本語・日本社会学習	地域社会への啓発	外国人の自立と社会参画促進
子供向け日本語教室の開設	市民向けセミナーの開催	外国人コミュニティ協働事業
大人向け日本語教室の開設	各種ボランティアの育成	外国人市民会議の開催
日本語指導ボランティアの育成	スポーツ交流イベントの開催	自助組織育成支援
日本文化教室の開設	国際交流などイベントの開催	

中部経済産業局（2007）による．

小中学校に通う．また地域の各自治体も，就学に関する情報を多言語で提供している．しかし，日本で生まれ育った子供であれば日本語能力も高く授業にも十分ついていけるが，10歳を過ぎて初めて日本に来た場合には，日本語能力の不足のため授業が理解できないケースが多い．ブラジル人が多く居住する自治体では，就学前学級（プレスクール）の開催や日本語指導員の派遣，教育相談や進路指導，ボランティアによる日本語教室の開設など，多くの支援を行っている．ただし，居住する自治体や子弟が通学する学校・学級内でのブラジル人児童の人数などにより，施策の充実度には相違がみられる．ブラジル人の増加，とりわけ家族滞在形態の増加に伴い，国内にはブラジル人学校も開設されるようになったが，公的支援が少ないために授業料が高額にならざるをえないなど，抱える課題は多い（コラム10参照）．また近年の経済状態の悪化により，親の収入が減少して授業料が払えない，あるいは経営悪化により学校自体が閉校となるケースもみられるようになった．

とりわけ近年問題となってきたのが，日本語能力が低く授業についていけない，両親の短期間での頻繁な転勤により新しい学校になじめない，帰国を予定しているなどの理由により学校に通わなくなる「不就学」と呼ばれるケースの増加である．通っていたブラジル人学校へ通学できなくなり，そのまま不就学となるケースもある．不就学者の把握は，外国人に就学義務が課されていない法制度上の仕組みとともに，外国人の在留管理方法（2012年7月より改正）上の制約から困難であったが，2000年以降，各自治体や文部科学省などにより実態調査が行われるようになり，現在では不就学者の減少へ向けたさまざまな取組みが行われるようになっている．

また今後，不就学者減少への対策とともに重要となってくるのが，日本の高校・大学への進学希望者に向けた情報提供や，母国へ帰る際に必要となる母語や母国文化の保持である．受入れ国における第2世代は，とうてい一枚岩で捉えることのできない，さまざまな今後の方向性とアイデンティティを持つ複雑な人々の集まりである．受入先の地域社会において，それぞれの方向性へ向けた道を整備することは，これからの日本，あるいはブラジルを担う存在，あるいは両国の懸け橋となる貴重な人材を育成していくことにつながる．今後はその重要性を十分に認識しながら，一過性の課題解決策ではなく，長期的視野に立って多様な方向性を踏まえた人材育成策を講じていく必要がある．

10.4.4　今後の課題と展望

最後に忘れてはならないのが，ブラジル人が多く居住するのが東海地域だということである．東海・東南海地震への対策が進むこれらの地域では，自治体が中心となり外国籍住民に向けた各種防災情報パンフレットや災害ハザードマップの作成・配布などが行われている．また，「災害時多言語情報作成ツール」の作成・発行など，国レベルでの防災への取組みも行われている．

しかし，このような施策の拡充にも関わらず，外国籍住民へ向けた防災対策には課題も残る．たとえば災害時に重要となる避難場所に対する認識であるが，ブラジル人の中には居住地周辺の避難所の場所を把握していない者も多い．また，仕事の時間と重なり地域の防災訓練に参加できない，あるいは防災訓練の存在自体を知らない者もおり，地域社会との関わりの薄さが「自助」力の低さにつながっている．

行政が作成・発行する防災に関する外国語版出版物についても，配布方法は市役所の窓口に置くだけという地域もあり，防災情報が地域に居住するブラジル人に広く行き渡っていないケースもある．今後は，これら防災・災害情報の周知方法や多言語版防災パンフレット・ハザードマップなどの配布方法など，諸情報の伝達経路を再構築していく必要があろう．片岡（2009）は，災害時に必要なものとして「地域住民の互いの協力」を挙げるブラジル人が多いことを指摘した．通常，「情報弱者」と捉えられがちな外国籍住民であるが，防災や災害に関する情報を的確に伝達することができれば，地域防災力向上の大きな担い手となる可能性を持っている．また，地域社会とのつながりを強化するという点で，今後は「防災」をキー

ワードにした外国籍住民と日本人住民との間のネットワークの形成も可能となろう．東日本大震災を契機として，ブラジル人による自主防災グループが結成された地域もみられるようになった．今後は外国籍住民を交えた，地域全体の防災力を高める施策を講じていく必要性があろう．

　2001年5月，浜松市の呼びかけにより，ブラジル人を中心とした外国籍住民の居住が進む都市が連携し，地域で顕在化しているさまざまな課題に取り組むための「外国人集住都市会議」が設立された．現在は28都市が参加し，教育や社会保障，労働や，地域コミュニティとの関わりなど，外国籍住民を取り巻く諸課題が討議されている．また，2012年7月より外国人登録制度が廃止され，新しい「在留管理制度」と「外国人住民に係る住民基本台帳制度」が導入された．これにより，長期的に国内に滞在する外国人の在留状況が的確に把握され，外国籍住民へ向けた各種情報やサービスの提供が徹底されるようになると期待される．

　1990年の入管法改正から20年あまりが過ぎた．その間，ブラジル人が多く居住するようになった地域では，生活・仕事・教育・医療など，ブラジル人を取り巻くさまざまな課題が生じてきた．一方で，それを解決するために行政，地域のNPOや市民団体，企業，そしてブラジル人の団体など多くのアクターが課題解決へ向けた取組みを行っている．日本とブラジルは従来から，そして現在も深いつながりを持つ国同士である．その国から多くの人々が来て，現在，われわれの周りで暮らしている．2国間のよりよいつながりを維持していけるように，国や自治体の取組みはもちろんであるが，われわれ地域住民も，それぞれの立場から考えていかねばならない．

［片岡博美］

引用文献

梶田孝道（1998）：凝縮された移住サイクル──日系人に見る「デカセギ」の変容．比較文明，**14**：51-65．

片岡博美（2004）：浜松市におけるエスニック・ビジネスの成立・展開と地域社会．経済地理学年報，**50**（1）：1-25．

片岡博美（2005）エスニック・ビジネスを拠点としたエスニックな連帯の形成──浜松市におけるブラジル人のエスニック・ビジネス利用状況をもとに．地理学評論，**78**（6）：387-412．

片岡博美（2009）：外国籍住民に対する防災・災害情報の提供に関する一考察──外国籍住民を交えた「自助」「共助」「公助」の枠組みを探る．生駒経済論叢，**7**（1）：547-568．

片岡博美（2012）：ブラジル人──揺れ動くエスニック・ビジネス．樋口直人 編『日本のエスニック・ビジネス』103-132，世界思想社．

志甫 啓（2007）：日系ブラジル人の社会保障適用の実態──2005年度磐田市外国人市民実態調査を用いた分析．季刊・社会保障研究，**43**（2）：84-106．

中部経済産業局（2007）：『東海地域の製造業に働く外国人労働者の実態と共生に向けた取組事例に関する調査報告書（概要版）』中部経済産業局．

中村二郎，ほか（2009）：『日本の外国人労働力』日本経済新聞社．

入管協会（1991-2011）：『在留外国人統計』入管協会．

浜松国際交流協会（2003）『外国人の就労実態調査』浜松国際交流協会．

浜松市国際課（1993，1997，2000，2011）：『外国人の生活実態意識調査報告書──南米日系人を中心に』浜松市．

浜松青年会議所（1992）：『浜松市在住外国人に対する地域住民の意識調査結果』浜松青年会議所．

樋口直人（2002）：国際移民の組織的基盤──移住システム論の意義と課題．ソシオロジ，**47**（2）：55-71．

法務省（2006，2011）『出入国管理統計年報』法務省．

Allport, Gordon Willard (1954): *The Nature of Prejudice*. Cambridge, Addison-Wesley.

Brubaker, W. R. (1998): Migrations of ethnic unmixing in the 'New Europe'. *International Migration Review*, **32**: 1047-1065.

Bonacich, Edna (1973): A theory of middleman minorities. *American Sociological Review*, **37**: 583-594.

Castles, Stephen and Miller, Mark J. (1993): *The Age of Migration: International Population Movements in the Modern World*, New York: Guilford Press.

Mabogunje, Akin L. (1970): Systems approach to a theory of rural-urban migration. *Geographical Analysis*, **2**: 1-17.

Martin, Philip (1996): Labor contractors: a conceptual overview. *Asian and Pacific Migration Journal*, **5**: 201-218.

コラム 10　日本のブラジル人学校

1990年の入管法改正以降，日本国内のブラジル人が多く居住する地域では，ブラジル人の子供を対象とするブラジル人学校も開校されるようになった．2012年現在，愛知県9校，静岡県12校，群馬県5校，岐阜県4校（いずれも認可再申請中を含む）をはじめとして，ブラジル教育省の認可を受けた44校のブラジル人学校が日本に存在する．国内のブラジル人の子供は，日本の公立学校に通うことが多い．とりわけ出生地が日本の場合には，公立学校への指向性が高くなる．しかし，日本語能力が低く日本の学校の授業についていけない，あるいは帰国を予定しているなどの理由から，ブラジル人学校へ通う子供も少なくない．

ブラジル人学校では，授業は母国語のポルトガル語で行われ，ブラジルで使われる教科書をそのまま使用する学校が多い．教育内容はブラジルの教育制度にのっとっているものの，それに日本語や日本文化に関する教育を加えて行っている学校もある．ブラジル人学校では，南アメリカ諸国の義務教育でみられる落第制度をとっていることが多く，子供の年齢と就業学年が一致していないケースがしばしばある．ブラジル人学校では，その数の少なさから遠距離通学の生徒も多いため，多くの学校がマイクロバスによる送迎サービスを取り入れている．また，両親の仕事の都合で授業終了後も学校に居残る児童のために，自習クラスや課外活動を行っている学校も多く，日本で働く両親の都合を考慮した授業時間や授業期間となっている．

しかし，ブラジル人学校での教育には大きな制約がある．それは学費の高さである．通常，日本の公立学校の場合は給食費などを除き授業料は無料であり，年間数万円の負担で済む．一方，ブラジル人学校では月額2万〜4万円の授業料が必要である．これらに加え，さらに送迎料や教科書代といった諸費用も必要となる．日本国内における外国人学校には，日本における「各種学校」の認可を受けている学校と受けていない学校（私塾扱い）があるが，私塾扱いの学校はもちろんのこと，「各種学校」の認可を受けている学校であっても，公立学校に比べて公的支援が少なく，税制優遇措置も限られているために授業料が高額になるケースが多い．

2008年以降の経済状況の悪化を受け，国内のブラジル人の中には学費を払えなくなり，子供がブラジル人学校をやめるケースも多くみられるようになってきた．ブラジル人学校自体も，生徒数の減少により経営が立ち行かなくなり閉校するところも出てきており，文部科学省の調査によると，ブラジル人学校（ブラジル教育省の認可を受けていない学校も含む）に通う子供の数は，2008年12月から2009年2月の間に34.9%減少したとされる．ブラジル人学校をやめた生徒の中には公立学校へ転校する生徒もいるが，そのまま不就学となるケースもみられる．また，国内のブラジル人学校は，日本人生徒向けの学習塾を改装して学校として使用する，あるいは日本の企業から寄付された社屋を改装して学校として使用するケースなどもあり，一般に施設が小規模で，体育館やグラウンド，プールといった設備を持たないところも多い．

これらの外国人学校は，従来より日本の公的な教育課程の中に位置づけられていないために，上級の学校への進学が十分に保障されていない部分もあったが，大学入学資格を持つ「日本における正規の教育課程と同等の学校として位置づけられている学校」に，近年，国内のブラジル人学校も認定されることが多くなり，今後の進学者の増加が期待できるようになった．移住第2世代の教育は，今後の国内のブラジル人の社会・経済的な地位向上にとって非常に重要である．加えて，帰国という選択肢を持つ多くのブラジル人にとっても，日本での長期滞在のみならず，ブラジルへの帰国も考慮に入れた第2世代向けの多岐にわたる方向性を持った教育プログラムの存在が欠かせない．ブラジル人学校の中には，地域の公立の小・中学校と交流を行う，あるいは地域の国際的なイベントに参加するところも少なくない．2つの文化の懸け橋となる人材を育成するために，そして第2世代の「今後」をよりよいものにするために，ブラジル人学校を取り巻く環境のいっそうの整備・充実が望まれる．

写真1　ブラジル人学校（2013年撮影，浜松市）郊外の住宅地の中にある小規模なブラジル人学校．

［片岡博美］

11 ブラジルと世界，そして日本

　本書では，ブラジルを特徴づける経済・社会・文化的な多様性や統一性について，その形成要因や歴史的変遷に着目しながら，各章で詳細な実証的検証が試みられた．最後に本章では，ブラジルという国家や国民（その中の日系人）の特性が，はたして世界において，さらには日本との関係において，どのような意味や重要性を備えているのかを考察しよう．それはブラジルの個性や真価を世界的視野から検証する作業であり，同時に21世紀の新たな日伯関係の青写真を描く作業にも通じる．

11.1　政治・経済大国への道

　ブラジルの特徴としてまず注目されるのは，1つの大陸国家とも呼べる広大な国土と，豊富な生産年齢人口の存在であろう．ブラジルはこの恵まれた条件を十分に活用して，今日ではアメリカなどと肩を並べる，労働生産性の高い企業的穀物・畑作農業を実現し，世界の農産物市場を席巻する農業大国にまで成長した（第7章参照）．また，広大な国土にはさまざまな鉱産資源が豊富に埋蔵されている．鉄鉱石や複数のレアメタルは，その産出量が世界でも第1～2位を占めており，今後さらなる鉱工業の発展が見込まれている．さらに，カーボンニュートラルな再生可能エネルギーとして世界の注目を集めるバイオエタノール生産や，世界屈指の掘鑿技術に立脚した海底油田開発，世界の航空機市場を席巻する中小型旅客機生産などは，いずれもブラジルの名声を世界に知らしめる国家的なブランド産業となっている．

　表11.1は，2010年にブラジルが生産量，輸出量などにおいて世界で第1～3位を占める農産物，鉱産物，エネルギーなどをまとめたもので，資源大国の実態や国土開発の潜在的可能性を感知できる．2011年現在，国内総生産（GDP）は世界第6位で，その経済規模は南アメリカ全体の約6割を占めている．面積や人口でも南アメリカ全体の約5割を占めるブラジルは，この地域の経済を牽引する機関車として華々しい活躍をみせている．

表11.1　ブラジルが世界で第1～3位を占める農産物，鉱産物，エネルギー（2010年）

世界第1位	世界第2位	世界第3位
オレンジ生産量（27.5%）	大豆生産量（26.2%）	トウモロコシ生産量（6.6%）
コーヒー豆生産量（34.4%）	大豆輸出量（27.7%）	トウモロコシ輸出量（10.0%）
コーヒー豆輸出量（27.2%）	キャッサバ生産量（10.6%）	綿花輸出量（6.6%）
砂糖生産量（25.8%）	パイナップル生産量（10.9%）	豚頭数（4.0%）
砂糖輸出量（48.1%）	葉タバコ生産量（11.0%）	肉類生産量（7.3%）
サトウキビ生産量（42.7%）	小豆・インゲン生産量（13.8%）	鉄鉱石産出量（18.8%）
サイザル麻生産量（67.2%）	牛頭数（14.7%）	ボーキサイト産出量（13.4%）
ニオブ産出量（92.2%）	牛肉生産量（11.2%）	ニッケル鉱埋蔵量（10.9%）[2]
タンタル産出量（26.4%）	肉類輸出量（15.5%）	
	エタノール燃料生産量（28.7%）	
	水力発電量（11.7%）[1]	
	鉄鉱石埋蔵量（20.0%）[2]	
	鉄鉱石輸出量（28.8%）[1]	
	パルプ輸出量（16.6%）[2]	

二宮書店編集部（2012）より作成．
1) 2009年データ，2) 2011年データ．
（　）内は世界全体に占める割合．

また近年では，アフリカ諸国などとの途上国外交を積極的に展開することで，政治的にも国際舞台における発言力や存在感が増している．1995～2002年に大統領を務め，経済を成長軌道に乗せて政治の安定化を実現したカルドーゾは，「従属理論」の旗手として世界が認知する社会学者でもあった．発展途上国は，先進国の画一的な考え方やお仕着せの生活様式から脱することが必要だとする基本姿勢は，世界中の発展途上国から支持を集め，ブラジルは第3世界のリーダー的な存在として，さまざまな国際舞台で政治的なプレゼンスを高めている．

このような，近年世界が注目する顕著な政治・経済的躍進をブラジルが今後も持続していくための鍵は，国内の政治・経済・社会的な安定性を確保できるかどうかにかかっている．そのためには，長くブラジルの発展を阻害してきた貧困や格差社会，教育・医療制度の不備，無秩序な開発による環境破壊，政治家や官僚の汚職などの問題に真摯に向き合い，低所得者層の底上げ，社会福祉の充実，社会的不平等や差別の撤廃，持続可能な開発の実現などに国を挙げて取り組むことが必要不可欠である．その意味でも，カルドーゾ政権を継いだルーラ大統領（2003～2010年）が特に力を傾注し，現ルセフ大統領（2011年～）へと継承された，「ボルサ・ファミリア」プログラムに象徴される貧困者救済の社会扶助政策や，低所得者層の縮小と内需拡大につながるCクラス（A～Eの5つに分けた世帯別経済階層の中間にあたり，2011年は所得が1734～7435レアルに該当）と呼ばれる経済的「中間層」を拡大する施策，付加価値が高い工業分野の国際競争力を高めるうえで必要な人材育成を進める「国境なき科学」プログラムなどは，その成果が大きく期待される．さらに，サッカーワールドカップ（2014年）やオリンピック（2016年）といった世界的ビックイベントの開催も，今後ブラジルがその発展をより堅固なものとし，国際的にさまざまな分野で活躍できるかどうかを占う重要な試金石となるであろう．

11.2 多文化主義は実を結ぶか

ブラジルのダイナミックで個性的な文化創造力は，世界に誇れる固有のセールスポイントであろう．そして，その大きな原動力と豊かさは，多人種多民族社会のブラジルがたどった，苦難と葛藤に満ちた国家・国民形成史と不可分であり，まずはそれと真摯に向かい合うことから始めねばならない（第4章参照）．現在につながるブラジルの社会・文化的基層は，16～18世紀の植民地時代に，先住民のインディオ，アフリカ系の黒人奴隷，植民者のポルトガル人を主要な構成要素とし，彼らの生活舞台であったサトウキビやコーヒープランテーションでの家父長制家族を基幹モデルとして形成された．それは1933年にフレイレが『大邸宅と奴隷小屋』で描出した，白人奴隷主とその身辺の世話をするために大邸宅に集められた黒人奴隷（乳母のマンイ・プレッタ，小間使いのムカマ，料理人，奴隷の子のムレッケなど）との間の，温情的な主従関係を特徴とするものであった（図11.1）．このような家父長制大家族の形成は，結果的に奴隷主と黒人やインディオの女奴隷との婚姻外交渉による非嫡子の混血児を数多く生み出し，ブラジル住民の混血化を促進した．奴隷主にとって，混血者は一族の政治力を強めるために不可欠な存在であり，また彼らは奴隷と異なり社会的な上昇が可能であった．

ちなみに，植民地時代が始まった16世紀のインディオ人口は，少なく見積もっても約243万と推定されているが（IBGE 2000），その後の白人との接触でインディオは急速に減少した．また，ブラジルに「輸入」された黒人奴隷の数は，少なくとも300万～400万人に達すると推計されている．図11.2は，黒人奴隷の下船地別輸入数の推移で，1531～1855年に輸入された奴隷総数は約401万人に達する．これに対し，1500～1817年（ただし1761～1807年は欠データ）にブラジルに渡ったポルトガル人の数は約72万～132万人と推定されており（IBGE 2000），植民地時代には有色人や混血者が白人数を大きく上回っていたことがわかる．

図 11.1　奴隷主の夕食風景
Debret（1989）より.

ところが，1808 年にポルトガル王室がリオデジャネイロに移転すると，植民地時代に形成されたブラジルの人種民族関係やその構成は大きな変化を余儀なくされた．すなわち，帝政時代のブラジルは激しい西洋化の波に翻弄され，知識人たちは舶来主義を盲信した．そして，1850 年に奴隷貿易が禁止されると，奴隷の代替労働力として大量のヨーロッパ移民がブラジルに導入されて，住民の人種民族構成に占めるヨーロッパ系白人の比率が急速に高まった．このような社会の劇的変化の中で，知識人たちは 19 世紀末にヨーロッパで広まった「人種主義（民族や人種間に本質的な優劣の観念を設ける態度や政策）」を信奉する一方で，未だに奴隷制が残り住民の多くが有色人や混血者である自国の現実を，劣性の証と悲観的に捉え苦悩するようになった．

そんな中，「劣等」社会を改善するための現実的な処方箋として登場したのが，「白人化 (abranqueamento)」イデオロギーであった．これは，劣等性の根源とみなされたアフリカ的な要素を希釈（脱アフリカ化）して，住民を白人の身体的特徴に近づけることで国民の優生学的な改良を実現しようとする考え方で，その達成にはヨーロッパ系白人と異人種との混血による白人的形質の獲得が不可欠とされた．「白人化」イデオロギーは，1889 年に誕生した共和国政府の移民政策にも色濃く反映され，1890 年の法令 528 号では，アジア・アフリカ生まれの者の入国が原則的に禁止される一方で，ヨーロッパ移民の大量導入が推進された．その結果，19 世紀初め〜第一次世界大戦までの約 100 年間に，植民地時代に導入された黒人奴隷数に比肩するほどのヨーロッパ移民が

図 11.2　アフリカ系黒人奴隷の下船地別「輸入」数の変化
期間は最初と最後を除き，1700 年までは 25 年，1700 年以降は 10 年間隔で集計した．バイアの南はリオデジャネイロ，バイアの北はペルナンブコにおもに対応する．
IBGE（2000）より作成．

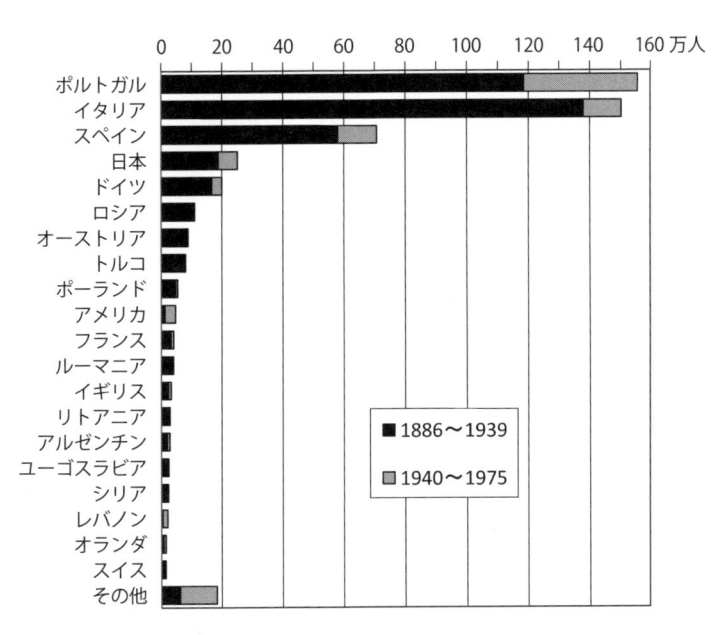

図11.3 国籍別にみたブラジル移民数（1886～1975年）
Ludwig（1985）より作成．

ブラジルに押し寄せ，「白人化」による「脱アフリカ化」が進められる一方で，住民の混血化は避けがたい現実となった．ちなみに1886～1975年間にブラジルに入国した移民総数は約505万人で，それを国籍別に示したのが図11.3である．

帝政～旧共和政時代にブラジルを支配した，自国への強い劣等感から盲目的にヨーロッパに追従する姿勢を改め，ブラジルの真実の姿を肯定的に探究しようとする「近代主義運動」が，工業化で経済力と自信を獲得した1920年代のサンパウロを舞台に勃興した．こうしたナショナリズムの台頭は，1930～1945年のヴァルガス独裁政権下で高揚期を迎え，中央集権的な国家建設が進められた．そこではすべての住民が「ブラジル人」として1つにまとまることが要求され，特に外国移民に対してはさまざまな規制の強化により，ブラジル社会への同化と統合が強要された．多民族性の現実を隠蔽して強権的に国家統合を進めるヴァルガス政権にとって，フレイレが『大邸宅と奴隷小屋』で肯定的に描いたブラジルの「混血性」や「混血文化」は国民意識の核として好適であり，たちまち国民統合のシンボルとして利用された．それは長くブラジルが葛藤してきた，白人優越の「人種主義」や「脱アフリカ化」のための「白人化」イデオロギーの呪縛から解放されて，ブラジルらしい新たな国民意識を獲得した門出でもあった．異人種間の混淆が促進される平和的で奔放な人間関係は，後に「人種デモクラシー」と呼ばれてブラジルの誇りとなった．そして，人種，民族，社会階級の違いを越えて，多様な選手たちが同じピッチで個性的に躍動するブラジルのサッカーは，まさに「人種デモクラシー」の証として宣伝された（コラム11参照）．戦禍を被った第二次世界大戦後の西欧社会は，ブラジルを多人種多民族社会の希望的モデルとみなすようになり，1950～1951年にはユネスコによる国際的な調査研究がブラジルで実施された．

しかし，さまざまな調査研究はブラジル社会の巧妙に偽装された不平等や人種偏見の実態を浮彫りにし，「人種デモクラシー」が混血社会における国民統合のための神話であり，イデオロギーにすぎないことを明らかにした．その内実は，たとえば「金持ちの黒人は白人，貧しい白人は黒人」といったブラジルの俚諺に端的に表現されている．これは「金持ちは白人で，貧乏人は黒人」という，否定しがたい社会階層と人種との密接な相関関係を指摘しつつ，人種偏見の問題が社会階層（貧富差）の問題にすり替えられ隠蔽されてしま

11.2 多文化主義は実を結ぶか

う問題点を示唆している．また，国民統合のための「混血者」の過度な賞賛やシンボル化は，人種言説の払拭につながらないどころか，「混血者」優位の新たな人種偏見を生み出し，民族的マイノリティに対する差別を助長する危険性も孕んでいた．しかし，このような「人種デモクラシー」の問題点を告発し，それを乗り越えようとする研究者らの活動は，左傾化を恐れる当時の軍事政権下（1964〜1985年）で厳しく弾圧され，その歩みを停止してしまった．

その一方で，1960年代末〜1970年代の高度経済成長期には，テレビの急速な普及，モータリゼーションの進展，道路網の拡大，膨大な国内人口移動の発生などを通じて，人々は「ブラジル人」の多様性や民族文化の豊かさ，人種民族的な偏見や不平等の現実などを認知・実感するようになった．軍政から民政移管した後の1988年憲法では，すべての者の平等と権利の不可侵（第5条）や，すべての民族集団の文化的表現の尊重ならびに普及支援と保護（第215条）が謳われ，かつてブラジルを支配した国民統合のための「人種主義」や「人種デモクラシー」からの決別が表明された．また1990年代には，アフリカ人，インディオ，日系人といった民族的マイノリティの権利回復や民族文化の再評価などが進められ，ブラジル社会の多文化性を認識して承認する「多文化主義」が，新たなイデオロギーとして登場した（三田 2005）．「人種デモクラシー」の下で醸成された共通の「ブラジル人」意識に根ざしつつ，同時に国内における民族文化の多様性を承認するという，一見矛盾したような「多文化主義」運動が，国民統合に逆行することなく，ブラジル固有の新しい文化・社会を創造できるか，期待とともに注目されている．

そんな中，近年にわかに注目されるのが，さまざまな民族文化間の交流から生み出されるダイナミックな文化創造力である．その力は，異質な民族文化が互いに相容れないものとしてスタティックに共存する多様性のモザイク的状況からは生まれてこない．そこに必要なのは，異なる民族文化が自由に接触・反応を繰り返し，それぞれが文化的再解釈を経て新しい文化へと生まれ変わるための，新たな舞台における豊かな文化交流である．たとえば日本移民がブラジルに持ち込んだ「日本的価値観」や「日本文化」は，彼らの後継世代である日系人により，ブラジルという新しい舞台で再解釈・再構築され，新しいブラジルの「ニッケイ」文化として世界に再発信されている．

もはやブラジルは，国民統合のためのイデオロギーを住民の人種民族関係や既存の文化間調整に求めるのではなく，現在繰り広げられている多人種多民族間の自由闊達な接触・交流が生み出す，新たな文化創造力に求める道もあるのではないだろうか．「多文化主義」の可能性はすでに宗教，音楽，文学などの領域で肯定的に実証されており（第5〜6章参照），新しい価値観や文化の創造・発信を担うブラジルに寄せられる世界の期待は大きい．

11.3 21世紀の新たな日伯関係

ここでは，今後ますます世界の中で重要な役割を担うであろうブラジルを，日本との関係で考察する．世界で日系人が最も多く生活するブラジルは，極めて親日的で心理的に近い国である．それは20世紀にブラジルに移住した約25万人の日本人とその子孫たちが，ブラジル社会で地道に勝ち得た確かな信頼と実績の賜であろう（第9章参照）．「日本移民70周年」記念シンポジウム（1978年）の基調講演で，梅棹忠夫は「移民とはお客さんでも侵入者でもなく，新しい土地で新しい文明の建設に参加する者である」と述べ，日本を出てブラジル国民として再編成された日系人や日系社会は，日本にとって重要な外交・国際文化交流の対象であると強調した（汎アマゾニア日伯協会 1994，毎日新聞社 1978）．それからさらに30年以上の歳月が流れ，2008年には「日本移民100周年」を迎えたが，この間の日系人や日系社会を取り巻く環境の変化は，想像を絶するほど大きなものであった．

その最大の要因は，1980年代後半以降に進展したブラジルから日本へのデカセギブームで，最盛期には30万人を超える日系ブラジル人が，労

働力不足に直面していた日本の産業をその現場で支えた（第10章参照）．こうして日本で実現した日系人との共生は，ともすると露呈しがちな日本人の血統主義的な同胞意識や期待を見事に打ち砕き，日本人の面影を残す彼らが真の外国人であることを強く認識させる結果となった．しかし，この試練を伴う経験と日本各地で展開された共生のためのさまざまな試行錯誤は，単なる労働力提供にとどまらない日系人の役割や，彼らとの共利共生が創り出す新しい社会への夢や理想などについて，日本人が真剣に考える重要な好機となった．また，デカセギが始まってはや四半世紀が過ぎ，日系人の中には永住権を取得して，日本の一員として国の発展に貢献する道を選ぶ人々も増えている．彼らの日本社会への統合は，ブラジル人としての文化的特性の喪失を意味しない．これまで日本移民がブラジルの社会・文化形成に参加・貢献してきたように，その子孫である日系人も，ブラジルとの文化的連帯を維持しつつ，日本における新しい社会や文化の創造に積極的に参加することが期待される．

一方，ブラジルの日系社会もこの30年で劇的な変化を遂げた．日本へのデカセギブームは，ブラジル日系社会の中核を担ってきた，あるいは担うはずであった生産年齢人口の大量流出を通じて，別居による家庭崩壊，子弟の教育問題，日系社会の空洞化に伴う衰退など，さまざまな問題を引き起こして深刻化させた．その一方で，日本で稼いだ資金を元手にブラジルで起業する者も多く，その実態はさまざまであるが，日本でのデカセギ体験や資本の蓄積が，ブラジル社会における日系人の社会的上昇につながる効果も確認できる．また，ブラジルの日系社会では世代交代と混血化が急速に進展し，現在は3～4世が日系社会の中核として活躍している．ポルトガル語を母語として育った彼らは，言葉のハンディを意識して生きてきた1～2世とは異なり，完全にブラジル社会に同化している．そのため，もはや生きるために敢えて日系人同士で結婚したり，1つの地域に集住して連携したりする必要性は3世以降の世代には存在しない．その結果，急速な世代交代はさらなる混血化や日系人としてのアイデンティティの希薄化に直結している．彼らのブラジル社会への急速な同化の中で，「日系人」や「日系社会」という言葉すら，将来的にその実態を失いつつあるのが現実である．

われわれは，このような日本とブラジル双方で進展した日系人や日系社会の大きな変化を慎重に見極めたうえで，21世紀の新たな日伯関係の青写真を描かねばならない．それは1～2世が日系社会の中心であった時代に形成され長く継承されてきた旧来の見方や姿勢を見直し，3～4世との現実的な関係強化を模索することであろう．そのためには，以下の点を再確認・再検討する必要がある．

第1に，良好な日伯関係の構築および発展の要は，日系人であるということである．ただし，日系人という言葉が持つ血統主義的な意味合いは，もはや急速な世代交代と混血化により希薄化しており，「誰か日本人の先祖がいる」といった程度の曖昧な意味しか持たなくなりつつある．こうした現実に対応し，日伯交流を効果的に進めるためにも，たとえば「日系アイデンティティを持ち，日系コミュニティと価値観を共有できる人」といった，血統よりもむしろ心情のあり方を重視した「日系人」の再解釈が有効であろう．

第2に，このような「日系人」の再解釈は，彼らが完全な外国人であるという認識の徹底をわれわれに要求する．すなわち「わずかでも同じ日本人の血が流れているのだから，誠意さえ尽くせば，言葉や行為に出さなくてもわかってくれるだろう」といった日本的な腹芸や甘えは，理解されないだけではなく，ときにその意識差が深刻な誤解や問題に発展しかねない危険性を孕んでいることを認識しなければならない．

第3に，3世以降の日系人が日本や日本文化に向ける眼差しは，自らが日本人やその子供であることを強く意識して生きてきた1～2世が，自身の存在やルーツを確認するために保持してきた眼差しとは，もはやその意味も内容もまったく異質であるということである．このことは，旧態依然とした日本語教育や，一方的に日本の伝統文化を

紹介するだけでは，彼らの興味関心を喚起することが難しいことを示唆している．われわれは，外国人である彼らが日本の何に驚き，心を動かされ，興味関心を抱いて自身の生活に取り入れようとしているのかを，まずは見極める作業から始める必要がある．それを探り，実際の国際文化交流に役立てる確実で有効な方法は，身近な日本にいる日系人の意識や行動をしっかりと受け止めることであろう．実際の生活体験に根ざして日本を体感している彼らは，新たな日伯関係の構築において最も重要な役割を担う人々である．彼らとの間に親密で堅固な友好・協調関係が構築できるか，そして彼らの存在を日伯関係の紐帯として積極的に活用できるかどうかが，21世紀の新しい日伯関係の成否を決める重要な鍵となるだろう．グローバルな人の移動を介して，新たな日伯関係が今まさに構築されつつあることを見逃してはならない．

11.4 日系社会は日本を映す鏡

ブラジルは，世界中から集まったさまざまな民族がともに参加して形づくられてきた，世界の民族文化の博物館のような国である．そして，その中で100年を超える歳月をかけて，日本人や日本文化の真価も厳しく問われてきた．ブラジルにおける日系人の歩みは，まさにその時代時代の日本人や日本文化の特質を映し出すかけがえのない鏡なのである．つまり，ブラジル社会との関係で日系人の歩みを問い直す作業は，多人種多民族社会の中で日本人がどのような個性を発揮し，何に貢献でき，何に弱点を露呈したかを具体的に探ることにつながる．そこには，日本人が国際社会の中でさまざまな民族と協調しながら，その個性や能力を遺憾なく発揮していくためのヒントが隠されている．その意味でも，われわれはより深く，より真剣にブラジルや日系人に向き合う必要がある．最後に，梅棹忠夫はブラジル日本移民の歴史的・文明的な意味合いに触れ，日本とブラジルの関係を次のように総括している．「我々にとって，もし，親戚の国だ，あそこは親戚だと言える国があるとすれば，そこはアジア諸国ではありません．新大陸の国々こそ，我々の親戚です．なぜならば，それらの国が現在あるのは，多少とも日本人移住者たちの努力が預かって力があったはずだからです」（汎アマゾニア日伯協会 1994）．

[丸山浩明]

引用文献

二宮書店編集部 編（2012）：『データブック オブ・ザ・ワールド 2013』二宮書店．

汎アマゾニア日伯協会 編（1994）：『アマゾン――日本人による60年の移住史』汎アマゾニア日伯協会．

毎日新聞社 編（1978）：『われら新世界に参加す』毎日新聞社．

三田千代子（2005）：ブラジル社会の多文化性と多文化主義――「国民国家」から「多人種多民族国家」へブラジルが辿った道の再考．泉 邦寿・松尾弐之・中村雅治 編『グローバル化する世界と文化の多元性』183-205，上智大学．

Debret, Jean-Baptiste (1989): *Viagem Pitoresca e Histórica ao Brasil*, Belo Horizonte: Editora Itatiaia.

Freyre, Gilberto (1933): *Casa-Grande & Senzala —— Formação da Família Brasileira sob o Regime da Economia Patriarcal*, Rio de Janeiro: Maia e Schmidt.

IBGE (2000): *Brasil —— 500 anos de povoamento*, Rio de Janeiro: IBGE.

Ludwig, Armin K. (1985): *Brazil: A Handbook of Historical Statistics*, Boston: G. K. Hall.

コラム11　世界を魅了するブラジルサッカー

2012年，ロンドンで行われたオリンピックでは，204の国・地域から約1万1000名の選手が参加し，日本は金7，銀14，銅17の合計38個のメダルを獲得した．一方，ブラジルは柔道や水泳などの種目で，金3，銀5，銅9の合計17個のメダルを獲得した．

これまで，アメリカやロシアなどの欧米諸国が独占してきたメダルの獲得総数だが，近年に入って，中国や韓国などが国策としてオリンピックに力を入れるようになり，2008年の北京オリンピックに続き2012年大会でもロシアや開催国のイギリスを押しのけて中国がメダル獲得数2位に躍り出て世界を驚かせた．

IMF（国際通貨基金）のWorld Economic Outlook Databases（2012年4月版）に各国のGDPが掲載されている．ここからはBRICsに代表される新興国の勢いが読み取れるが，この経済発展とオリンピックなどのスポーツ競技における成績に因果関係がないとは言い切れない．経済発展を遂げている国々が国の政策としての選手育成に力（資金）を投じれば成績に大きな変化が生じるのは当然である．

ここでは，それらの新興国の中でも，まだオリンピックのサッカー競技においては金メダルを獲得していないものの，サッカーのワールドカップにおいては世界で唯一全大会に出場し，五度の優勝，二度の準優勝，3位が二度，4位が一度と輝かしい戦績をおさめているブラジルに焦点を合わせてみたい．

現在，ブラジルでは国内23州において800以上のサッカークラブ組織が存在し，CBF（ブラジル・フットボール連盟）に登録された1万1000人のプロ選手が日夜凌ぎを削り，2000人以上のブラジル人選手が海外でプレーしている．日本のJリーグなどでも多くのブラジル人が活躍していることは周知の通りである．

ブラジルは2014年に，1950年以来二度目のサッカーワールドカップを開催する．2016年には南アメリカ大陸初となる歴史的なオリンピックをリオデジャネイロで開催することになった．ブラジル政府はスポーツの二大メガイベントの成功を目指して，都市インフラを整備し，治安問題の改善を図り，さまざまなスポーツ振興政策を図っている．近い将来，今後の政治的指針や経済の動向次第では先進国の仲間入りを果たすかもしれない勢いを感じさせられる国の1つである．

ブラジルでは，さまざまなスポーツ種目が国民的ヒーローの出現とともに発展してきた．特にサッカー界からは群を抜いて多くの国民的ヒーローが誕生し，輝かしい歴史を築いてきた．もちろんサッカー以外でも，バスケットボール，バレーボール，柔道，テニスなどの種目で有名な選手を輩出している．また近年ではグレイシー柔術など，日本の格闘技界で活躍する有名選手も数多く存在する．

なかでも特に有名なのがF1（フォーミュラー1）のアイルトン・セナ・ダ・シルバ（Ayrton Senna da Silva）である．彼はブラジル人のレーシングドライバーとしてF1世界選手権において，1988年，1990年，1991年と計三度ワールドチャンピオンを獲得し，日本でも多くのファンが彼に熱狂していた．しかし1994年5月1日，サンマリノGPでの不慮の事故により34歳という若さでこの世を去った．当日のレースのテレビ中継を担当していたブラジルのテレビ局は，事故後，数日間にわたりセナ関連の番組を放送し続け，事故を報じる新聞や雑誌は即日完売，葬儀を放送したテレビ番組の視聴率は60％を超えた．またブラジルにとっては国民的英雄の死であったため，スポーツ選手としては異例の，国家を挙げての葬儀である「国葬」が行われた．

しかし国民的ヒーローとして世界中で最も有名なブラジル人は，何と言ってもエヂソン・アランテス・ド・ナッシメント，「サッカーの王様」の称号を持つペレ（Pele，本名：Edson Arantes do Nascimento）である．

ブラジル人ジャーナリストのジョゼ・カステロによれば，ペレが1940年10月23日に誕生したとき，産婆さんが母のセレステさんに向かって「やさしく抱いてあげてね，この子は将来王様になる子だからね」とまるで古代ギリシャの予言者のようにいい，そのときセレステさんは「いったい何の王様ですか」と尋ねた

写真1　マラカナンスタジアム
2014年のワールドカップに向けて改修中のスタジアム．ウェブサイト Qoly football web magazine（http://qoly.jp/index.php/story/16397-20130512-maracana）より．

写真2 エヂソン・アランテス・ド・ナッシメント，王様ペレの近影
ウェブサイト WHO ATE ALL THE PIES (http://www.whoateallthepies.tv/lists/5513) より．

と記されている（Castelo 2003）．その後，それが予言通りになるとは考えていなかっただろう．

ペレは，16歳と257日にしてブラジル代表に抜擢され，1977年の引退までの約20年間に1364試合（このうち，ブラジル代表として91試合）に出場し1282得点（このうち，ブラジル代表として77得点）をあげた．1試合に5点以上あげたことが6回，4点以上が30回，ハットトリックが92回，また1964年の対ボタフォゴFC戦では1試合に8得点をあげた，まさに「サッカーの王様」である．世界中どこにも，現在まで公式戦で通算1000ゴール以上を記録するサッカー選手は，彼を除き存在しない．またワールドカップの出場回数は4回で，そのうち三度は優勝に貢献している．1977年には国際連合から「世界市民」の称号が，また1999年には国際オリンピック委員会（IOC）から「20世紀最高のアスリート」の称号が与えられている．

しかし「サッカーの王様」ペレが登場する以前にも，実はブラジルのサッカー界には数々の国民的ヒーローが存在していた．また，サッカーがブラジルにおいて国民的スポーツに発展するまでの背景には，ブラジル独自の歴史的事象がある．つぎに，それらを検証してみよう．

●ブラジルと日本へのサッカーの伝播

ブラジルにサッカーを伝えたのは，イギリスでサッカー協会が設立されてから30年後の1894年，イギリス系ブラジル人のチャールズ・ウイリアム・ミラー（Charles William Miller）であるといわれる．彼はサンパウロの鉄道会社に勤め，1887年に設立されたサンパウロ・アスレチック・クラブでクリケットに興味を持つ英国ガス会社，ロンドン銀行，サンパウロ鉄道のエリート社員を集め，彼らを中心にサッカーを始めた．その後，サッカーはサンパウロ，リオデジャネイロの上流階級を中心にブラジル全土に広まっていったが，この頃のサッカーはまだまだヨーロッパ人およびブラジルの上流階級が独占するエリートたちのスポーツであった．

ブラジルにおいて，サッカーが国内へ伝播する母体となったのは主に移民社会であり，各民族グループによって設立されるクラブ組織が，その普及において重要な役割を果たしてゆく．それは，日本とはかなり異質の伝播・普及形態であった．

すなわち，日本のサッカーは，1873年にイギリス海軍将校によって伝えられ，東京大学，慶應大学，早稲田大学など学校でのクラブ活動の一貫として広められてゆく．

ただ，ブラジルよりも20年も前から伝えられているにも関わらずサッカーが日本であまり普及しなかったのは，日本独自の歴史的背景にその要因があると思われる．つまり，古くからの相撲，剣道，柔道などの武道系スポーツに加え，明治維新以降に受け入れられた欧米を発祥とするスポーツがすでに数多く受け入れられていたため，サッカーは東京・メキシコでオリンピックが開催される1960年以降まで，あまり国民の関心を引かなかったのである．

●ブラジルにおける「人種」とクラブ

一般的にブラジル人とサッカーとの関係について語る場合，どうしても避けては通れないのがブラジルの人種構成である．これは，アメリカの大リーグなどと同様に，ブラジルにおけるサッカーの歴史の中でも重要な要素となっている．

ブラジルは1500年に発見され，それ以来，先住民である「インディオ」，「白人」，それに奴隷としてアフリカから連れて来られた「黒人」の3つの人種とその混血が人口の大部分を占めている．ヨーロッパの白人によって支配されてきたブラジルに奴隷解放の波が押し寄せ，共和制が敷かれるのは1889年で，サッカーがブラジルに伝わったのは黒人奴隷が解放されたわずか数年後のことなのである．そのため，当時はまだ白人に黒人が混じってスポーツを行うなどということは皆無であった．

欧米諸国から大きく遅れて奴隷制度が廃止されたブラジルだが，それはそれまで奴隷によって支えられてきたコーヒー産業の働き手を失うことにもつながった．そこで大量の移民労働者群をスペイン，ドイツ，イタリア，アイルランドなどから呼び寄せるようになった．

コーヒー農場に契約農として雇われたヨーロッパ移民の中には，農場での仕事や対応に適応できず農場を

去り，都市部へ出て働いたり，個人資本による集団農場（コロニー）で経営を始める者も多かった．同じ国籍を持つ人々が集まるコロニーで，お金を出し合い，心の拠り所としてのクラブ組織を形成していったのである．クラブ組織の形成プロセスには，農村部でも都市部でも，移民してきた人々の民族性が深く関わっている．そこで，次に都市部の例を挙げ，ブラジルにおけるクラブ組織と民族性との関わりをみてみたい．

●イタリア人系スポーツクラブの事例
　（パルメイラス SC）

サンパウロ・アスレチック・クラブから枝別れして，1914年にサンパウロ在住のイタリア人コミュニティが中心となり設立されたのが，ソシエタ・パレストラ・イタリアであり，現在のパルメイラス・スポーツクラブである．

このクラブにはプロのサッカーチームがあり，2002年ワールドカップでブラジル代表を指揮したルイス・フェリッペ・スコラリ（Luiz Felipe Scolari）監督も，代表監督就任前にはパルメイラスを指揮していたことがある．また，ブラジル代表として活躍したカフー（Cafu，本名：Marcos Evangelista de Moraes）やリバウド（Rivaldo Vítor Borba Ferreira）など有名選手も数多く輩出している．パルメイラスはサンパウロ選手権18回，ナショナル選手権5回の優勝実績を誇り，日本のJリーグにも多くの選手たちが移籍してきている．ヴェルドン（偉大なる緑）の愛称を持つパルメイラスには食品会社のパルマラット社やシューズメーカーのリーボック社などの企業がスポンサーとなっており，イタリア・セリエAのユベントス，ラツィオ，ジェノアなどのチームとの提携もある．

一方，このクラブには3万2000人を収容できるサッカー競技場があり，試合が行われる日には熱狂的なサポーターが競技場を埋め尽くす．その他にもサッカーの練習場やクラブハウスの施設，バスケットボール，バレーボール，テニス，水泳，ローラースケート，ホッケー，体操競技，フットサル，柔道，空手，アーチェリーなどの施設があり，総合的スポーツクラブとしての機能を果たしている．サッカー以外でも，柔道，バレーボール，バスケットなどの競技で，世界レベルの選手が数多く在籍している．もちろん，お祭り好きのブラジル人にはなくてはならないカーニバルやダンスパーティ用の大サロン，家族でくつろげる遊技スペース，VIP用の社交ホールなども完備している．

サンパウロ市にはパルメイラス・スポーツクラブやサンパウロ・フットボールクラブ以外にも数多くのクラブ組織が存在する．たとえクラブと契約を結んだサッカー選手であっても，白人以外の人種がこれらのクラブ会員生として正式に入会できるケースは極めて稀である．そこからも，ブラジルにおけるクラブ組織の社会的背景やその機能が理解できよう．

それでは，正式なクラブ会員になれない大多数のブラジル人，とりわけアフリカ系の人々にとって，サッカーはどのような意味を持つのだろうか？　また，彼らにとってクラブ組織とはどのような存在なのだろうか？　ブラジルサッカーの強さの秘密の一端は，そこに隠されているのではないだろうか．

●カンポとペラーダ

ヴァルガス政権の独裁色が強まった1930年代のブラジルサッカー界における人種的偏見や当時のマスメディアの様子などについては，すでに多数の研究書が出版されているが，その中でもマリオ・ロドリゲス・フィリョが1940年代に発表した数冊の書籍は現在でも多くの研究者のリファレンスとなっている（Rodrigues Filho 1994）．

フィリョは，カンポ（campo，競技場およびグラウンド）とペラーダ（pelada，道や空き地で行う草サッカー）が，エリートと一般大衆の間に境界線を作り，カンポではイギリス式のサッカーが行われ，ペラーダでは靴下や古着を丸めて作られたボールによってサッカーらしきボール蹴りが行われたという．黒人や貧困層がサッカーを覚え始めた頃には，すでに白人にはサッカーコーチがおりクラブ組織が存在していた．しかし，この裸足でのボール蹴り，つまりペラーダの中に黒人の本能と天性が宿り，ヒーロー誕生には不可欠な要素であるファンタジックなブラジル式サッカーの原点が生まれたとフィリョは分析する．

フィリョによれば，1923年にリオデジャネイロのヴァスコ・ダ・ガマ・レガッタ・クラブが，これら非識字者で貧困層の黒人やムラト（黒人と白人の混血）をチームに招き入れ，ボタフォゴ，フラメンゴ，フルミネンセ，アメリカなどの名門クラブチームを相手にリーグ優勝したときから，サッカーにおける白人の優位な立場が徐々に崩壊していったという．

そして，1919年の南アメリカ選手権の英雄アルトゥール・フリーデンライヒ（Arthur Friedenreich．ドイツ人の父とアフリカ系ブラジル人の母を持つムラト）や，1930年，1940年代のワールドカップの英雄レオニダス・ダ・シルバ（Leônidas da Silva．オーバーヘッドキックの生みの親）の登場は，ブラジルのサッカー界における黒人選手の社会的立場の向上を決定づけ，イギリス式サッカーから脱皮した人種混交のブラジル式サッカーが開花する．その後，ジジ（Didi，本名：Vardir Pereira）やガリンシャ（Garrincha，本

名：Manoel Francisco dos Santos）といった白人種以外の英雄的選手が活躍し，1958年のスウェーデン大会では，後に「サッカーの王様」の称号が与えられた弱冠17歳の少年ペレが衝撃的なデビューを果たして，ブラジルは悲願の優勝を遂げる．ブラジルはその後も「サッカー王国」としての揺るぎない地位を確立し，黒人選手の立場も大きく変化を遂げるのである．

もちろん，「サッカーの王様」ペレが登場するまでのブラジル社会における人種的偏見が白人以外に数々の苦難を強いたことはいうまでもない．ただし，黒人のスター選手が活躍したリオデジャネイロにおいては，サッカー界同様に，人種偏見に対する社会的スタンスが，ブラジルの一般社会とは異なる様相を呈していたことは特筆されるべきだろう．

ブラジルで初めて白人以外のサッカー選手をチームに招き入れたのは，先述のヴァスコ・ダ・ガマ・レガッタ・クラブであった．また，人種偏見の不条理を認識する知識層の多くがリオデジャネイロに集結していたことも注目に値する．

今日の優雅なブラジルサッカーのスタイルが誕生した背景には，人種的偏見の不条理に立ち向かう勇気を持った人々の存在があったことを見逃すことはできない．

●今後のブラジルサッカー

筆者は，今のブラジルサッカーの強さの本当の要因が，数々の書物や雑誌で語られる「カポエイラ」（黒人奴隷によって創られた格闘技．口絵6参照）にみられる「ジョーゴ・デ・シントゥーラ（腰の運び）」や「ジンガ（主にカポエイラやサンバにみられる独特のステップ），また「ふるい」と呼ばれるセレクションシステム，ゴールデンエイジ期（8〜12歳頃）の環境，多くのスーパースターの存在や強い愛国心などによって創られたと単純に考えてもらいたくはない．それらは，あくまでブラジルという国が国民一体となり歴史を通して味わってきた幾多の苦しみ，悲しみ，そして喜びが与えた副産物である．

多くの国の人々にとってサッカーとは，歴史的にみても地域，国家，人種，宗教などの威信をかけた戦いのスポーツであり，一種の格闘技である．特にブラジルのような開発途上国にとっては，サッカーを媒介とする政治的な統合は，生活水準の向上，より安定した政治的秩序，より偉大な社会的正義，グローバル社会におけるより大きな役割という，集団目的を達成するうえで必須のものであり，そこではクラブ組織が大きな役割を果たしている．

過去に多くの国民的ヒーローをサッカー界に輩出してきた「王国」ブラジルが，これからもヒーローを輩出し続けることは間違いない．サントスFCからバルセロナFCに移籍した新たなヒーローであるネイマール（Neymar da Silva Santos Júnior）が，「王国」としての伝統をどのように継承するのかが楽しみである．

［矢持善和］

引用文献

Castelo, José (2003)：*Pelé —— Os dez corações do Rei*, Rio de Janeiro：Ediouro.

Rodrigues Filho, Mário (1994)：*O negro no futebol brasileiro*, Rio de Janeiro：Firmo.

さらなる学習のための参考図書

● 事典類

パウリスタ新聞社 編（1996）:『日本・ブラジル交流人名事典』五月書房.
ブラジル日本商工会議所 編（1993）:『ブラジル経済事典 1993』古今書院.
ブラジル日本商工会議所 編（2005）:『現代ブラジル事典』新評論.

● 総　論

イシ，A.（2010）:『ブラジルを知るための 56 章』明石書店.
オランダ，S. B. de（宮川健二 訳）（1993）:『ブラジル人とは何か──ブラジル国民性の研究』新世界研究所.
金七紀男・高橋都彦・住田育法ほか（2000）:『ブラジル研究入門──知られざる大国 500 年の軌跡』晃洋書房.
小池洋一・坂口安紀・三田千代子ほか 編著（1999）:『図説ラテンアメリカ──開発の軌跡と展望』日本評論社.
国際協力事業団（2002）:『ブラジル国別援助研究会報告書』国際協力事業団.
斉藤広志（1974）:『新しいブラジル──歴史と社会と日系人』サイマル出版会.
坂井正人・鈴木 紀・松本栄次 編（2007）:『ラテンアメリカ（朝倉世界地理講座 14）』朝倉書店.
田尻鉄也（1999）:『ブラジル社会の歴史物語』毎日新聞社.
田所清克（2001）:『ブラジル学への誘い──その民族と文化の原点を求めて』世界思想社.
田辺 裕 監修，細野昭雄 訳（2010）『図説大百科 世界の地理 5 南アメリカ』朝倉書店.
ツバイク，S.（宮岡成次 訳）（1993）:『未来の国 ブラジル』河出書房新社.
富野幹雄 編（2008）:『グローバル化時代のブラジルの実像と未来』行路社.
富野幹雄・住田育法 編（2002）:『ブラジル学を学ぶ人のために』世界思想社.
中隅哲郎（1994）:『ブラジル学入門』無明舎出版.
中隅哲郎（1995）:『ブラジル観察学』無明舎出版.
仁平尊明 監修，帝国書院編集部 編（2012）『地理シリーズ 世界の国々 7 南アメリカ州』帝国書院.
堀坂浩太郎（2012）:『ブラジル──跳躍の軌跡』岩波書店.
モンベイク，P.（山本正三・手塚 章 訳）（1981）:『ブラジル（改訂新版）』白水社.
ワグレー，C.（山本正三 訳）（1971）:『An introduction to Brazil』二宮書店.
和田昌親 編著（2011）:『ブラジルの流儀―なぜ「21 世紀の主役」なのか』中央公論新社.

● 歴　史

アンドウ，Z.（1983）:『ブラジル史』岩波書店.
小田輝穂（1997）:『カヌードス・百年の記憶──ブラジル農民，土地と自由を求めて』現代企画室.
日本ブラジル交流史編集委員会 編（1995）:『日本ブラジル交流史──日伯関係 100 年の回顧と展望』日本ブラジル中央協会.
バルガス＝リョッサ，M.（旦 敬介訳）（1988）:『世界終末戦争』新潮社.
プラド Jr., C.（山田睦男 訳）（1972）:『ブラジル経済史』新世界社.
ボリス，F.（鈴木 茂 訳）（2008）:『ブラジル史』明石書店.
マイオール，A. S.（富野幹雄 編訳）（1982）:『世界の教科書 ブラジル』ほるぷ出版.
モーロ，F.（金七紀男・富野幹雄 訳）（1980）:『ブラジル史』白水社.
山田睦男 編（1986）:『概説ブラジル史』有斐閣.

● 自然環境，開発，地方誌

青木 公（1995）:『甦る大地セラード──日本とブラジルの国際協力』国際協力出版会.
青木 公（2002）:『ブラジル大豆攻防史──国際協力 20 年の結実』国際協力出版会.

ウォーレス，A. R.（田尻鉄也 訳）（2001）:『アマゾン河・ネグロ河紀行』御茶の水書房．
カストロ，J. de（大沢邦雄 訳）（1975）:『飢餓社会の構造——飢えの地理学』みき書房．
グルーディング，M., メイハール，D., スミス，N.（山本正三・松本栄次 訳）（2001）:『恵みの洪水——アマゾン沿岸の生態と経済』同時代社．
斎藤 功・松本栄次・矢ケ崎典隆 編（1999）:『ノルデステ——ブラジル北東部の風土と土地利用』大明堂．
スミス，T. L.（井上照丸 訳）（1962）:『ブラジル——住民と制度1』農林水産業生産性向上会議．
スミス，T. L.（高橋伊一郎・持田恵三 訳）（1961）:『ブラジル——住民と制度2』農林水産業生産性向上会議．
スミス，T. L.（沼田鞆雄 訳）（1962）:『ブラジル——住民と制度3』農林水産業生産性向上会議．
西沢利栄（1999）:『熱帯ブラジルフィールドノート——地球環境を考える』国際協力出版会．
西沢利栄（2005）:『アマゾンで地球環境を考える』岩波書店．
西沢利栄・小池洋一（1992）:『アマゾン——生態と開発』岩波書店．
西沢利栄・小池洋一・本郷 豊ほか（2005）:『アマゾン——保全と開発』朝倉書店．
ヘミング，J.（国本伊代・国本和孝 訳）（2010）:『アマゾン——民族征服環境の歴史』東洋書林．
ホイットモア，T. C.（熊崎 実，小林繁男 監訳）（1993）:『熱帯雨林総論』築地書館．
本郷 豊・細野昭雄（2012）:『ブラジルの不毛の大地「セラード」開発の奇跡』ダイヤモンド社．
松本栄次（2012）:『写真は語る 南アメリカ・ブラジル・アマゾンの魅力』二宮書店．
丸山浩明（2000）:『砂漠化と貧困の人間性——ブラジル奥地の文化生態』古今書院．
丸山浩明（2007）: ブラジルの大規模農業開発と環境・社会問題——セラード農業開発の事例．小林浩二 編『実践 地理教育の課題』142-158, ナカニシヤ出版．
丸山浩明 編（2011）:『パンタナール——南米大湿原の豊饒と脆弱』海青社．
メガーズ，B. J.（大貫良夫 訳）（1977）:『アマゾニア——偽りの楽園における人間と文化』社会思想社．
レヴィ＝ストロース，C.（川田順造 訳）（1977）:『悲しき熱帯（上・下）』中央公論社．

● 政治，経済，都市

国本伊代・乗 浩子 編（2003）:『ラテンアメリカ——都市と社会』新評論．
小池洋一（1991）:『ブラジルの企業——構造と行動』アジア経済研究所．
斉藤広志（1976）:『ブラジルの政治——新しい大国への道』サイマル出版会．
住田育法 監修，萩原八郎・田所清克・山崎圭一 編（2009）:『ブラジルの都市問題——貧困と格差を越えて』春風社．
西島章次・小池洋一 編（2011）:『現代ラテンアメリカ経済論』ミネルヴァ書房．
幡谷則子（1999）:『ラテンアメリカの都市化と住民組織』古今書院．
服部圭郎（2004）:『人間都市クリチバ——環境・交通・福祉・土地利用を統合したまちづくり』学芸出版社．
フルタード，C.（水野 一 訳）（1971）:『ブラジル経済の形成と発展』新世界社．
堀坂浩太郎（1987）:『転換期のブラジル——民主化と経済再建』サイマル出版会．
堀坂浩太郎 編（2004）:『ブラジル新時代——変革の軌跡と労働者党政権の挑戦』勁草書房．
山田睦男・細野昭雄・高橋伸夫ほか 編（1994）:『ラテンアメリカの巨大都市——第三世界の現代文明』二宮書店．

● 人種，民族，社会

岸和田 仁（2005）:『ブラジル文化賛歌——熱帯の多人種主義社会』つげ書房新社．
デグラー，C. N.（儀部景俊 訳）（1986）:『ブラジルと合衆国の人種差別』亜紀書房．
中川文雄・三田千代子 編（1995）:『ラテンアメリカ——人と社会』新評論．
古谷嘉章（2001）:『異種混淆の近代と人類学——ラテンアメリカのコンタクト・ゾーンから』人文書院．
フレイレ，G.（松本幹雄 訳）（1979）:『熱帯の新世界——ブラジル文化論の発見』新世界社．
フレイレ，G.（鈴木 茂 訳）（2005）:『大邸宅と奴隷小屋——ブラジルにおける家父長制家族の形成（上・下）』日本経済評論社．
マークス，A. W.（富野幹雄，岩野一郎，伊藤秋仁 訳）（2007）:『黒人差別と国民国家——アメリカ・南アメリカ・ブラジル』春風社．

三田千代子（1998）：社会史の中の子どもたち──ブラジル．奥山恭子・角川雅樹 編『ラテンアメリカ──こどもと社会』35-36，新評論．
三田千代子（2005）：ブラジル社会の多文化性と多文化主義──「国民国家」から『多人種多民族国家』へブラジル社会が辿った道の再考．泉 邦寿・中村雅治・松尾式之 編『グローバル化する世界と文化の多元性』183-205，上智大学．
三田千代子・奥山恭子 編（1992）：『ラテンアメリカ──家族と社会』新評論．
ロドリゲス，J. H.（富野幹雄・住田育法 訳）（1982）：『ブラジルの軌跡──発展途上国の民族の願望』新世界社．

● 宗　教

乗 浩子（1998）：『宗教と政治変動──ラテンアメリカのカトリック教会を中心に』有信堂．
中牧弘允（1989）：『日本宗教と日系宗教の研究』刀水書房．
藤田富雄（1995）：『ラテン・アメリカの宗教』大明堂．
古谷嘉章（2003）：『憑依と語り──アフロアマゾニアン宗教の憑依文化』九州大学出版会．
ベリマン，F.（後藤政子 訳）（1989）：『解放の神学とラテンアメリカ』同文館．
前山 隆（1997）：『異邦に「日本」を祀る──ブラジル日系人の宗教とエスニシティ』御茶の水書房．
松岡秀明（2004）：『ブラジル人と日本宗教──世界救世教の布教と受容』弘文堂．
丸山浩明（2013）：ブラジルのシンクレティクな宗教世界──アフロ・ブラジリアン宗教の成立と変容．久保田 浩編『文化接触の創造力』19-52，リトン．
山田政信（2005）：〈帝国〉と宗教 ブラジル・プロテスタント教会の成長戦略．天理大学アメリカス学会 編『アメリカス世界の中の「帝国」』111-124，天理大学出版部．
山田政信（2011）：デカセギ・ブラジル人の宗教生活──エスニック・ネットワークの繋留点としてのブラジル系プロテスタント教会．三田千代子 編『グローバル化の中で生きるとは』195-222，上智大学．
渡辺雅子（2001）：『ブラジル日系新宗教の展開──異文化布教の課題と実践』東信堂．

● 文学・音楽・スポーツ論

麻生雅人・山本綾子（2012）：『ブラジル・カルチャー図鑑──ファッションから食文化までをめぐる旅』スペースシャワーネットワーク．
ヴィアナ，H.（水野 一 監修，武者小路実昭 訳）（2000）：『ミステリー・オブ・サンバ』ブルース・インターアクションズ．
カストロ，R.（国安真奈 訳）（2001）：『ボサノヴァの歴史』音楽之友社．
沢田啓明（2002）：『情熱のブラジルサッカー──華麗・独創・興奮』平凡社．
高場将美（1985）：『サンバ──バイーアからリオへ吹く風』音楽之友社．
高場将美（2007）：『知ってるようで知らないラテン音楽おもしろ雑学事典』YMM．
田所清克（1990）：『ブラジル──カーニバルの国の文化と文学』泰流社．
田所清克・伊藤奈希砂（2000）：『ブラジル文学事典』彩流社．
田所清克・伊藤奈希砂（2008）：『社会の鏡としてのブラジル文学──文学史から見たこの国のかたち』国際語学社．
矢持善和（2006）：『サッカー「王国」ブラジル──ペレ，ジーコからロナウジーニョまで』東洋書店．
リーヴァー，J.（亀山佳明・西山けい子 訳）（1996）：『サッカー狂の社会学──ブラジルの社会とスポーツ』世界思想社．

● 日本移民，日系人

石川達三（1951）：『蒼氓』新潮社．
北 杜夫（1982・1986）：『輝ける碧き空の下で（第一部・第二部）』新潮社．
斉藤広志（1978）：『外国人になった日本人──ブラジル移民の生き方と変わり方』サイマル出版会．
斉藤広志（1984）：『ブラジルと日本人──異文化に生きて50年』サイマル出版会．
サンパウロ人文科学研究所 編（1997）：『ブラジル日本移民史年表』無明舎出版．

高橋幸春（1993）：『日系ブラジル移民史』三一書房.
田宮虎彦（1975）：『ブラジルの日本人』朝日新聞社.
角田房子（1967）：『ブラジルの日系人――新天地に生きる血と汗の記録』潮出版社.
角田房子（1976）：『アマゾンの歌――日本人の記録』中央公論新社.
角田房子（1977）：『約束の大地』新潮社.
中隅哲郎（1998）：『ブラジル日系社会考』無明舎出版.
半田知雄（1970）：『移民の生活の歴史――ブラジル日系人の歩んだ道』家の光協会.
藤崎康夫 編（1997）：『日本人移民（2）ブラジル』日本図書センター.
ブラジル日本移民史料館，ブラジル日本移民百周年記念協会百年史編纂委員会編（2008）：『目でみるブラジル日本移民の百年』風響社.
細川周平（1995）：『サンバの国に演歌は流れる――音楽にみる日系ブラジル移民史』中央公論社.
細川周平（1999）：『シネマ屋，ブラジルを行く――日系移民の郷愁とアイデンティティ』新潮社.
細川周平（2008）：『遠きにありてつくるもの――日系ブラジル人の思い・ことば・芸能』みすず書房.
毎日新聞社 編（1978）：『われら新世界に参加す』毎日新聞社.
前山 隆（1982）：『移民の日本回帰運動』日本放送出版協会.
前山 隆（1996）：『エスニシティとブラジル日系人――文化人類学的研究』御茶の水書房.
前山 隆（2001）：『異文化接触とアイデンティティ――ブラジル社会と日系人』御茶の水書房.
丸山浩明 編（2010）：『ブラジル日本移民――百年の軌跡』明石書店.
三田千代子（1997）：ブラジルにおける国民国家の形成と日本移民．移民研究会 編『戦争と日本移民』285-308, 東洋書林.
三田千代子（1997）：ブラジルの移民政策と日本移民――米国排日運動の一事例として．三輪公忠 編著『日米危機の起源と排日移民法』429-464, 論創社.
三田千代子（2009）：『「出稼ぎ」から「デカセギ」へ――ブラジル移民100年にみる人と文化のダイナミズム』不二出版.

● デカセギ，在日ブラジル人

井口 泰（2001）：『外国人労働者新時代』筑摩書房.
池上重弘 編（2001）：『ブラジル人と国際化する地域社会――居住・教育・医療』明石書店.
小内 透 編（2009）：『定住化する在日ブラジル人と地域社会』御茶の水書房.
梶田孝道（1994）：『外国人労働者と日本』日本放送出版協会.
梶田孝道・丹野清人・樋口直人（2005）：『顔の見えない定住化――日系ブラジル人と国家・市場・移民ネットワーク』名古屋大学出版会.
梶田孝道・宮島 喬 編（2002）：『国際社会 ①――国際化する日本社会』東京大学出版会.
丹野清人（2007）：『越境する雇用システムと外国人労働者』東京大学出版会.
中村二朗，内藤久裕，神林 龍ほか（2009）：『日本の外国人労働力――経済学からの検証』日本経済新聞出版社.
拝野寿美子（2010）：『ブラジル人学校の子どもたち――「日本かブラジルか」を超えて』ナカニシヤ出版.
深沢正雪（1999）：『パラレル・ワールド』潮出版社.
藤崎康夫（1991）：『外国人労働者 ①――出稼ぎ日系外国人労働者』明石書店.
三田千代子（2011）：『グローバル化の中で生きるとは――日系ブラジル人のトランスナショナルな暮らし』上智大学.
渡辺雅子 編（1995）：『共同研究 出稼ぎ日系ブラジル人（上・下）』明石書店.

付録　統計資料

	面積 (km²) 2008年	人口 2010年	人口密度 (人/km²) 2010年	都市・農村別居住人口		平均年間人口増加率		ムニシピオ (市) の数 2008年	正規雇用者数 2010年
				都市人口 2010年	農村人口 2010年	1991年 →2000年	2000年 →2010年		
北部（ノルテ）	3,853,327	15,864,454	4	11,664,509	4,199,945	2.86	2.09	449	2,408,182
ロンドニア	237,576	1,562,409	7	1,149,180	413,229	2.24	1.25	52	334,290
アクレ	164,165	733,559	4	532,279	201,280	3.29	2.78	22	121,187
アマゾナス	1,559,162	3,483,985	2	2,755,490	728,495	3.31	2.16	62	575,739
ロライマ	224,299	450,479	2	344,859	105,620	4.58	3.34	15	78,585
パラ	124,7690	7,581,051	6	5,191,559	2,389,492	2.54	2.04	143	951,235
アマパ	142,815	669,526	5	601,036	68,490	5.77	3.45	16	108,191
トカンチンス	277,621	1,383,445	5	1,090,106	293,339	2.61	1.8	139	238,955
北東部（ノルデステ）	1,554,257	53,081,950	34	38,821,246	14,260,704	1.31	1.07	1,793	8,010,839
マラニョン	331,983	6,574,789	20	4,147,149	2,427,640	1.54	1.52	217	636,625
ピアウイ	251,529	3,118,360	12	2,050,959	1,067,401	1.09	0.93	223	377,463
セアラ	148,826	8,452,381	57	6,346,557	2,105,824	1.75	1.3	184	1,325,792
リオグランデドノルテ	52,797	3,168,027	60	2,464,991	703,036	1.58	1.33	167	575,026
パライバ	56,440	3,766,528	67	2,838,678	927,850	0.82	0.9	223	579,504
ペルナンブコ	98,312	8,796,448	90	7,052,210	1,744,238	1.19	1.06	185	1,536,626
アラゴアス	27,768	3,120,494	112	2,297,860	822,634	1.31	1.01	102	470,992
セルジッペ	21,910	2,068,017	94	1,520,366	547,651	2.03	1.49	75	369,579
バイア	564,693	14,016,909	25	10,102,476	3,914,430	1.09	0.7	417	2,139,232
南東部（スデステ）	924,511	80,364,410	87	74,696,178	5,668,232	1.62	1.05	1,668	22,460,999
ミナスジェライス	586,528	19,597,330	33	16,715,216	2,882,114	1.44	0.91	853	4,646,891
エスピリトサント	46,078	3,514,952	76	2,931,472	583,480	1.98	1.27	78	860,421
リオデジャネイロ	43,696	15,989,929	365	15,464,239	525,690	1.32	1.06	92	4,080,082
サンパウロ	248,209	41,262,199	166	39,585,251	1,676,948	1.8	1.09	645	12,873,605
南部（スル）	576,410	27,386,891	49	23,260,896	4,125,995	1.43	0.87	1,188	7,557,531
パラナ	199,315	10,444,526	52	8,912,692	1,531,834	1.4	0.89	399	2,783,715
サンタカタリーナ	95,346	6,248,436	65	5,247,913	1,000,523	1.87	1.55	293	1,969,654
リオグランデドスル	281,749	10,693,929	40	9,100,291	1,593,638	1.23	0.49	496	2,804,162
中西部（セントロオエステ）	1,606,372	14,058,094	9	12,482,963	1,575,131	2.39	1.91	466	3,630,804
マットグロッソドスル	357,125	2,449,024	7	2,097,238	351,786	1.75	1.66	78	560,789
マットグロッソ	903,358	3,035,122	3	2,482,801	552,321	2.4	1.94	141	656,542
ゴイアス	340,087	6,003,788	18	5,420,714	583,074	2.49	1.84	246	1,313,641
連邦直轄区（ブラジリア）	5,802	2,570,160	444	2,482,210	87,950	2.82	2.28	1	1,099,832
全　国	8,514,877	190,755,799	22	160,925,792	29,830,007	1.64	1.17	5,564	44,068,355
日　本	377,944	128,057,000	343	116,157,000[5]	11,901,000[6]	0.26	0.08	1,805[7]	3,355,000

IBGE (2012): *Anuário Estatística do Brasil, 2011* による．＊を付したものは IBGE (2011): *Brasil em números 2011* による．
日本の統計は矢野恒太郎記念会 編 (2013): 日本国勢図会 2013/14, および総務省統計局，農林水産省による．
1) 日本の小・中学校にほぼ対応（7～14歳）．　2) 日本の高等学校にほぼ対応（15～17歳）．　3) 日本の大学・大学院にほぼ対応（18歳～）．　4) 最低賃金の倍数で表示．2010年1月1日時点の最低賃金は 510 レアル/月（≒ 25,500 円）．5) 市部人口．
6) 郡部人口．　7) 市町村数．　8) 自営業に主として従事した世帯員数（農業就業人口）．　9) 38,371 ドルに当時の為替レート（1 レアル＝ 0.5555 ドル）を適用．

農牧業従事者数 2010年	初等教育機関数 2011年[1]	中等教育機関数 2011年[2]	高等教育機関数 2010年[3]	医者の数 (1000人当たり) 2007年*	サトウキビ収穫量 (t) 2011年	牛 (頭) 2010年	平均給与[4] (最低賃金) 2010年	1人当たり国内総生産額 (レアル) 2008年*	略記号
73,347	21,346	1,978	146		3,144,163	42,100,695		10,216	北部
10,471	1,176	223	31	0.81		11,842,073	3.06	11,977	RO
3,260	1,551	124	10	0.8		257,8460	3.23	9,896	AC
3,099	5,097	418	19	0.95	266,030	1,360,800	3.2	14,014	AM
822	607	113	7	1.15		577,050	3.68	11,845	RR
39,976	10,698	702	31	0.77	714,022	17,633,339	2.82	7,993	PA
1,035	688	111	15	0.82		114,773	4.05	11,033	AP
14,684	1,529	287	33	1.06	2,164,111	7,994,200	2.85	10,223	TO
236,659	64,448	6,939	433		72,833,221	28,762,119		7,488	北東部
17,894	11,716	1,123	32	0.59	2,673,761	6,979,844	2.55	6,104	MA
6,631	5,491	674	38	0.84	981,605	1,679,957	2.48	5,373	PI
22,280	6,968	882	48	0.95	2,209,852	2,546,134	2.32	7,112	CE
14,247	3,061	436	27	1.21	3,581,848	1,064,575	2.73	8,203	RN
14,160	5,481	558	37	1.17	6,417,385	1,242,579	2.47	6,866	PB
51,284	8,943	1,190	95	1.33	17,747,155	2,383,268	2.59	8,065	PE
9,829	2,866	330	25	1.16	29,342,738	1,219,578	2.42	6,227	AL
13,730	2,019	266	15	1.2	3,336,034	1,117,765	2.98	9,779	SE
86,604	17,903	1,480	116	1.02	6,542,843	10,528,419	2.7	8,378	BA
633,494	37,132	11,686	1,169		401,054,513	38,251,950		21,183	南東部
249,439	12,056	2,975	370	1.71	67,724,506	22,698,120	2.77	14,233	MG
29,475	2,442	442	88	1.81	4,701,867	2,195,406	3.01	20,231	ES
23,169	7,759	2,124	139	3.37	5,151,280	2,160,727	3.79	21,621	RJ
331,411	14,875	6,145	572	2.28	323,476,860	11,197,697	3.73	24,457	SP
227,830	15,908	4,245	386		52,001,093	27,866,349		18,258	南部
102,590	6,029	1,832	181	1.6	50,619,526	9,411,380	2.98	16,928	PR
43,105	3,421	965	95	1.67		3,985,662	2.91	20,369	SC
82,135	6,458	1,448	110	2.08	1,381,567	14,469,307	3.11	18,378	RS
238,267	7,407	2,096	244		105,813,146	72,559,996		20,372	中西部
61,701	1,080	422	40	1.45	35,500,000	22,354,077	3.03	14,188	MS
88,300	2,011	566	60	1.12	15,151,937	28,757,438	2.89	17,927	MT
81,696	3,473	908	80	1.45	55,161,209	21,347,881	2.68	12,879	GO
6,570	843	200	64	3.57		100,600	7.07	45,978	DF
1,409,597	146,241	26,944	2,378	1.74	634,846,136	209,541,109	3.28	15,990	全国
2,605,736[8]	32,472	5,060	778	2.2	1,000,000	4,423,000		69,074[9]	日本

人名索引

ア 行

アレイジャディーニョ（Aleijadinho）
アンドラーデ（Mário de Andrade） 78

イヴォニ・ララ（Dona Ivone Lara） 85
イズマエル・シルヴァ（Ismael Silva） 84

ヴァルガス（Getúlio Dornelles Vargas） 7, 53, 131
ウイッカム（Henry Wickham） 6
ヴィニシウス（Vinicius de Moraes） 88
上塚周平　125
梅棹忠夫　158, 160

エドゥ・ロボ（Edu Lobo） 89
エリゼッチ・カルドーゾ（Elizeth Cardoso） 88
エルメト・パスコアル（Hermeto Pascoal） 87

オレステス・バルボーザ（Orestes Barbosa） 90

カ 行

ガイゼル（Ernesto Geisel） 98
カイーミ（Dorival Caymmi） 84, 86
カエターノ（Caetano Veloso） 89
カブラル（Pedro Álvares Cabral） 48
カベサ・デ・バカ（Álvar Núñez Cabeza de Vaca） 121
ガル・コスタ（Gal Costa） 89
カルダス（Sílvio Caldas） 90
カルドーゾ（Fernando Henrique Cardoso） 8, 155
カルトラ（Cartola） 84

クビシェッキ（Juscelino Kubitschek de Oliveira） 8

ゴビノー伯（Joseph Arthur C. de Gobinear） 55
コンセリェイロ（Antônio Conselheiro） 47

サ 行

シアータ（Tia Ciata） 81
シセロ神父（Cícero Romão Batista） 47
シニョ（Sinhô） 81
ジノ（Dino Sete Cordas） 80
ジョアキン・カラード（Joaquim Callado） 80
ジョアン・ジルベルト（João Gilberto） 88
ジョアン・ダ・バイアナ（João da Bahiana） 82
ジョビン（Tom Jobim） 88
シルヴィオ・ロメロ（Sílvio Romero） 55
ジルベルト・ジル（Gilberto Gil） 89

ズンビ（Zumbi） 62

セナ（Ayrton Senna da Silva） 161

タ 行

ダルヴァ・デ・オリヴェイラ（Dalva de Oliveira） 90
テイシェイラ（Humberto Teixeira） 86
デ・ブリト（Guilherme de Brito） 85
トニーコ（Tonico）とチノーコ（Tinoco） 87
トメ・デ・ソウザ（Tomé de Sousa） 12
ドンガ（Donga） 82

ナ 行

ナラ・レオン（Nara Leão） 89
ニーマイヤー（Oscar Niemeyer） 45
ネイ・マトグロッソ（Ney Matogrosso） 91
ネイマール（Neymar da Silva Santos Júnior） 164
ネルソン・カヴァキーニョ（Nelson Cavaquinho） 85
ノエル・ローザ（Noel Rosa） 84

ハ 行

バスティード（Roger Bastide） 1
バローゾ（Ary Barroso） 83
ビジ（Bidi） 82
ピシンギーニャ（Pixinguinha） 80
平野運平　125
フェルナンデス（Florestan Fernandes） 58
フォンセカ（Manuel Deodoro da Fonseca） 7
フレイレ（Gilberto Freyre） 2, 50, 155
ベターニア（Maria Bethânia） 89
ペドロ1世（Dom Pedro I） 7
ペレ（Pele） 161

マ 行

マイーザ（Mayza） 91
マルサル（Marçal） 83
マルチンス（Heliverto Martins） 90
ミゲル・コウト（Miguel de Oliveira Couto） 56
水野 龍　122
ミラー（Charles William Miller） 162
メジシ（Emilio Garrastazu Médici） 8, 11

ラ 行

ラベロ（Raphael Rabello）　81
ランピオン（Lampião）　47
ランベル（Jacques Lambert）　2

ルイス・ゴンザーガ（Luiz Gonzaga）　86
ルシオ・コスタ（Lúcio Costa）　45
ルセフ（Dilma Vana Rousseff）　8, 155

ルーラ（Luiz Inácio Lula da Silva）　8, 155
レジーナ（Elis Regina）　89
ロドリゲス（José Honório Rodrigues）　1

ワ 行

ワグレー（Charles Wagley）　2

事項索引

1988年憲法　60
60歳代法　52
ALOS　37
ANP　99
BRICs　106
capitão do mato　62
『Casa-Grande & Senzela』　2, 57, 155
dekassegui　8, 122
EMBRAPA　93
EMBRATUR　107
IBGE　9, 107
INPE　37
ITCZ　26
LARA　133
MERCOSUR　8, 16
MPB　89
MST　76
ORDEM E PROGRESSO　9
Orfe Negro　119
PALSAR　37
PETROBRAS　98
PNPB　99, 103
POLOCENTRO　16, 93
PPCDAM　35
PROÁLCOOL　98
PRODECER　17, 93
PRONAF　100
*Raça*誌　59
RPPN　119

ア 行

青田貸付金　95
赤ちゃんポスト　64
悪魔ののど笛　121
悪魔祓い　74
アグリビジネス　17, 93
アグレステ　12, 115
アゴゴ　78
アセンブレイアデデウス　73
アタバケ　78
斡旋業者　144
アパルトヘイト　54
アファーマティブアクション　60
アフロブラジリアン宗教　1, 65
アマゾナス劇場　6, 114
アマゾニア産業研究所（アマゾニア産業株式会社）　130, 137

アマゾン移民　137
アマゾン横断道路　8, 11, 35
アマゾン川　22
アマゾン興業株式会社（アマ興）　130, 137
アマゾン森林減少阻止・管理計画　35
アマゾン熱帯雨林　28
アリアンサ　128
アリノス法　58
アルコール車　98
安定陸塊（安定大陸）　20
アンティル諸島　52

イエズス会　39, 48
イエズス会士　63
イガポー　25, 137
イグアス国立公園　110
イグアスの滝　121
異種族混淆　55
イタイプーダム　121
イタビラ鉄山　106
遺伝子組換え大豆　95
移動形態　140
移牧　18
移民　69, 158
移民産業　142
移民収容所　123, 125
インディオ　1, 2, 11

ヴァルゼア　22
ヴァルゼア林　30
ヴァレ社　104
ヴィオラ　78
ヴィオラン　78
ヴィニョート　104
ヴィラ　38
ウジーナ　100
失われた10年　8
牛道　18
乳母　155
ウンバンダ　67

エコツアー　115
エコツアー拠点　115
エコツーリズム　115
エシュ　68
エスコーラ・デ・サンバ　82

エスタード・ノーヴォ　7, 131
エストラーダパルケ　117
エスニシティ　71
　公式的な――　148
エスニシティ認識　148
エスニックアイデンティティ　68
エスニックチャーチ　73
エスニックな連帯　146
エスニックビジネス　143
エスニックメディア　72
エスノセントリズム　66
エタノール車　98
エンジェーニョ　12, 64

オイルショック　97
オウロプレト　4, 5, 108
奥地探検隊　39, 62
オシャラ　67
オリガーキー　7, 57, 131
オリシャ　67
オリンダ歴史地区　112
オリンピック　119, 161
オロルン　68
温暖湿潤気候　15, 28
温暖冬季少雨気候　28
恩寵主義　65

カ 行

海外移住組合法　129
海外移住組合連合会（連合会）　130
海外興業株式会社（海興）　127
海外植民学校　130, 137
外国移民　52
外国移民二分制限法　131
外国人住民に係る住民基本台帳制度　152
外国人集住都市会議　152
外国人入国法　131
外国人労働者対策　149
開拓移民　15
海底油田　154
カイピーラ　16, 87
解放の神学　72
カヴァキーニョ　78
ガウショ　16, 111
カウンターカルチャー　67
各種学校　153

笠戸丸 14, 123, 137
家族滞在 139
勝ち組 132
カーチンガ 31, 116
カトリック離れ 74
カーニバル 110
カヌードスの反乱 47
カピタニア制 11, 38, 48
カピタンドマト 62
カフェ・コン・レイテ体制 7
家父長主義 65
家父長制度 49
家父長的カトリシズム 64
カポエイラ 113, 164
カボクロ 16
カポック 30
カーボンニュートラル 102
カラジャス鉄山 106
カリカット 48
カリスマ刷新運動 74
ガリンペイロ 4
カンガセイロ 47
環境・再生可能天然資源院 119
環境問題 119
間接雇用 147
カンドンブレ 68, 81, 113
干ばつ（難民） 12, 47
干ばつ産業 12
干ばつ多角形地帯 12
カンポ 31
カンポス沖 106

帰還型 142
企業的穀物・畑作農業 154
帰国支援事業 140
旧コーヒー地帯 56
教化村 63
キロンボ 50, 62, 66
金 4
近代主義運動 157

グァラニー族 111
クイアバ 27
クイーカ 83
クラブ組織の形成 163
黒いお母さん 55, 155
『黒いオルフェ』 119
黒い川 23
黒コショウ 11
グローバルな多様性 75
軍事政権 40, 58

契約移民 52
契約労働者 122
ケスタ 22
血統主義 159

ゴイアス歴史地区 114
工業化 53
公式的なエスニシティ 148
更新世層 22
構成家族 69, 128
高拓生 11
高ヴァルゼア 23

国際文化交流 160
国策移住 127
黒人 49
黒人意識の日 62
黒人運動 62
黒人奴隷 12, 49, 155
黒人割当制度 60
国内移住 12
穀物メジャー 92, 94
コージコード 48
コスタドデスコブリメントの大西洋岸森林保護区群 112
コチア産業組合中央会 136
コチア青年移民 134
コチア・バタタ生産者組合（コチア産業組合） 131
国家英雄殿堂 62
国家家族農業強化計画 100
国家コーヒー局 14
国家石油庁 99
国家石油・天然ガス・バイオ燃料庁 99
国家バイオディーゼル生産・利用計画 99, 103
国教 70
コーヒー（栽培） 5, 14, 49
5分の1税 4, 5
小間使い 155
ゴムプランテーション 6
雇用の調整弁 149
コルコバードの丘 109
ゴールドラッシュ 4
コルンバ 117
コルンバ鉄山 106
コロネル 47
コロノ 14, 122
コロノ移民 14
混血化 54, 136
混血者 48
混合率 99
コンセッソン 10, 130
コントラストの国 1

サ 行

再生可能エネルギー 97
再征服 63
在日ブラジル人 135
再民主化 59
在留管理制度 152
在留同胞社会 132, 133
サウダーデ 90
サッカー 161
雑誌 Raça 59
サトウキビ 4, 11
サトウキビ農園 50
砂糖産業 48
サビ病 96
ザブンバ 86
皿とナイフ 82
サルヴァドル 26, 54, 113
サルヴァドルデバイア歴史地区 113
産業開発青年隊 134
サンクリストバン 112
サンバ 81
サンパウロ 110

サンパウロ日本文化協会（文協） 135
サンバ・カンソン 85
サンバ・デ・ロダ 86
サンフォーナ 86
サンミゲルダスミソンイス遺跡 111
サンルイス歴史地区 112
シウダデルエステ 121
自営開拓移民 52
時局認識運動 132
私事化 72
市場媒介型移住システム 143
自然遺産の個人保留地 119
ジム・クロウ法 54
ジャウアリ 30
社会的コストの増加 150
社会的燃料認可証 99
社会的マイノリティ 55
社会保障協定 149
シャパーダ・ドス・ギマランエス 114
宗教裁判 63
習合・シンクレティズム 65, 69
自由人 49
従属理論 155
州知事政治 57
ジュケリー産業組合（南伯農業協同組合中央会） 131
出生自由法 52
出入国管理及び難民認定法 135, 138
ジュート 11, 130
首都移転 8, 9, 16
シュラスコ 19
植民地 125
植民都市 38
ショラン 79
ショリーニョ 80
ショーロ 79
白い川 23
シンクレティズム・習合 65, 69
新憲法 59
人口流出 53
新コーヒー地帯 56
人種イデオロギー 55
新宗教 70
人種概念 61
人種隔離政策 54
人種差別 56
人種差別法 54
人種主義 156
人種的偏見 164
人種デモクラシー（人種民主主義） 2, 57, 157
人種平等条約 60
人種民主主義 57
人種割当制度 61
臣道連盟 133
森林破壊 33
──の弓状地帯 92, 104
森林法 104
心霊主義 66
水力発電ダム 120
スデステ 13
ステップ気候 26

スーパーブロック　45
スポーツクラブ　163
スポーツフィッシング　117
スル　15
スルド　82

生活基礎共同体　73
西岸海洋性気候　28
生産工程労務者　141
製造業　141
聖母マリア　63
世界自然遺産　108, 115
世界文化遺産　38, 108, 115
セズマリア制度　52
世俗化　72
積極的差別撤廃措置　60
接触仮説　150
セーラダカピバラ国立公園　112
セラード（植生）　16, 31, 92, 135
セラード開発　7, 8, 17, 35, 92
セラード拠点開発計画　16, 92
セラード保護地域　113
セラドン　31
セリンゲイロ　6
セルトン　12, 18, 47, 86
セルバ　28
戦後移民　71
先住民　48
先祖祭祀　70
戦闘的カトリシズム　63
セントロ－オエステ　16

草本サバンナ　33
ゾナ・ダ・マタ　12
村落共同体　70

タ　行

第1世代バイオ技術　103
大学入学資格　153
帯水層　33
大豆生産　17, 93, 95
大西洋岸森林　30
堆積盆地　1, 20, 94
だいち　37
『大邸宅と奴隷小屋』　2, 57, 155
大都市圏　13
大土地所有制　49
第2世代バイオ技術　104
第2バチカン公会議　73
大農園（主）　49, 64
ダイヤモンド　4
卓状地　20
多元的理解　67
多人種多民族社会　48, 155, 160
脱アフリカ化　55, 156
楯状地　1, 20
タバコ　4
多文化主義　155, 158
多様性　1, 3
　　　グローバルな――　75
単身出稼ぎ　139
タンボリン　78

秩序と発展　9

中央アマゾン保全地域群　114
中央集権的　65
中間層　155
中小型旅客機　154
中西部　16
沖積地　22

辻移民　134

ディアマンティーナ歴史地区　108
帝国経済会議　127
定住者　138
低ヴァルゼア　23
出稼ぎ・デカセギ［ブラジル→日本］
　8, 122, 135, 139
デカセギブーム［ブラジル→日本］　158
出稼ぎ労働者［日本→ブラジル］　69
デスパショ　68
鉄鉱石　154
テラフィルメ　23, 30, 137
テラフィルメ林　30
テラローシャ　5, 14
デンデヤシ　103
天然ゴム　6

統一性　1, 3
東京シンジケート　127
トゥピ　137
等高線耕作　36
逃亡奴隷　62, 66
東洋人街　110
独立　53
渡航費補助　125, 128
都市化　53
都市システム　41
途上国外交　155
土壌侵食　35
土地なし農民運動　76
ドナタリオ　48
トメアス　11, 69, 130
トライアングル　86
トランスパンタネイラ　117
トリオ・エレトリコ　86
奴隷（制）　49
　　　――の子　155
奴隷制（度）廃止　52, 122
奴隷主　49
奴隷貿易禁止　14, 122
トロペイロ（隊商）　39

ナ　行

内婚制　50
ナショナリズム　69
南東部　13, 49
南東部大西洋岸の保護区群　108
南東貿易風　27
南伯農業協同組合中央会　136
南部　15
南米拓殖株式会社（南拓）　130, 137
南米南部共同市場　8, 16

ニェコランディア　32
肉食文化　19
日伯修好通商航海条約　122

日伯セラード農業開発協力事業　17, 93
日系社会　134
日系人　70, 138, 159
日本海外協会連合会（海協連）　134
日本語能力　147
日本食　137
日本力行会　128

ネグロ　49
熱帯雨林気候　26
熱帯季節乾燥林　31
熱帯サバンナ気候　26, 27
熱帯収束帯　26
熱帯性土壌　35
熱帯低層湿原　32
熱帯の新世界　2
熱帯モンスーン気候　26

農園主　64
農家民宿　117, 118
農業主　118
農業フロンティア　16, 17
ノルテ　10
ノルデステ　11, 28

ハ　行

バイオエタノール　7, 97, 99, 103, 104, 154
バイオディーゼル　97, 99, 103
バイオ燃料　97, 99, 102
バイオン　86
パイ・デ・サント　68
排日運動　69
ハイパーインフレ　8, 40, 135
バガス　101
白人　49
　　　――の革命　56
白人化　131, 156
白人化イデオロギー　55
舶来主義　156
バグンサ・オルガニザーダ　3
バックパッカー　119
パドロアード　64
浜松市（静岡県）　139
パラグアイ川　32, 118
パラグアイ戦争　52
パラナマツ　15, 31
パルド　10, 12, 51
パルマレス　62
パルマレス文化財団　59
繁栄の神学　74
反人種主義　62
パンタナール　25, 32, 113
バンデイラ　4, 39, 62, 64
バンデイロ　80
バンドリン　78
パンパ　16
半落葉樹林　33

ビオトープ　114
ピファノ　77
ビラクイ　137
ビラニア　117
ビリンバウ　79

事項索引　175

ファヴェーラ　119
ファゼンデイロ（農業主）　118
不安定な雇用形態　147
フィードロト　18
フィリョ・デ・サント　68
フェーズドアレイ方式Lバンド合成開口レーダ　37
フェルナンドデノローニャ諸島とロカス環礁の保護区群　112
フォホ　86
不就学　151
ブームとバストのサイクル　3, 7, 105
ブラジリア　40, 44, 114
ブラジル移民組合　125
ブラジル化キャンペーン　57
ブラジル観光公社　107
ブラジル国立宇宙研究所　37
ブラジルサッカーの強さ　164
ブラジル人学校　151, 153
ブラジル人市場　144
伯剌西爾拓殖株式会社　127
ブラジル拓殖組合（ブラ拓）　130
ブラジル地理統計院　9, 107
ブラジル農牧研究公社　93
ブラジルの奇跡　8, 11, 40, 138
ブラジルボク　4, 11, 48
ブラジル陸塊　20
プラノ・ピロト　45
ブランコ　49
プランテーション農園　50
フルート　79
フレーヴォ　86
フレックス燃料車　98, 99, 106
プロアルコール計画　98
プロメッサ　65
文化創造力　155, 158

ペトロブラス　98, 104
ペルー下り　6
ベレン　26
偏見　56
ペンテコステ派　73

ボウザーダ　117
邦人小学校　126, 127
法定アマゾン　92, 104
牧畜業　4, 12, 18

牧畜文化　18
北東部　11, 28, 49
北部　10
ボサノヴァ　87
ホットスポット　30
ポピュリズム　8
ポルカ　80
ポルトアルグレ　28
ボンジェズスドコンゴーニャスの聖所　108
ポンデアスーカル　109

マ　行

マイノリティ　72
マクンバ　81
負け組　132
マシシ　82
マゾンビズモ　55
マタアトランチカ　30
松原移民　134
マナウス　114
マナウスフリーゾーン　11
マニオク　49
マメルコ　48
マラカ　77
マラカナンスタジアム　110, 161
マランドロ　81
マルクス主義　76
マンイ・プレッタ（黒いお母さん）　55, 155

ミッション（教化村）　63
緑の黄金　52
緑の地獄　10
ミランダ川　118
民衆のカトリシズム　66
民政移管　40

ムーア人　2
ムカマ　155
ムニシピオ　39, 40, 41, 43, 44
無保険問題　149
ムラト　12, 49, 65, 86
ムレッケ　155

メシアニズム　47
メスチソ　49

メトロポリス　13
メルコスール　8, 16
綿花　6

木本サバンナ　33
モジーニャ　79
モンソン　5

ヤ　行

野生動植物の生息空間　114

有棘灌木林　1, 12
油田　22
ユニバーサル教会　73
輸入代替工業化　7, 157
ユネスコ　58
油料作物　101

ヨーロッパ移民　15, 51

ラ　行

ラティフンディオ　12
ラテライト　35
ラトソル　92
ランクサイズルール　41, 43

リオデジャネイロ　109
リピーター型　143

累積債務危機　8
ルンドゥー　79

レアメタル　154
レアルプラン　8, 40
レイス移民法　131
レコンキスタ　63
レフィナリア　100
連邦直轄区　9, 17, 44

労災隠し　149

ワ　行

ワルツ　80
ワールドカップ（サッカー）　110, 119, 161

ンゴンゲ　79

編集者略歴

丸山浩明
（まるやま ひろあき）

1960 年　長野県に生まれる
1989 年　筑波大学大学院地球科学研究科博士課程修了
現　在　立教大学文学部教授
　　　　理学博士

世界地誌シリーズ 6

ブ ラ ジ ル　　　　　　　　　　　　定価はカバーに表示

2013 年 10 月 15 日　初版第 1 刷
2018 年 7 月 10 日　　第 2 刷

　　　　　　　　　　　編集者　丸　山　浩　明
　　　　　　　　　　　発行者　朝　倉　誠　造
　　　　　　　　　　　発行所　株式会社　朝　倉　書　店
　　　　　　　　　　　　　東京都新宿区新小川町 6-29
　　　　　　　　　　　　　郵便番号　162-8707
　　　　　　　　　　　　　電　話　03(3260)0141
　　　　　　　　　　　　　Ｆ Ａ Ｘ　03(3260)0180
　　　　　　　　　　　　　http://www.asakura.co.jp

〈検印省略〉

Ⓒ 2013 〈無断複写・転載を禁ず〉　　　　シナノ印刷・渡辺製本

ISBN 978-4-254-16926-3　C 3325　　　　　　Printed in Japan

JCOPY　〈(社)出版者著作権管理機構　委託出版物〉

本書の無断複写は著作権法上での例外を除き禁じられています．複写される場合は，
そのつど事前に，(社) 出版者著作権管理機構 (電話 03-3513-6969, FAX 03-3513-
6979, e-mail: info@jcopy.or.jp) の許諾を得てください．

世界地誌シリーズ

1. 日　　本 菊地俊夫 編集
ISBN 978-4-254-16855-6　B5判 184頁　本体 3400円

2. 中　　国 上野和彦 編集
ISBN 978-4-254-16856-3　B5判 180頁　本体 3400円

3. Ｅ　　Ｕ 加賀美雅弘 編集
ISBN 978-4-254-16857-0　B5判 164頁　本体 3400円

4. アメリカ 矢ケ﨑典隆 編集
ISBN 978-4-254-16858-7　B5判 176頁　本体 3400円

5. イ ン ド 友澤和夫 編集
ISBN 978-4-254-16925-6　B5 160頁　本体 3400円

6. ブラジル 丸山浩明 編集
ISBN 978-4-254-16926-3　B5 184頁

7. 東南アジア・オセアニア
菊地俊夫・小田宏信 編集
ISBN 978-4-254-16927-0　B5判 180頁　本体 3400円

上記価格は 2018年6月現在